날씨로
돈 버는 남자

날씨로
돈 버는 남자

'기상예보의 전설' 반기성의 날씨경영 대박 비법

반기성(케이웨더 예보센터장) 지음

프리스마

머리말

2013년 9월 27일 유엔 정부간기후변화위원회IPCC, Intergovernmental Panel on Climate Change의 5차 평가보고서가 발표되었다. 6년 전 4차 평가보고서보다 훨씬 더 비관적이다. 지구 평균기온 상승 전망치는 4차 평가보고서보다 1.6도 낮았으나, 해수면 상승 전망치는 최대 23센티미터나 높았다. 해수면 상승 속도가 무척 빨라진다는 것이다. 이에 대한 언론사의 보도도 자극적이다.

"지구온난화의 '경고'… 아틀란티스 현실화하나"

"해수면 상승 속도 빨라져… 부산 저지대 등 침수 위험"

"2100년 한반도는 아열대… 평양은 서귀포와 비슷한 기후"

《뉴욕 타임스》는 한 술 더 떴다.

"미국의 뉴욕, 마이애미, 뉴올리언스, 영국 런던, 중국 상하이, 이탈리아 베네치아, 호주 시드니가 물에 잠긴다."

2013년 12월 기상청은 「한반도 미래 기후변화 전망 보고서」를 발표했다. 이에 따르면 우리나라 기후는 세계 평균보다 더 심하게 변화할 전망이다. IPCC 보고서에 따르면, 지구 평균기온은 4.6도 상승하는 데 비해, 한반도 평균기온은 5.7도 상승할 것으로 예상하고 있다. 실제 우리나라는 세계 평균보다 기온 상승은 1.5배, 해수면 상승도 2배 이상 빨리 진행되고 있다.

그렇다면 세기 말 우리나라 기후는 어떻게 변할 것인가?

먼저 폭염 일수가 지금보다 4배 이상 증가할 것이다. 여름철에 서울에서 사는 것은 불지옥 같을 것이다. 집중호우의 빈도는 증가한다. '강남 물난리'나 '우면산 산사태'가 매년 발생할 가능성이 높아진다. 부산, 목포, 군산, 인천 등 해안도시에서는 많은 지역이 물에 잠길 것이다. 강력한 지진이 발생하여 엄청난 피해가 발생할 것이다. 곡식 수확이 줄어들면서 식량대란이 발생하고, 식수 부족으로 물 가격이 금 가격이 될 것이다. 열대성 질환이 유행하고 사람들의 면역력이 떨어지면서 전염병이 창궐할 것이다. 해수면 상승으로 동해안 원자력 발전소가 침수하고, 기온의 급격한 변화로 전력대란이 수시로 발생할 것이다. 열대성 어종인 참치가 가장 많이 잡히는 어종이 될 것이다. 평양에서 생산되는 감귤과 개성에서 생산되는 망고를 맛볼 수 있을 것이다. 사과를 맛보려면 북한의 함경도 깊은 산골짜기로, 스키를 타려면 알래스카로 여행을 떠나야 할 것이다. 북한 평안도 고지대에 별장을 장만하는 것이 유행이 될 것이다.

앞의 이야기는 개인적인 생각을 글로 적어본 것이다. 다만 현재의 추세대로라면 기후가 이렇게 변할 가능성이 높다. IPCC 5차 평가보고서가 발표되자, 반기문 유엔 사무총장은 "지구온난화현상은 계속되고 있고, 우리는 행동해야 한다"면서 온실가스 감축에 대한 특별 정상회담을 제안했다. 지구온난화로 인한 기후변화가 정말 심각하다는 이야기다.

전 지구적인 기온 상승과 강수집중도, 가뭄, 사막화, 해수면 상승 등은 우리에게 엄청난 기후 리스크를 가져올 것이다. 여기에 엘니뇨, 라니냐 등 자연재해의 원흉들까지 가세하면 정말 대책이 없을 것이다.

강한 비가 내려야 하는 몬순기가 돌아왔다. 매일 비가 내려도 모자랄 열대우림지역에 비가 내리지 않았다. 바짝바짝 말라 들어가는 나무와 낙엽에 불이 붙었다. 몇 백 년 만의 가뭄이라고 원주민들이 말했다. 인도네시아의 보르네오와 브라질, 페루와 탄자니아까지 지구가 자랑하는 열대우

림에 일어난 사건이었다. 100년 이래 최악의 가뭄을 기록한 뉴기니 섬에서는 수천 명이 굶어 죽었다. 반대로 동아프리카에서는 50년 만에 최악의 홍수가 닥쳤다. 페루에서는 해안 사막지대에 폭우가 내렸다. 눈 폭풍이 덮친 뉴질랜드와 캐나다에서는 전력공급이 마비되면서 주민들이 다른 지역으로 대피해야만 했다. 강추위에 몽골 부족들이 얼어 죽었다. 티베트에서는 지난 50년 이래 한 번도 내린 적이 없던 눈이 한꺼번에 엄청 많이 내렸다. 캘리포니아 사막지대에서는 호우가 내리면서 산사태가 일어나 수많은 가옥이 붕괴되었다. 지구가 돌아버린 것이 아닐까 싶은 정도였다.

미래 2050년에 일어날 기후변화를 가상하고 써본 이야기가 아니다. 1998년 엘니뇨 현상이 일어났을 때의 지구 모습이다. 지구온난화로 인한 기후변화가 더 심한 엘니뇨를 가져오면서 극심한 재앙을 부른 것이다.

최근 세계적으로 발생한 기상 재앙을 살펴보자. 2011년의 아이티 대지진, 일본 동북부지방의 대지진과 쓰나미, 2012년의 호주와 인도의 대가뭄, 2013년 겨울 미국 동북부 연방정부를 다섯 번이나 셧다운시킨 혹한과 폭설, 영국과 유럽의 경제를 어렵게 만든 기록적인 폭풍과 홍수, 2013년 기록적인 토네이도의 미국 강타, 2013년 여름 중국, 일본, 한국을 휩쓴 기록적인 폭염, 2013년 11월 사상 가장 강력했던 태풍 하이옌의 필리핀 강타 등 헤아릴 수 없을 지경이다. 2014년에도 전반적인 기온 상승과 함께 엘니뇨가 찾아올 전망이다. 엘니뇨는 전 세계적인 가뭄, 홍수, 자연 재앙을 불러온다.

역사적으로 가장 심했던 엘니뇨는 1876~1879년, 1889~1891년, 1896~1902년에 걸쳐 발생했다. 인도, 중국, 브라질, 아프리카 등지에 극심한 가뭄을 가져왔고, 이로 인해 약 3,000만~5,000만 명에 달하는 사람들이 굶어 죽었다. 1982~1983년에 발생한 엘니뇨는 전 세계적으로 약 2,000명의 목숨을 앗아갔고, 250억 달러에 이르는 막대한 재산피해를 냈다. 1997~1998년에 닥친 엘니뇨는 이를 뛰어넘어 350억 달러의 피해를 가져왔다. 2009년부터 시작되어 2010년 5월까지 계속된 엘니뇨는 세력이 약했는데도 지구촌에 엄청난 피해를 가져왔다. 2010년 초반에 호주와 인도에는 대가뭄이 닥쳤고, 여름철 러시아의 폭염은 넓은 곡창지역을 화재로 도배했다. 이들 나라가 식량 수출을 중단하겠다고 하자, 금방 세계 식량 가격이 폭등했다. 여름철 동남아에 내린 많은 비로 고무를 제대로 생산하지 못하면서 타이어는 물론 콘돔 가격까지 덩달아 올랐다.

2012년 8월 2일 《중앙일보》 1면에 날씨 기사가 실렸다. 필자가 날씨 분야에서 일한 35년 동안 날씨 이야기가 중앙일간지 1면에 실린 것은 이때가 처음이었다. "날씨경영 못 하면 GDP 10% 날린다"는 제목이 크게 나오고 아래 내용이 이어졌다.

> 국내 업계에 이상기온 비상이 걸렸다. 조선 및 철강업계는 점심시간 연장 등 기온별 근로지침 매뉴얼을 가동했고, 의류업체는 아예 봄, 가을 제품 생산을 중단했다. 기업마다 날씨경영을 통한 비용절감에 한창이다. 기업들에게 기상정보를 제공하는 한국기상산업진흥원의 박광준 원장은 이상기후로 인한 국내 피해액은 2009년의 경우 108조 원으로 추산되었다고 밝혔다. 이는 미국의 사례를 적용한 것이다. 미국이 2002년 이상기후로 인한 피해액을 세밀히 집계한 결과 국내총생산의 10%에 달했다.

기후변화에 적응하지 못해 입는 경제적 피해가 국내총생산GDP, Gross Domestic Product의 10%나 된다면 이는 엄청난 수치다. 이날 신문에서는 날씨를 경영에 잘 활용한 사례도 소개했다. 많은 기업들이 피해를 입었지만, 동아원 등의 기업은 오히려 돈을 벌었다는 것이다. 날씨는 눈에 보이지는 않는 무형 자산이지만, 잘만 활용하면 많은 돈을 벌 수 있다. 세계기상기구WMO, World Meteorological Organization는 날씨에 투자한 돈은 반드시 10배 이상의 이익을 가져온다고 한다. 그래서 필자는 대학 최고위경영자과정이나 CEO특강 때마다 날씨를 경영에 적극적으로 활용하라고 조언한다.

이 책은 기후변화시대에 어떻게 날씨를 활용해 돈을 벌 수 있는가를 다

룬다. 1장에서는 날씨가 마케팅에 영향을 준 이야기를 재미있게 풀었다. 2장에서는 날씨변화로 인한 기업들의 리스크를 어떻게 헤지하는가에 대해 썼다. 3장에서는 최근 날씨를 활용해 대박을 터뜨린 상품과 마케팅을 소개했다. 마지막 4장에서는 미래 기후변화시대에 어떤 비즈니스가 가장 유망한가를 소개했다. 다만 이전에 출간한 『워렌 버핏이 날씨시장으로 간 까닭은』에 소개했던 신재생에너지, 물 산업, 탄소저감기술 등 일부 산업은 제외했다.

필자는 대학에서 대기과학을 전공한 다음 공군에 기상장교로 입대했다. 공군은 기상에 절대적인 영향을 받기 때문에 기상전문부대가 있다. 이 부대에서 30년간 기상예보장교로 복무하고 부대장을 거쳐 공군 예비역 대령으로 예편했다. 군에 있을 때 '기상예보의 전설'로 불릴 만큼 탁월한 예보능력을 인정받았다. 전역한 후 연세대학교 지구환경연구소에서 전문 연구원으로 일하면서 대학 강의를 시작했다. 2009년 날씨종합회사인 케이웨더에 합류해 예보센터장과 기상사업본부장을 맡으면서 날씨경영에 빠져들기 시작했다. 케이웨더는 우리나라 기상산업 분야에서 최고·최대의 회사라고 할 수 있다. 기상예보, 기상정보 판매, 기상장비 판매 및 설치, 기상장비 보수·유지, 기상장비 제작, 각종 기상영향 평가, 날씨에 대한 R&D, 실내 대기질 측정까지 하는, 그야말로 기상을 책임지는 종합 솔루션 회사다.

요즘도 매일 놀란다. 날씨가 경영에 엄청난 영향을 준다는 사실에 말이다. 필자는 케이웨더 예보센터장과 사업본부장 외에도 많은 일을 한다. 케이웨더에서 6년간 일하면서 필자의 경험과 미래 날씨에 대한 비전을 많은 사람들과 공유하고 싶었다. 대학의 겸임교수로 후배들을 가르치고, 삼성경제연구소SERI CEO, 현대경제연구원에서 날씨 관련 동영상 강의 교수로 활약했다. 《조선일보》, 《스포츠서울》, 《국방일보》 등에 날씨 칼럼을, 네이버에 과학 관련 글을 연재하고, YTN, 연합 TV에 고정 출연하면서 날씨 이야기를 풀어나간다. 어떻게 날씨를 이용해 돈을 벌 수 있는지를 연구하고 기업이나 개인에게 전파하는 것이 나의 일이다. 한 마디로 날씨로 돈 버는 일을 소개하는 전도사다. 그런데 그것이 참 좋다. 즐겁다.

앞으로 기후는 우리가 상상한 것 이상으로 크게 변할 것이다. 기후변화로 빙하가 녹아 북극곰은 슬프다. 그러나 돌고래는 기쁘다. 해수 온도가 상승하기에 활동 영역이 더 넓어지기 때문이다. 기후변화로 기업들이 받는 리스크는 더 커지겠지만, 이에 대응해 날씨경영을 한다면 오히려 위기는 기회가 될 것이다. 미래는 준비하는 자에게만 열린다. 이 책은 기후변화시대에 예측불허 날씨에 속수무책으로 손해 보지 않고 날씨를 잘 활용해 더 나은 미래를 준비하려는 기업과 개인을 위한 스마트 날씨 활용서다.

케이웨더 김동식 사장님, 도서출판 플래닛미디어 김세영 사장님, 《국방일보》 정남철 팀장님과 기자님들, 그리고 많은 도움을 준 분들께 진심으로 감사드린다. 그리고 평생 나의 가장 큰 후원자이며 힘이 되어주신 어머니 김순배 님에게 이 책을 바친다.

2014년 8월 여의도에서
반기성

1장

날씨로
신나게 돈 벌기

01
추워지면
신나는 사람들

"사업에 영향을 미치는 세 가지 주요 요소는 경제 현황과 현재 판매량 추세, 그리고 날씨다."

미국의 유명 증권사인 메릴린치Merrill Lynch의 한 유통분석가의 말이다. 특히 유통업은 판매자와 소비자의 행위에 의해 매출이 이뤄진다. 때문에 그 어떤 산업보다도 소비자의 행동에 직접적인 영향을 받게 된다. 그런데 우리가 주목해야 할 것은 소비자의 행동에 큰 영향을 미치는 요소가 '날씨'라는 점이다. 그때그때의 날씨가 마케팅에 큰 영향을 준다는 것이다.

2013년 가을은 2012년에 비해 유난스러웠다. 추위와 더위가 교차하면서 비도 자주 내렸다. 이런 기후변화에 돈 버는 회사가 있다. 이해 겨울, 방한·방수 이색 소재가 인기를 끌었다.

웬 구두에 고어텍스를?

2013년에는 고어텍스Gore-tex를 사용한 정장구두가 등장했다. 방수 기능이 탁월하고 가벼운 타폴린tarpaulin 가방, 나일론을 활용한 가방과 신발 등도 새로운 패션으로 등장했다. 금강제화는 고어 사[1]와 협력해 국내 최초로 고어텍스 소재를 활용한 구두를 출시했다. 고어텍스는 방수력과 투습력이 뛰어난 소재다.[1] 내피에 고어텍스 소재를 적용해 외부로부터 들어오는 물을 차단할 수 있도록 했다. 레저복으로 주로 활용되던 고어텍스를 구두에 접목시킨 참신한 사고가 돋보인다. 소비자에게 매우 좋은 반응을 얻었다고 한다. 패션회사 리블랭크가 내놓은 '타폴린 백tarpaulin bag'의 소재는 방수천이다. 센터폴의 '루체른M'은 방수·방풍·투습성이 뛰어나고, 내화학성·내열성이 탁월한 기능성 소재 이너프를 사용해 만든 방수 재킷으로, 통풍력이 좋아 일교차가 큰 날씨에도 편안하게 입을 수 있다. 습도가 높아지는 기후변화가 만든 새로운 트렌드라 할 수 있다.

체감적으로 짧아지는 가을에 대처하는 패션이 만들어지고 있다. 2013년 가을은 한낮엔 평년보다 덥다가 아침·저녁으로는 기온이 뚝 떨어져 쌀쌀한 날씨가 많았다. 사람들이 휴대하기 편한 얇은 바람막이 등을 선호하기 시작한 이유다. 한편 기온변화가 심한 날씨에 대응하기 위해 레이어드 장착이 증가하는 것도 좋은 예다. 복합기능상품, 즉 탈부착이

---

1 1958년 윌버트 고어(Wilbert L. Gore)가 설립. 정식 명칭은 W. L. Gore & Associates, Inc.로, 직역하면 '고어와 동료들이다. 실제로 고어의 조직은 상사나 부하가 없는 수평조직으로 관리혁신을 이룬 대표적인 회사이며, 매년 미국의 《포춘(FORTUNE)》지가 선정한 '가장 일하고 싶은 100대 기업'에 15년간 한 번도 빠짐없이 이름을 올린 기록을 갖고 있다. 다양한 아웃도어 활동에서 일상생활까지 두루 가능한 고어텍스 소재를 개발했고, 한국은 고어 사의 가장 큰 마켓 중 하나다.

●●● 우리가 주목해야 할 것은 소비자의 행동에 큰 영향을 미치는 요소가 '날씨'라는 점이다. 그때그때의 날씨가 마케팅에 큰 영향을 준다는 것이다.

가능해 가을부터 겨울까지 착용이 가능한 디테처블detachable 형태의 아우터도 늘어나고 있다. 이젠 두 계절에 어울리는 패션이 필요한 시대가 되었다는 것이다.

기후변화로 인해 최근에는 패션 마케팅이 크게 두 가지 방향으로 발전해나가고 있다. 하나는 입을 수 있는 기간을 길게 만들어주는 것이다. 내피나 모자 탈부착 형태로 가을부터 겨울까지 입을 수 있는 제품, 긴팔 셔츠지만 더울 때 접어서 반팔처럼 입을 수 있는 롤업 형태가 이에 해당한다. 두 번째 방향은 경량성 및 신축성 등을 고려한 소재의 기능성 향상이다. 최근엔 겨울에도 무조건 두꺼운 옷보다는 경량성에 초점을 맞춘 옷들을 선호하는 경향이 커지고 있다. 디자인뿐만 아니라 소재나 원단을 선정할 때도 날씨를 더 많이 고려하고 있다. 예를 들면 의류의 경량성, 신축성, 방풍성, 흡습속건, 발열 기능 등이 이에 속한다고 할 수 있다.

이러한 패턴 변화를 이끌고 있는 것이 바로 기후변화다. 기상이변이 자주 나타남에 따라 날씨에 맞는 패션에 스타일 코디까지 두 마리 토끼를 잡기 위해 패션업계는 전력을 다하고 있다. 이젠 계절별 의류만을 생산하던 과거와 다른 패러다임이 의류업계를 지배하기 시작했다. 계절 구분이 없어진 지 오래된 SPA 브랜드[2] 매장이 그 좋은 예라고 할 수 있다. 이 매장에서는 여름에도 반팔이나 민소매 상의만 팔지 않는다. 털코트, 스웨터, 부츠, 털모자 등 겨울 제품도 진열해둔다. 계절의 구분 없이 다양한 의상들을 디자인해 마케팅하는 것이다. 한 마디로 기후변화는 소비 패턴까지 변화시키고 있다.[2]

폭염의 여름이 지나가고 찬바람이 불면 기지개를 켜는 상품이 있다. 편의점 세븐일레븐의 분석에 의하면 스타킹, 커피, 초콜릿, 두유 등은 날씨

---

2 SPA란 Speciality retailer(전문점) Private label(자체 브랜드) Apparel(의류)의 약자로, 자사의 기획 브랜드 상품을 직접 제조해 유통까지 하는 전문 소매점을 의미한다. SPA는 제조사가 정책 결정의 주체로서 대량생산방식을 통해 효율성을 추구하는 한편, 제조원가를 낮추고 유통 단계를 축소시킴으로써 저렴한 가격에 빠른 상품 회전으로 소비자를 만족시키고 있다.

가 선선할수록 잘 팔리는 이른바 '가을 상품'이다. 찬바람이 불면 스타킹 매출은 50% 이상 늘어난다. 일교차가 커지고 아침저녁으로 선선한 날씨가 이어지기 때문이다. 따뜻한 커피와 음료 매출도 크게 늘어난다. 커피, 차 등 뜨거운 물에 타 마시는 '원컵 음료' 매출도 급증한다. 온장고 캔커피와 두유 매출도 빠뜨릴 수 없다. 치킨, 초콜릿, 쿠키 등 고열량 먹을거리도 인기다. 건조한 날씨로부터 피부를 보호하는 기초 화장품 매출도 상승한다. 일교차로 감기 환자가 많아지면서 쌍화탕, 마스크, 목캔디 매출도 효자상품으로 변한다. 세븐일레븐은 날씨정보를 적극적으로 활용하고 있다. 이를 통해 고객들이 찾는 상품을 항상 매장에 비치해 이익을 극대화하는 것이다.

"기습 폭설, 편의점은 즐거워"

2013년 12월 16일 《이데일리》 기사 제목이다. 12월 12일 서울에 기습 폭설이 내렸다. 눈에 전혀 대비 못한 시민들은 편의점으로 몰렸다. 우산과 양말을 사고 월동장비를 구입했다. 세븐일레븐의 우산 매출은 전주에 비해 160배 늘었다. 평소에 우산을 1개씩 팔던 편의점이었다. 그러나 이날만큼은 하루에 160개를 판매했다. 대박이었다. GS25에서도 이날 우산 매출은 전주 대비 100배가량 급증했다. CU는 우산 판매가 전주 대비 37배 증가했다. 모든 편의점의 우산이 엄청나게 많이 팔렸다. 갑자기 160개의 우산을 준비한다는 것은 어렵다. 그러나 유통업계는 날씨업체로부터 기상정보를 제공받아 마케팅에 활용한다. 이날도 미리 눈이 내릴 것을 알고 준비했기에 대박을 친 것이다.

양말도 많이 팔렸다. 젖은 양말을 갈아 신어야 하는 사람들이 몰렸다. 세븐일레븐의 양말 매출은 111% 증가했다. 여성용 스타킹과 레깅스 등의 매출도 10.6% 늘어났다. 눈이 내리면서 자가용족들은 타이어 관련 제품을 사기 위해 몰렸다. GS25와 세븐일레븐의 타이어용 체인 스프레이 매출이 전주 대비 각각 54배, 32배 급증했다. 자동차 워셔액과 김서림 방지제, 성에 제거제 등도 2~3배가량 매출이 늘었다. 평소에 조그만 유통점에서는 잘 팔리지 않는 제품들이다. 눈비가 오면 신나는 편의점은 지하철 역사 내에 입점한 편의점이다. 교통체증으로 지하철로 많은 사람들이 몰리기 때문이다. 통상 10% 이상 매출이 늘어난다고 한다. 추위로 인해 매출이 늘어난 품목 중에는 보습제품도 있다. 립케어 상품과 핸드크림 판매가 각각 22.2%, 14.2% 늘었다. 온열기구 사용이 증가하면서 멀티탭 매출도 11.5% 신장했다. 어떤 날씨에 어떤 상품이 잘 팔릴 것인가만 알아도 매출고는 쑥쑥 올라간다. 날씨 마케팅이 효자인 것이다.

2012~2013년 겨울에는 기록적인 혹한이 몰아쳤다.[3] 연일 강추위가 이어지면서 누가 가장 크게 웃었을까? 바로 커피전문점이다. 2013년 1월 혹한의 날씨에 커피전문점의 뜨거운 음료 포장 판매(테이크아웃)가 크게 증가했다고 한다. 테이크아웃 판매는 나들이 수요가 있는 봄·가을에 주로 많다. 그러나 출퇴근길 영하의 추위를 견디기 위해 찾는 사람이 많아졌다는 것이다. 파스쿠찌에서는 뜨거운 아메리카노 포장 판매가 날씨가 추워진 2012년 12월 중순 이후 전년보다 15%가량 증가했다 던킨도너츠에서도 포장판매 음료 매출이 10% 이상 늘어났다. 카페베네에서도 뜨거운 음료 매출이 15% 이상 증가했다. 스타벅스의 경우에도 1월 초까지 포장 판매 비율이 80%를 넘어섰다고 한다. 투썸플레이스도

---

3 기상청이 발간한 「2013년 이상기후 보고서」에 따르면, 2013년 1월 상순 전국 평균 최저기온은 영하 11.1도로 평년보다 5.8도 낮아 우리나라 전역에서 기상자료를 체계적으로 수집하기 시작한 1973년 이후 가장 낮았다.

●●● 2012~2013년 겨울에는 기록적인 혹한이 몰아쳤다. 연일 강추위가 이어지면서 가장 크게 웃은 것은 바로 커피전문점이다. 출퇴근길 영하의 추위를 견디기 위해 뜨거운 커피를 찾는 사람이 많아졌기 때문이다. 영하 10도 아래로 떨어진 2012년 12월 하순 중반부터 2013년 1월 초까지 뜨거운 커피 포장 판매는 20% 늘었다. 커피전문점 관계자는 커피전문점이 증가했음에도 매출이 이 정도 성장한 것은 전적으로 혹한의 덕이라고 말한다.

15% 늘어났다. 포장 온음료는 기온이 내려갈수록 더 잘 팔렸다. 영하 10도 아래로 떨어진 2012년 12월 하순 중반부터 2013년 1월 초까지 20% 더 많이 팔린 것이다. 커피전문점 관계자는 커피전문점이 증가했음에도 매출이 이 정도 성장한 것은 전적으로 혹한의 덕이라고 말한다.

커피나 먹거리는 날씨에 직접적인 영향을 받는다. 2013년 11월은 겨울이 오기 전에 미리 추웠다. 날씨가 추워지면서 '날개 단 겨울 상품'이 있다. 겨울철 대표 간식인 고구마다. 롯데마트에 따르면, 갑자기 기온이 내려간 한 주간에 지난해보다 고구마 판매가 무려 30% 이상 늘었다. 고구마를 쪄 먹는 '직화구이 냄비'도 덩달아 10% 이상 많이 팔렸다. 고구마 매출이 늘어난 것은 11월 11일에서 13일까지 기온이 영하로 내려가면서부터다. 롯데마트는 날씨를 경영에 반영해 11월 21일부터 1주일 동안 해남, 여주에서 수확한 호박고구마(1.5kg)를 시세 대비 30% 저렴한 3,900원에 판매했다. 대박이었다.

또 어떤 상품이 갑자기 추워지면 잘 팔릴까? 핫팩이 떴다. 편의점 CU에서는 전주보다 매출이 53.5% 증가했다. 따뜻한 원두커피 매출은 전주 대비 40.4%나 올랐다. 뜨거운 물에 타서 마시는 '원컵류' 제품도 판매가 28.4% 정도 늘어났다. 온장제품인 꿀물(20.5%), 두유(10.3%), 커피(18.7%) 등도 두 자릿수 매출 증가율을 보였다. 겨울철 대표 간식인 어묵과 호빵 판매도 각각 27.7%, 16.5% 늘어났다고 한다.

추워지는 날씨에 매출이 상승한 것 중에는 보드카도 눈에 띈다. 갑자기 추워진 2013년 12월 GS25의 보드카류 매출은 전주에 비해 158% 증가했다. 지난해 같은 시기와 비교해도 20% 늘었다. GS25 관계자는 "겨울엔 날씨가 추워질수록 보드카류의 독주 상품 매출이 늘어난다"며 "최근엔 젊은 고객들을 중심으로 믹싱주를 만들어 먹는 추세도 반영된 것 같다"고 말한다.

만두도 빠지지 않는다. AC닐슨 자료에 따르면, 우리나라 만두 시장 규모가 3,600억 원 정도라고 한다. 정말 엄청나다. 풀무원은 '납작지짐만두'

와 함께 발효 군만두로 겨울 시장을 공략한다. 해태제과는 중국의 잡채호떡과 인도의 커리를 접목한 만두를 차례로 선보였고, '알리오올리오 군만두'를 다시 출시했다. 겨울 군만두 시장을 공략하기 위해서다. 추운 날씨에 떨어진 체온을 올려주는 '핫 푸드'도 인기상품이다. 본죽은 매운 맛을 살린 '신짬뽕죽'과 '낙지김치죽'을 선보였다. 김가네 역시 매콤함이 특징인 '고추김치김밥'과 '라면愛(애) 순두부', '육개장칼국수'를 선보였다. 혹한의 겨울을 이겨내기 위한 날씨 마케팅이다.

한파·폭설이 여성구두 굽 낮췄다?

2013년 1월 초 매섭게 몰아친 혹한과 폭설은 여성들의 구두 패션을 바꾸어버렸다. 추운 데다 길이 미끄러워지자 여성들이 어그부츠 같은 굽 낮은 방한부츠에 몰린 것이다. 올리비아로렌이 추위가 몰아친 한 달 동안 여성슈즈 판매 현황을 분석해보았다. 굽이 높은 스타일의 부츠보다 굽이 낮은 어그부츠, 패딩부츠 등 캐주얼한 스타일의 부츠 판매가 주류를 이루었다. 올리비아로렌에서는 어그부츠나 패딩부츠 등 부츠 매출이 전체 슈즈 매출의 35%를 차지했다. 인기를 끌었던 비결은 기존 제품과의 차별화였다. '어그부츠'는 따뜻한 양털 내피에 세련된 디자인으로 멋쟁이들의 눈길을 사로잡았다. 그러나 어그부츠가 보온성이 뛰어나지만 눈과 비에 취약하다는 단점이 있다. 제설작업을 위해 뿌려놓은 염화칼슘 등은 최악이다. 이런 단점을 보완한 '빈부츠bean boots'가 2013년 겨울에는 주목을 받고 있다. 디자인은 다소 투박하지만 발등 부분이 고무 소재로 되어 있어 방수에 탁월하기 때문이다. 또한 '다운부츠down boots'도 인기몰이 중이다. 아웃도어 브랜드인 노스페이스가 내놓은 다운부츠는 최고급 구스다운 충전재를 써서 뛰어난 보온성을 자랑한다. 여기에 고무 소재 중창을 사용해 신발이 젖지 않고 미끄럼 방지 역할까지도 갖췄다. 날씨가 여성의 패션을 바꾸는 세상인 것이다.

"겨울이 따뜻하면 정말 안 돼"

기록적인 추위를 보였던 2013년 1~2월과 달리 2014년 1월과 2월은 포근했다. 2013년 1월 초순 서울의 낮 최고기온은 1월 1일 0도, 2일 영하 4.8도, 3일 영하 9.3도, 4일 영하 5.8도, 5일 영하 1.2도, 6일 영하 2.0도 등으로 기온이 영하로 떨어진 날이 많았다. 그러나 2014년 1월 서울의 한낮 기온은 1일 7.9도, 2일 6.2도, 3일 7.3도, 4일 5.6도, 5일 3.8도, 6일 6.4도로 영상의 기온을 보였다. 정반대의 기상현상이 발생한 것이다. 강추위가 몰려온다는 '소한'(1월 5일)에도 큰 추위는 없었다. 2013년 겨울은 극과 극을 넘나든 해였다. 2013년 11월과 12월 중순까지는 평년보다 추웠다. 그러나 2014년 1월과 2월은 평년보다 따뜻했다.

겨울 의류는 추위가 일찍 와야 대박이라고 한다. 겨울용품을 미리 확보하려는 소비자 덕분이다. 그러다 보니 초겨울에는 겨울상품이 많이 팔린다. 롯데백화점의 경우 2013년 12월 중순에 겨울상품 매출 신장률이 부츠 22%, 장갑·머플러 13%, 레깅스·스타킹 19%에 달했다. 또 일찍 찾아온 한파에 고가의 패딩 매출도 급증했다. 지난겨울 화제를 모았던 캐나다구스 800벌을 선착순으로 판매할 정도로 대박이었다고 한다. 많은 백화점업체들은 날씨정보를 민간기상업체로부터 구해서 이를 마케팅에 적극 활용하고 있다. 추위, 눈, 일교차 등 매출과 상관관계가 있는 날씨정보를 활용하여 그에 맞는 상품 준비와 고객 프로모션을 전개하고 있는 것이다.

그러나 추위가 이어지지 않고 기온이 올라가는 날씨로 변했다. 이런 날씨는 백화점 등 유통업계의 매출에 상품별로 '온도차'를 가져왔다. 패딩 등 방한 의류 매출은 지난해 같은 기간보다 줄어든 것이다. 2014년 새해 들어 날씨가 포근해지면서 매출이 급격히 감소한 것이다. 신세계백화점도 포근한 겨울 날씨로 패딩 등 방한 의류 판매는 하락했다. 캐주얼의류 -5.4%, 남성복 -7.2% 등 역신장세를 보인 것이다. 현대백화점도 겨울 여성복 -5.2%, 남성복 -3.5% 등 주요 겨울 상품군은 마이너스 신장률을 기

●●● 지난해와 비슷하게 날씨가 진행될 확률은 35%밖에 되지 않는다! 잘못 의류를 기획하면 리스크가 커질 수 있다는 이야기다. 지구온난화로 인한 기후변화로 인해 일반적인 날씨 패턴이 갈수록 예측과 달라지고 있다. 다행히 케이웨더에서 날씨정보를 제공받은 의류업체는 불황에서 도 적정한 수익을 올렸다고 한다. 날씨를 마케팅에 활용하면 돈을 번다는 정설이 확인된 셈이다.

록했다. 일반적으로 최저기온이 영하 4도~영하 5도로 떨어지면 겨울옷의 판매가 증가한다. 가죽이나 무스탕, 오리털 파카와 같은 아웃도어는 영하 8도~영하 10도까지 내려가야 팔리기 시작한다. 그런데 기온이 영상으로 오르니 찾는 손님이 없을 수밖에……. 의류업계는 2014년 마케팅에 실패 했다고 말한다. 대개의 의류 및 패션업체들은 대개 지난해 날씨가 올해도 비슷하게 반복될 것이라는 가정 아래 사업계획을 세우고 집행하는 경우 가 많다. 그러나 지난해와 비슷하게 날씨가 진행될 확률은 35%밖에 되지 않는다! 잘못 의류를 기획하면 리스크가 커질 수 있다는 이야기다. 지구 온난화로 인한 기후변화로 인해 일반적인 날씨 패턴이 갈수록 예측과 달 라지고 있다. 다행히 케이웨더에서 날씨정보를 제공받은 의류업체는 불 황에서도 적정한 수익을 올렸다고 한다. 날씨를 마케팅에 활용하면 돈을 번다는 정설이 확인된 셈이다.

황사철도 아닌데 공기청정기가 대박이라고?

2012~2013년 혹한의 겨울은 많은 날씨 마케팅을 만들어냈다. 그중에 하 나가 공기청정기의 약진이다. 매서운 한파 영향으로 공기청정기 판매량 이 급증한 것이다. 코웨이는 2013년 1월 케어스 공기청정기 전체 판매량 이 전년 대비 20%가량 증가했다고 밝혔다. 공기청정기가 따뜻하게 해주 는 것도 아닌데 왜 많이 팔린 것일까? 바로 환기 때문이다. 추워지다 보니 실내 활동 비중은 높아지지만, 날씨가 추워 환기를 하기가 어렵다. 코웨이 는 미세먼지가 극성을 부리고 건조하다는 데도 착안했다. 가장 많이 팔린 제품이 자연가습공기청정기 APM-0812DH(26제곱미터)였다. 은행잎과 붉나무 추출물 등 천연성분이 함유된 특수 기능성 필터인 항바이러스 헤 파필터HEPA filter를 적용했다. 실내공기 중 호흡기 질환의 원인이 되는 각종 유해바이러스균을 99.9% 이상 제거한다고 한다. 여기에 천연살균물질인 '테르펜'을 실내공기로 발산시켜 공기 속 각종 유해 세균을 효과적으로 살

균해준다. 마지막으로 자연스럽게 수분을 기화시키는 자연기화방식을 도입했다. 가습기 살균제가 따로 필요하지 않다는 것이다. 이제 물건을 만들어도 다른 제품과의 차별성이 없으면 안 된다. 변하는 날씨 환경에 소비자들을 꽉 잡을 수 있는 아이디어가 필요한 세상이다.

혹한과 폭설이 만든 골프장의 진화

혹한과 폭설이 가장 싫은 곳이 있다. 골프장이다. 2012~2013년 겨울 혹한에다가 폭설이 자주 내렸다. 서울의 경우 눈이 쌓인 기간이 가장 길었을 정도다. 그러다 보니 골프장 관계자는 속울음을 운다. 눈이 많이 내린 지역의 골프장들은 장기간 휴장을 했다. 대구 A골프장은 폭설과 한파로 2012년 12월 21일부터 2013년 1월 13일까지 휴장을 공고했다. 그러나 이날까지도 한파로 눈이 녹지 않자 휴장 기간을 다시 1월 20일까지 연장하기로 했다. 그나마 영업을 하는 골프장도 2011-2012년 겨울에 비해 손님이 반 토막으로 줄었다. 경주 D골프장은 제설작업을 잘 한 덕에 3일만 휴장했다. 그러나 손님은 지난겨울에 비해 50% 이상 줄었다.

그러나 실내골프연습장은 신이 났다. 혹한의 날씨에 필드를 찾기가 어려워지자 골퍼들이 실내연습장으로 몰린 것이다. 골퍼들의 골프에 대한 욕구는 춥다고 줄어들지는 않는 모양이다.

더워도 비가 와도
상관없다.
날씨정보만 있다면

아웃도어업체 A사는 2013년 여름 땅을 쳤다. 2012년에는 레인부츠로 재미를 봤었다. 레인부츠의 성수기는 장마철인 7월이다. 그런데 중부지방에 장마가 일찍 시작되었다. 무려 1주일가량 앞당겨진 것이다. 날씨 예측에 실패한 탓에 매출이 전년 대비 60% 줄어들었다.

이 회사와 반대로 재미를 본 곳은 블랙야크다. 블랙야크는 케이웨더의 날씨정보를 활용했다. 사내 및 매장 내 실시간 날씨정보를 전국 300여 개 점포에 도입했다. 결과는 놀라웠다. 1~5월 매출이 전년 대비 약 30% 신장한 것이다. 각 매장에서는 그날의 기상정보에 따라 고객들에게 최적의 스타일을 제안하거나 마네킹 옷을 교체했다. 직원들이 날씨 마케팅을 생활화한 것이 주효한 것이다. 블랙야크 마케팅본부 과장은 "날씨 마케팅을 적극 활용해 예년보다 앞당겨진 장마에도 우기 관련 제품을 미리 예측하고 준비할 수 있었다"며 "전국 300여 개 점포에서 큰 효과를 걷어 매출 증대에 많은 기여를 했다"고 말한다. 블랙야크는 이상기후 가능성에 대응할 수 있는 시나리오별 전략을 수립한 점, 전담 인력을 포지션한 점 등이 주효하게 작용하면서 기상청으로부터 아웃도어업계 처음으로 날씨경영 인증을 획득했다. 장마철 예측 기상정보를 활용한 회사와 그렇지 않은 회사와의 차이가 너무 크다는 것이 재미있지 않은가?

지구온난화로 인한 기후변화는 비정형적인 날씨변화를 가져오고 있다. 그러기에 불확실해진 날씨와 온도를 적극적으로 활용하는 아웃도어업체들이 늘고 있다. 날씨가 업체 매출의 성패를 좌우하는 중요한 변수이기 때문이다. 그래서 이들은 기온이나 강수, 날씨변화에 따라 제품 기획에서부터 매장 진열까지 조절하는 것이다. 이로 인한 성공 사례도 많다. 센터폴은 비바람이 잦은 이상기후로 봄이 짧아지자 여름철 주력 상품인 방풍 재킷의 판촉 시점을 5월로 앞당겼다. 판초 스타일의 비옷인 '레인판초'도 처음으로 출시했다. 기대 이상으로 판매와 반응이 좋았다. K2도 우비를 '용품'이 아닌 '의류'로 분류해 판매했다. 장마가 길어질 것이라는 정보에 판초를 변형한 스타일의 레인코트 등 우비 디자인도 3종으로 확대했다. 장화를 포함한 장마 관련 물량을 전년보다 20% 늘렸다. 물론 결과는 좋았다. 에이글은 장마철 관련 제품의 물량을 전년 대비 2배로 늘렸다. LG패션의 아웃도어 브랜드 라푸마는 날씨변화가 심하다고 보고 간절기용 탈부착 점퍼와 얇게 겹쳐 입는 레이어드 티셔츠 생산 물량을 15% 정도 늘렸다. 날씨정보를 활용해 마케팅 전략을 세운 업체는 웃었고, 주먹구구식으로 운영한 업체는 땅을 쳤다.

2013년 여름은 특이했다.[4] 중부지방은 지루한 장마를 보였다. 남부지방은 폭염이 기승을 부렸다. 제주도는 열대야 기록을 갱신했다. 강릉지방에서는 초열대야超熱帶夜[5] 현상이 우리나라에서 처음 발생했다. 한편, 기상

---

4 기상청이 발간한 「2013년 이상기후 보고서」에 따르면, 장마전선이 주로 북한과 중부지방에 형성되면서 중부지방의 장마는 49일이나 지속됐고, 이 기간 526.5밀리미터(평년 366.4밀리미터)의 많은 비가 내렸다. 남부지방과 제주도의 열대야 일수는 각각 18.7일과 52.5일로 1973년 이후 가장 많았고, 폭염으로 온열 질환자 1,195명이 발생해 이중 14명이 목숨을 잃었으며, 705개 농가 가축 약 200만 마리가 폐사했다.

5 밤 밖의 온도가 섭씨 25도보다 훨씬 더 높은 아주 무더운 밤.

청에 따르면 2013년 6월 1일부터 7월 21일까지 중부지방 평균 강수량은 174.5밀리미터로 남부지방(15.5밀리미터)의 11배에 달했다. 반면 남부지방은 7월 중순(11~20일)에 33도가 넘는 폭염이 131회나 나타나는 등 20년 만에 최악의 더위를 기록했다.

"긴 장마 중부는 막걸리, 폭염 남부는 맥주 불티"

2013년 7월 25일 《파이낸셜뉴스》의 기사 제목이다. 서울, 경기 등 중부지방은 장맛비가 쏟아졌다. 반면 남부지방은 불볕더위가 기승을 부렸다. '반쪽 장마'가 이어지면서 주류 매출에 희비가 엇갈린 것이다.

　세븐일레븐이 7월 1일부터 22일까지 지역별 매출을 분석한 결과, 중부지방에선 소주와 막걸리 매출이 각각 3.8%, 6.8% 증가했다. 여름 인기 상품인 맥주는 8.4% 늘어나는 데 그쳤다. 그러나 남부지방은 달랐다. 소주와 막걸리 매출은 8.4% 줄었지만, 맥주 매출은 39.1%나 껑충 뛰어올랐다. 술만 달라진 것이 아니다. 비가 오면 부침개를 먹는 우리네의 식성도 작용했다. 중부지방에서는 밀가루, 식용유 등 부침개 재료 매출이 전년보다 21.2% 증가한 것이다. 더위가 기승을 부린 남부지방은 27.4% 하락했다. 무더위에 탄산음료와 생수의 판매도 날개를 달았다. 생수(24.7%), 탄산음료(27.0%), 스포츠음료(45.7%)가 전년보다 더 팔린 것이다. 편의점 GS25의 판매도 비슷한 경향을 보였다. 폭염이 찾아온 기간 남부지방의 컵아이스크림 매출은 312%나 껑충 뛰었다. 아이스커피(281%)나 얼음(92%)도 불티나게 팔렸다. 중부지방의 장마 덕을 본 상품도 있었다. GS25에서 초콜릿 매출이 전년 같은 기간보다 29% 증가했다. 길어진 장마에다 평균기온이 하락한 결과라고 한다. 초콜릿과 날씨 상관관계는 상당히 흥미로운 부분이다.

●●● 2013년 7월 서울, 경기 등 중부지방은 장맛비가 쏟아진 반면, 남부지방은 불볕더위가 기승을 부렸다. 중부지방에선 소주와 막걸리 매출이 각각 3.8%, 6.8% 증가했고, 여름 인기상품인 맥주가 8.4% 늘어나는 데 그쳤다. 반면 남부지방에서는 소주와 막걸리 매출은 8.4% 줄었지만, 맥주 매출은 39.1%나 껑충 뛰어올랐다. 이렇게 '반쪽 장마'가 이어지면서 주류 매출에 희비가 엇갈렸다.

GS25 중부지방과 남부지방 판매 상품 증가율

남부지방(폭염)		중부지방(장마)	
품목	증가율(%)	품목	증가율(%)
컵아이스크림	312.8	초콜릿	28.9
아이스커피	281.5	소주	28.4
얼음	92.1	우산	27.7
튜브류 아이스크림	55.5	제습제	26.9
수건	54.1	라면	26.8
이온음료	40.1	수건	23.2
탄산음료	38.6	막걸리	23.1
생수	38.2	안주	18.7
맥주캔	32.5	양말	13.7
물티슈	23.9	카드화투	12.9

"에어컨 판매 3배 증가 … 삼성·LG 휴가 미뤘다"

2013년 7월 23일 《머니투데이》의 기사 제목이다. 삼성전자와 LG전자는 에어컨 생산라인 직원들의 여름휴가를 미루고 물량 확보에 힘썼다. 에어컨 판매량이 전년 동기 대비 3배 이상 증가할 정도로 수요가 몰렸기 때문이다. 삼성전자는 광주사업장 에어컨 생산라인 직원들의 휴가를 8월 중순 이후로 예년보다 2주 정도 늦춰 잡도록 했다. LG전자 역시 창원사업장 에어컨 생산라인 직원들의 휴가를 전년보다 1주일 뒤인 8월 둘째 주 이후로 정했다. 남부지방에 기록적으로 몰아친 폭염이 원인이었다. 보통 에어컨 성수기는 5월부터 7월까지 3개월이다. 그러나 2013년은 폭염 기간이 길어지면서 8월 중순까지 성수기가 연장됐다. 에어컨 판매의 최대 호황기였다는 2011년 실적을 단숨에 뛰어넘었다.

2013년 여름은 중부지방에 약 50일의 장마를 가져왔다. 길어지는 장마에 발 빠르게 대처한 브랜드는 속칭 떴다. 스포츠 브랜드인 엘케이스포츠는 아쿠아 슈즈를 출시했다. 바캉스 시즌을 겨냥한 것이었다. 그러나 아열대 우기와도 같은 게릴라성 집중호우[6]나 장마 때 많이 팔렸다고 한다. 물 빠짐 기능과 통풍성을 극대화시킨 것이 주효했다. 기후변화에도 착용감이 뛰어난 게 특징이란다. 국내 등산업체인 네파NEPA도 기능성 워킹화를 선보였다. 빗물을 막아내는 방수력이 돋보이는 제품으로 소비자들의 입소문을 탔다. 가볍다는 특징으로 장마 시즌 레인부츠 대신 이 신발을 더 많이 찾았다. 레저용품으로 만든 제품들이 기후변화에 따라 필수품으로 바뀌는 상황이 된 것이다. 날씨가 제품을 만들고 날씨가 마케팅을 하는 시대다. 어떻게 날씨정보를 이용해 날씨경영을 하는 것이냐가 중요하다. 날씨경영의 눈으로 패션 트렌드를 파악한다면 의류나 레저용품은 보란 듯이 대박을 칠 것이다.

푹푹 찌는 습한 여름 날씨, 편의점 인기 상품도 변한다

폭염과 함께 축축한 여름은 편의점 상품에 희비가 엇갈리게 한다. BGF리테일은 폭염이 닥치면 더위를 식혀줄 차가운 여름 상품들이 불티나게 팔린다고 한다. 2012년 폭염 때는 아이스크림이 전년 동기 대비 33%나 매출이 상승했었다. 덥고 건조한 날씨에 잘 나가는 아이스크림은 따로 있다. 시원한 샤베트와 얼음알갱이가 씹히는 튜브형 아이스크림이다. 당시 전월 대비 판매량이 4배 가까이 상승하며 1.5배의 상승률을 보인 바형 아이스크림을 압도했다. 얼음 역시 전년 대비 92%의 높은 매출 신장률을 보였다. 아이스드링크 얼음과 일반 얼음의 신장률은 각각 95%, 56%로 높아졌다고 한다. 장마로 평균 습도가 높아진 7월 초엔 마실 거리의 판매가 급증했다. 같은 더위임에도 습도가 높은 날에는 아이스크림보다 음료와 아이스드링크의 시원한 청량감을 즐기는 소비자가 증가했다. 높은 습도는 끈적임을 제거할 수 있는 휴지와 물티슈의 판매도 증가시켰다. 각각 판

---

6 짧은 시간 동안 좁은 지역에서 많은 양의 비가 내리는 현상.

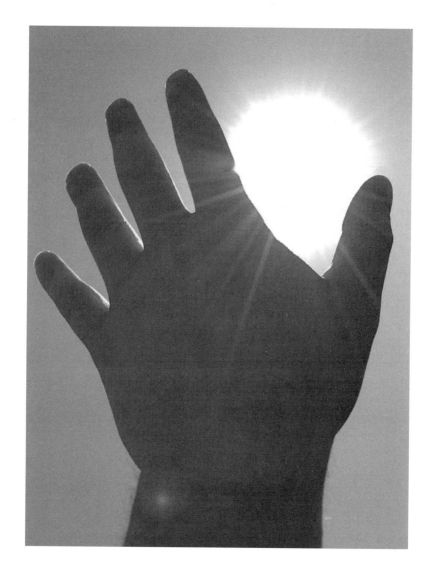

●●● 불쾌지수가 높은 뜨거운 날에는 도시락 등 편의점 신선식품들의 인기도 짱이라고 한다. 오피스가에서는 더운 날 점심시간 사람들 틈을 비집고 식당을 헤매는 수고를 하지 않으려고 한다. 쾌적한 내부에서 저렴하고 간편한 도시락을 먹는 사람들이 늘어난다는 것이다.

매량이 22%, 31% 상승했다. 양말과 속옷의 매출도 40% 이상 껑충 뛰었다. 높아진 습도에 사람들이 피부에 직접 닿는 뽀송뽀송한 신변용품을 찾았기 때문이다. 불쾌지수discomfort index[7]가 높은 날에는 도시락 등 편의점 신선식품들의 인기도 짱이라고 한다. 오피스가에서는 점심시간 끈적끈적한 사람들 틈을 비집고 식당을 헤매는 수고를 하지 않으려고 한다. 쾌적한 내부에서 저렴하고 간편한 도시락을 먹는 사람들이 늘어난다는 것이다. 불쾌지수가 매우 높았던 2012년 7월 1일, 4일, 11일, 14일 4일 동안 판매된 도시락 수량은 평균보다 63%나 높은 수치를 기록했다.

무더운 날씨로 재미를 보는 곳이 또 있다. 생뚱맞게도 치킨이다. 더위로 밤을 지새우는 이들이 야식 거리로 가장 많이 선택하는 것이 바로 치킨이기 때문이다. BBQ 매출은 2013년 무더위가 시작된 7월 한 달간 전해 같은 기간보다 17%나 뛰어올랐다고 한다. 더위로 야간에 주문이 집중되었기 때문이다. 열대야를 피하려고 집 밖으로 나선 이들 덕분에 한강변 편의점에서는 심야시간에 아이스크림과 맥주 등 시원한 먹거리가 불티나게 팔려나간다. 2013년 한강공원 내 CU점포에서는 자정부터 오전 6시까지 아이스커피를 포함한 여름음료 매출이 31.1% 늘었다. 아이스크림 매출은 전년 대비 24%나 뛰었고, 맥주와 안주 판매도 각각 21.3%, 28.4%씩 증가했단다. 치킨과 마찬가지로 야간 매출이 급격하게 증가했다고 한다. 대형 유통업체에서도 2013년 여름 특수를 톡톡히 누렸다. 이마트에서는 8월 들어 에어컨과 선풍기 매출이 전년 같은 기간보다 각각 150%, 52% 늘었다. 음료에 넣는 조각얼음도 54.5% 더 팔렸다고 한다.

---

7 불쾌지수는 날씨에 따라 인간이 느끼는 불쾌감의 정도를 기온과 습도를 조합하여 나타낸 수치를 말한다. DI=0.72(ta+tW)+40.6의 수식으로 나타내며, DI는 불쾌지수, ta는 건구온도, tW는 습구온도, 단위는 이다. 통계에 따르면, 불쾌지수가 75 이상이면 50%의 사람이, 80 이상이면 대부분의 사람이 불쾌감을 느낀다고 한다.

날씨에 따라 변하는
소비자의 감성을
자극하라

아이의 엄마인 K씨는 작년 말과 올해 1월에만 아동복 값으로 100여 만 원을 썼다고 했다. "날씨가 너무 추우면 괜히 아이들 걱정으로 마음이 불안해지더라고요. 두꺼운 오리털 점퍼와 코트, 새 목도리에 어그부츠, 순면 내복까지 한 벌씩 더 사게 됐어요. 아이들 옷 다 사고 나니 제 옷 살 여유는 없더라고요(웃음)."

2013년 1월 25일 《조선일보》기사 내용이다. 날씨가 추워지면 모성母性도 강해지는 걸까? 패션매장 마케팅 담당자들은 그렇다고 말한다. H백화점이 2013년 1월 첫째 주까지 기온이 영하로 뚝 떨어진 날 엄마들의 소비 패턴을 살펴보았다. 그랬더니 엄마 고객들의 30%는 백화점에 들어서서 제일 먼저 아동복부터 사더라는 것이다.

"한파가 심한 날일수록 엄마들은 아동복을 사고, 그중 57%는 다시 남편의 방한용품을 삽니다."

백화점 마케팅 팀장에 따르면, 날씨가 추워질수록 엄마들은 본인 옷이나 화장품을 사는 대신 아이와 남편을 위한 방한용품부터 산다.

●●● 날씨가 추워지면 모성도 강해지는 걸까?
엄마들은 날씨가 추워지면 본인 옷이나 화장품
을 사는 대신 아이와 남편을 위한 방한용품부터
산다. 재미있는 것은 날씨가 따뜻해지는 4월 무
렵이 되면 여성들은 반대로 자기 자신을 위해 돈
을 쓴다고 한다. 기온이 올라가면 명품 가방 또는
화장품 매출이 점차 늘어난다는 것이다. 우리나
라 백화점들은 이러한 날씨에 따른 여성의 감성
을 자극해 판매로 유도하는 감성 마케팅을 사용
한다.

그런데 이런 현상은 H백화점만이 아니었다. G백화점 마케팅 담당자도 같은 말을 한다. 날씨가 추워지면 여자 고객이 전체의 80퍼센트 정도 된다고 한다. 그런데도 명품이나 화장품 매출은 제자리걸음이란다. 오히려 아이와 남자 의류 매출이 크게 늘어난다. 추워질수록 엄마들이 가족을 위해 돈을 쓰러 나온다는 것이다. 우리나라 엄마들이 가족을 생각하는 것이 강하다는 분석을 한 백화점 관계자들은 추워지면 감성 마케팅emotional marketing[8]을 사용한다. 엄마의 감성을 자극해 아이와 남편의 옷을 가급적 비싼 옷으로 사게 만드는 것이다. 대형 패션매장들이 겨울이 추워진다는 예보에 유아·아동복 방한 의류 물량을 30%가량 늘려 준비하는 것은 이런 영향 때문이다. 재미있는 것은 날씨가 따뜻해지는 4월 무렵이 되면 여성들이 반대로 자기 자신을 위해 돈을 쓴다고 한다. 기온이 올라가면 명품 가방 또는 화장품 매출이 점차 늘어난다는 것이다.

　"임 그리우면 달빛이 되어 임의 방 창밖 비추느니 차라리 궂은비가 되소서."

　조선시대의 대문장가 정철이 읊은 「속미인곡」에 나오는 노래다. 노래처럼 연인에게 하는 사랑고백은 비 오는 날 성공 확률이 가장 높다고 한다. 이제 막 시작하는 연인들의 사랑을 위해서 외식업계는 비가 내리는 날 감성 마케팅을 한다. 비가 올 때 외식을 하는 연인에게는 30% 이상 음식값을 할인해주는 것이다. 이 전략을 쓴 종로에 위치한 한 조그마한 레스토랑은 반응도 좋고 매출도 늘었다고 한다. 사랑도 이뤄지고, 음식점도 득이 되는 날씨와 로맨틱한 감성이 어우러진 환상의 날씨 마케팅이 아닌가 한다.

　이렇게 연인이나 엄마의 감성을 자극해 마케팅 실적을 올리는 것을 감성 마케팅이라고 부른다. 우리나라의 대표적인 감성 마케팅 사례로는 오

---

8 감성 마케팅이란 고객의 기분과 정서에 영향을 미치는 감성적 동인을 통해 브랜드와 고객 간의 유대 관계를 강화하는 것이다. 마케팅 커뮤니케이션에 있어서 감성의 활용은 브랜드 이미지를 차별화하고 브랜드 충성도(brand loyalty)를 강화할 수 있는 핵심적인 방법이다.

리온 초코파이를 꼽는다. 한국인의 정情이라는 고유정서인 감성을 자극한 마케팅이다. 경동나비엔이라는 보일러업체도 '효도'라는 한국인 특유의 감성을 자극하는 마케팅을 펼쳤다.

"부모님 댁에 보일러 한 대 놔드려야겠어요."

가전제품에도 감성 마케팅이 통할 수 있다는 좋은 예다.

2013년 가을 김장철이 다가오면서 김치냉장고 신무기 경쟁이 뜨겁게 달아올랐다. 삼성, LG, 위니아만도 등 김치냉장고 대형 업체의 트렌드는 감성에 호소한다는 점이다. 올해 김치냉장고 신제품의 트렌드는 김치숙성과 보관이라는 본연의 기능을 업그레이드했다는 것이다. 여기에 김치냉장고를 선택하는 여성들의 감성에 호소하는 새로운 성능과 디자인의 차별화다.

"김치의 아삭함을 살렸습니다."

하루 60분씩 정기적으로 영하 5도의 냉기를 쏘아주는 '쿨샷 기능'으로 김치의 아삭함을 오래 유지해준다는 컨셉을 주부들에게 어필했다. 스마트센서로 김치온도를 감지, 맞춤 숙성하는 '바이탈 발효과학' 기술을 탑재했다는 상품도 히트를 쳤다. 기온의 상관관계를 이용한 이 기술은 김치에 신경 써야 하는 주부의 마음을 잡은 것이다. 평소에는 숨겨져 있다가 손을 대면 나타나는 '히든 디스플레이'를 탑재한 점도 여성들의 감성을 자극했다는 평가다. 다른 전자회사의 김치냉장고는 초절전이 컨셉이다. 전기세가 올라 걱정인 주부의 감성을 자극했다는 평이다. 여기에 부부들을 대상으로 신제품 체험행사 기회를 제공하거나 구매 고객들에게 제품 구매비용의 일부를 돌려주는 행사까지 곁들였다.

계절을 파괴하는 감성 마케팅! 대표적인 것이 박카스다. "대한민국에서 ○○○으로 산다는 것" 시리즈는 사람들의 감성을 자극해 대박을 쳤다. 지난겨울 코카콜라는 계절을 파괴한 광고로 히트를 쳤다. 콜라는 25도 이상이 되어야 잘 팔리는 계절상품이다. 그럼에도 코카콜라는 겨울에 공격적인 감성광고를 펼쳤다. 하얀 북극곰들이 나와 보여주는 광고영상은 너무 화려하고 자극적인 요즘 광고의 홍수 속에서 잔잔하면서도 감동적인 영상이었다. 우리가 미처 보지 못하고 지나치고 있었던 아름답고 따뜻한 세상의 풍경을 차가운 CCTV의 눈으로 역설적으로 담아내고 있었다. 이 영상은 공개되자마자 사람들에게 큰 인기를 끌었다. 많은 사람들이 유튜브와 블로그, 페이스북 등으로 퍼 날랐다. 재미있는 것은 동영상에서 코카콜라에 대한 이야기는 단 한 마디도 나오지 않는다. 마지막에 5초 정도 코카콜라의 로고가 등장하는 것이 전부다. 그런데 많은 사람들은 이 영상을 보고 코카콜라를 정이 많은 브랜드, 따뜻한 감성을 지닌 제품으로 받아들였다. 한겨울에 콜라 소비량이 증가했다면 믿을 수 있을까?

코카콜라가 계절을 파괴한 마케팅이라면 아래 소개하는 마케팅은 계절을 감성과 연결해 성공한 마케팅이다. 깊어가는 가을밤이 되면 또 다른 밤이 우리를 찾아온다. 바로 달고 고소한 맛을 자아내는 밤(栗)이 그 주인공이다. 옛날 어려운 시절을 살았던 50대 이상에게는 과거를 생각나게 하는 과일이다. 그런데 이 밤을 이용해 사람들의 정서를 자극한 음료가 인기몰이 중이다. 최근 '마롱marron'이란 단어가 자주 등장해 눈길을 끌고 있다. 달고 굵은 유럽산 밤을 가리켜 마롱이라고 부른다. 커피전문점 '스타벅스'에서도 가을 프로모션 음료로 '마롱 마끼야또'를 출시했다. 국내에서 독자 개발한 음료로 에스프레소와 함께 달콤한 밤을 넣은 시럽과 부드러운 우유의 조화로운 맛으로 가을의 맛을 충분히 느낄 수 있다. 또 다쿠아즈 시트에 달콤한 밤 크림을 얹은 '마롱 마스카포네 크림 케이크'도 선보였다. 커피에 생뚱맞게 웬 밤이냐? 한국인의 밤에 대한 독특한 감성 마케팅으로 자리 잡는 것 같다. 한국에서 밤으로 재미봤다는 소문을 들어서일까? 일본 나고야 지역의 대표 카페 체인점인 '코메다コメダ커피'도 올가을에 한정으로 밤으로 만든 베이커리 제품을 선보였다. 놀랍게도 일본 사람들에게도 추심秋心을 사로잡았다는 평을 들었다고 한다.

길거리에 나서면 온갖 몸에 좋다는 음식이 널려 있다. 도대체 어느 음식을 먹어야 좋을지 판단하기 힘들 때도 있다. 그런데 음식의 가장 기본이

제철 음식 챙겨먹는 것이다. 그게 보약이다. 계절의 흐름에 따라 자연 환경에 맞게 키워낸 음식이야말로 우리의 몸에 가장 좋다는 것이다. 한 외식 업체가 한식브랜드인 '계절밥상'을 새롭게 선보였다. CJ푸드빌이다.

"우리 땅에서 우리의 풍토가 빚어낸 다양한 발효 식품들이 '진짜 우리의 맛'이라고 생각한다", "'웰빙 라이프'를 지향하는 사람들을 위해 사계절 속 건강한 밥상을 고민한 끝에 이 브랜드가 탄생됐다."

계절밥상은 한식 메뉴로 구성되어 있다. 샐러드바 형태로 즐길 수 있어 현대적인 분위기도 가미했다. 사계절 각 주산지의 식재료를 직접 공수해 마련한 '쌈·무침 코너'부터 1970년대 상점을 재현하는 옛날과자, 팥빙수, 뻥튀기, 호박엿 등의 주전부리 코너까지 메뉴 전반이 한식에 포커스를 맞췄다. 한국인에 맞는 한국음식이라는 컨셉은 한국인의 정서를 자극하는 감성 마케팅이다. 겨울 제철 식재료로는 '굴, 매생이, 마'를 선정하고 이를 이용한 다양한 메뉴를 선보이고 있다. 무굴밥, 굴 양배추 지짐이, 매생이 죽, 매생이 전, 마 시금치 무침 등을 맛볼 수 있는데 생각만 해도 군침이 돈다.

최근 티젠은 회사와 카페, 사우나 등 각기 다른 테마별로 '힐링'과 '첫사랑', '유머' 같은 감성 스토리를 담은 프리미엄 블랜딩 티 '마음티 시리즈' 5종을 출시했다. 사람이 양팔을 벌리고 있는 듯한 재미있는 태그지에 다양한 캐릭터가 삽입돼 있어 감성을 자극한다. 반복되는 일상, 과도한 스트레스, 우울감 등 현대인이 생활에서 느끼는 감정에 따라 골라 섭취할 수 있게 했다. 차를 마시는 시간 동안 재충전과 힐링의 시간까지 얻을 수 있다는 것이다. 사람들의 감성을 자극하는 마케팅은 점점 늘어날 것이다. 정에 메마르고 삭막해지는 현대 사회에 필요한 것이기 때문이다.

최근 히트한 상품 중에 자동조절 커튼이 있다. 유비쿼터스 기술이 발전하면서 영화나 CF에서 보던 기능들이 현실화되고 있다. 사람들은 시간과 장소의 제약 없이 집 안의 가전제품을 제어하길 원한다. 이른바 지능형 주거공간에 대한 수요가 늘고 있는 것이다. 솜피코리아는 블라인드, 커튼 등에 대한 제어장치를 제공하는 전동차양막 시스템 전문업체다. 이들은 침실등의 커튼을 자동으로 조절함으로써 정서적 안정을 추구하려는 젊은 부부들의 트렌드를 파악했다. 단순히 커튼을 열고 닫는 것뿐만 아니라 조명, 온도, 비바람 등에 맞춰 자동으로 커튼의 상태를 조절한다, 기가 막히지 않은가? 부부만의 밀폐된 공간을 가장 쾌적한 상태로 만들 수 있다면 누가 돈을 투자하지 않을까? 이들은 애플리케이션 개발을 통해 젊은 고객들의 접근성을 높였다. 커튼모터는 리모컨뿐만 아니라 스마트폰, 태블릿PC 등을 통해 제어가 가능하도록 한 것이다. 젊은이들의 취향에도 딱이다.

04
날씨에 따라
할인해주는
기분 좋은 마케팅

일반 음식점이나 외식업체에서는 날씨에 따라 매출에 많은 차이가 있다. 비나 눈이 내리면 매출액이 확 줄어든다. 날씨가 좋아야 사람들의 외출이 늘어난다. 그래야 외식이나 만남도 증가하고 매출이 올라간다. 그런데 비가 내리면 30% 정도 매출액이 줄어든다. 업체에서 보면 날씨가 원망스럽다. 필자의 회사 근처에 춘천닭갈비집이 있다. 어느 비 오는 날 저녁이었다. 직원들과 저녁을 먹기 위해 닭갈비집에 갔다. 넓은 음식점에 손님이 별로 없었다. 주인에게 왜 이렇게 손님이 없느냐고 하자 비가 오기 때문이라는 것이다.

"비가 오는 날에는 음식값을 30% 할인해준다고 써 붙여 놓으세요."

그 다음 다시 그 음식점에서 저녁을 먹을 기회가 있었다. 공교롭게도 비가 오는 날이었다. 그런데 그날 저녁은 자리가 없을 정도로 만원이었다. 필자를 알아본 주인은 "비가 오는 날 음식값을 할인해준다고 하니 손님이 몰리네요"라고 하면서 즐거워했다. 물론 그날 먹은 음식값은 공짜였다. 주인이 고맙다고 서비스로 준 것이었다. '야, 날씨에 따라 음식값을 할인해주는 것이 오히려 대박이구나!'를 깨달은 순간이었다.

RAINY DAY
DISCOUNT

●●● 일반 음식점이나 외식업체에서는 비가 내리면 30% 정도 매출액이 줄어든다. 비가 내리는 날만 음식값을 할인하는 특별행사는 비 오는 날 집에만 있으려는 고객을 외식으로 유도하는 좋은 방법이다.

패밀리레스토랑 '블랙스미스black smith'는 비 오는 날 '누룽지 파스타'와 '페스카토레' 메뉴를 30% 할인해준다. 창밖에 비가 내리고 있을 때만 진행되는 행사. 비가 내리는 날의 기준은 강수량 5밀리미터 이상(기상청 기준)일 때라고 하는데 반응이 무척 좋다고 한다. 회전초밥 레스토랑 '스시로'는 비 오는 날 고객 중 2만 원 이상 주문한 고객에게 특선우동(6,900원)과 커피(1,000원)를 무료로 제공한다. 강수량에 관계없이 조금이라도 비만 내리면 서비스를 해주기 때문에 사람들이 더 좋아한다고 한다.

비 오는 날은 마리오아울렛에서 외식하는 날

필자가 근무하는 회사 인근에 있는 마리오아울렛은 날씨 마케팅을 펼쳤다. 마리오아울렛은 비가 내리는 평일에 매장 내 전문식당가를 방문한 고객들에게 최대 20% 할인 혜택을 제공한다. 불고기 브라더스를 비롯하여 홍대돈부리, 고슴도치 돈까스에서는 모든 메뉴를 20% 할인된 가격으로 손님을 맞는다. 차이나팩토리와 스쿨푸드는 전 메뉴 10% 할인 혜택을 제공했다. 던킨도너츠는 아메리카노 1,000원 할인 행사를 진행했다. 팔부자 대가보쌈에서는 전 메뉴 주문 시 계란찜을 무료로 증정했다. 반응이 너무 좋아 올해에도 실시할 예정이라고 한다.

"영하 날씨에는 돈 받고 수프 드세요"

2013~2014년 겨울 미국 동부지역은 혹한이 맹위를 떨쳤다. 무려 다섯 번이나 연방정부가 혹한과 폭설로 셧다운될 정도였다. 그런데 추위가 심한 시카고의 한 식당이 그날그날의 기온에 맞춰 수프 값을 받고 있다고 한다. 시카고 인근 3개 지역에 지점을 둔 '매더스 레스토랑'은 2014년 2월까지 65세 이상 노인 고객을 대상으로 매일 화씨 온도만큼 수프 값을 받는 프로모션을 진행하고 있다. 기온이 화씨로 영하로 떨어지면 수프값

을 받지 않는다. 오히려 수프와 함께 온도 숫자만큼 현금을 지급한다. 이게 무슨 말이냐? 예를 들어, 1월 21일 시카고 지역 낮 기온은 화씨 18도(섭씨 영하 7도)였다. 노인 고객은 18센트(약 190원)만 내면 수프 한 그릇을 먹을 수 있다. 23일에는 낮 기온이 화씨 영하 5도(섭씨 영하 20도)까지 떨어졌다. 노인 고객들은 수프와 함께 각 5센트(약 54원)씩을 받았다. 이 식당의 수프 정상가격은 1.99달러(약 2,100원)다. 노인들은 이 식당 때문에 행복하다고 말한다. 추운 겨울에 따뜻한 수프를 저렴한 가격에 먹을 수 있고, 때에 따라 돈까지 버니 말이다.

겨울은 추워야 제맛이다. 물론 여름은 더워야 여름답다. 사람들은 덜 춥고 덜 덥기를 바라지만 말이다. 2013년 1월과 2월은 정말 추웠다. 혹한이 몰아치는 어느 날 따뜻한 차 한 잔에 꽁꽁 얼었던 마음까지 사르르 녹았던 기억이 있다. 이런 마음을 이용한 마케팅이 대박을 쳤다. 미국 음료브랜드인 '잠바주스jamba juice'가 그 주인공이다. 추운 날씨에 맞서 기온에 따른 프로모션을 진행한 것이다. 잠바주스는 생과일을 직접 갈아넣어 만든 주스로 유명하다. 반면에 추운 겨울에는 매출이 줄어들 수밖에 없다. 이들은 겨울에 주스를 따뜻하게 한다는 역발상을 했다. 추운 겨울에 맞춰 뜨거운 '핫프룻주스hot fruit juices'를 선보인 것이다. 여기에 당일 최저기온이 영하 8도 이하(기상청 자료 기준) 시 '스무디 1+1 이용권'을, 일 최저기온이 영하 12도 아래로 떨어지면 '스무디(스몰 사이즈) 무료이용권'을 주었다. 반응은 상상한 것보다 좋았다. 날씨를 이용한 프로모션이 성공한 것이다.

2012년 여름엔 국내 대표 아이스크림 전문업체인 나뚜루팝Natuur Pop이 날씨별로 즐길 수 있는 '레이니데이·써니데이' 이벤트를 선보였다. 나뚜루팝은 '레이니데이' 이벤트를 통해 비 오는 날 '레인보우 플레이버' 선택 시 멀티플컵 아이스크림을 23% 할인된 7,700원에 팔았다. 맑은 날인 '써니데이' 이벤트는 나뚜루팝 팥빙수, 베리빙수, 녹차빙수, 밀크티빙수 구매 시 1,000원을 추가하면 아이스크림 50g을 더 얹어주었다. 보다 풍성한 빙수를 맛볼 수 있는 이벤트로 젊은이들의 마음을 꽉 잡았다. 이 회사 관

HOT FRUIT JUICES

●●● 추운 겨울에는 음료 매출이 줄어들 수밖에 없다. 생과일을 직접 갈아넣어 만든 주스로 유명한 '잠바주스(jamba juice)'는 주스는 차가워야 한다는 발상을 깨고 추운 겨울에 맞춰 뜨거운 '핫프룻주스(hot fruit juices)'를 선보이고, 날씨를 이용한 프로모션을 진행하여 상상 이상의 성공을 거두었다.

계자는 "여름철은 폭염, 장마 등 날씨 변덕이 심하다. 때문에 비 오는 날이나 맑은 날이나 소비자들이 시원하게 빙수와 아이스크림을 즐기길 바라는 마음으로 이벤트를 준비했다"고 말했다. 사실은 소비자들의 지갑을 열게 하기 위한 이벤트였지만 말이다. 이처럼 날씨 변동을 감안해 그에 걸맞은 날씨 마케팅을 선보이는 업체들이 점점 증가하고 있다. 혹한이든 폭염이든 사람들은 날씨에 따라 심리가 변한다. 이런 심리를 이용한 '날씨 마케팅'이야말로 기후변화에 현명하게 대처하는 날씨경영의 진수라는 생각이 든다.

날씨를 이용해 할인해주거나 값을 깎아주는 마케팅이 차에도 등장했다. 우리나라 젊은이들에게 폭발적인 반응을 보이는 소형 차 미니가 주인공이다. BMW 코리아는 2012년 9월 중 BMW 파이낸셜서비스를 통해 미니 컨버터블과 로드스터를 계약하는 고객에게 비가 오면 할부금을 면제해주는 '미니 선샤인 프로모션'을 진행했다. 두 차종을 계약한 고객에게 10~11월 2개월간 하루 강수량이 5밀리미터 이상(서울 관측소 측정 기준)인 날이 열흘을 넘으면 12개월 할부 또는 리스 월 납입금액을 전액 면제해준다는 것이다. 지붕을 열고 달리는 재미를 느끼기 위해 두 차종을 샀으나 비로 인해 제약을 받는 경우 보상을 해주기 위해서란다. 이와 같은 날씨를 이용한 프로모션은 사람들의 눈길을 끌었다. 그런데 기상통계를 아는 사람이라면 꼼수를 눈치챘을 것이다. 최근 10년간 서울 관측소 기준으로 하루 강수량이 5밀리미터 이상인 날이 열흘을 넘은 경우는 2003년밖에 없다. 전통적으로 10~11월은 2~3월과 더불어 강수량이 가장 적은 달이다. 이상기후를 보인 2003년을 제외하고는 두 달간 하루 강수량이 5밀리미터를 넘긴 경우는 3~6일에 불과했다. 소비자가 이길 확률이 10%도 안 되는 것이다. 그러나 날씨는 예측을 불허한다. 더욱이 기후변화가 심한 요즘 같은 시대에는 소비자가 이길 확률 10%를 결코 무시할 수는 없다. 물론 크게 기대하는 사람은 없겠지만, 누가 아는가? 10%라는 행운이 실제로 주어질지. 이런 날씨 프로모션은 확률은 작지만 사람들의 기대 심리를

●●● 날씨 변동을 감안해 그에 걸맞은 날씨 마케팅을 선보이는 업체들이 점점 증가하고 있다. 사람들은 날씨에 따라 심리가 변한다. 이런 심리를 이용한 '날씨 마케팅'이야말로 소비자의 지갑을 열게 만드는 날씨경영의 진수다.

자극해 구매율을 높이는 데 어느 정도 기여한다.

건국대학교에서 필자에게 특강을 의뢰한 적이 있다. 대학원에 골프과정이 있는데, 골프장의 CEO나 임원들을 대상으로 특강을 해달라는 것이었다. 골프는 날씨에 큰 영향을 받는다. 골프장들은 날씨에 따라 비용을 할인해 고객관리를 한다. 인천공항 옆에 위치한 스카이72 골프장은 차가운 날씨에 운동하는 회원들에게 온도에 따라 그린피Green fee[9]를 할인해준다. 겨울 시즌이 시작되면 온도에 따라 할인된 동계 그린피를 적용하는데 반응이 좋다고 한다. 할인은 인천지역 오전 9시 최저기온을 기준으로 한다. 0도~영하 3도일 경우 1만 원, 영하 3도~영하 6도일 경우 3만 원, 영하 6도 미만일 경우 5만 원을 할인해준다. 이외에 추운 날에는 손토시, 바람막이, 핫팩 서비스, 꿀차나 붕어빵을 제공한다. 비가 올 경우에도 그린피를 할인해준다. 5시간 누적 강수량에 따라 최고 그린피를 50% 할인해주는 것이다. 눈이나 비 때문에 라운드를 중단하면 홀만큼 코스 사용료를 부과하는 레인체크Rain Check 요금제를 도입해 운영한다. 물론 비 오는 날 우비나 핫팩 제공은 기본이다.

제주 라온 CC도 날씨에 따라 비용을 보상해준다. 비행기를 타고 가야 하는 지형적 제약 때문에 이 골프장은 독특한 보상제를 운영한다. 눈이나 안개, 악천후로 라운드가 취소되면 여행경비(항공료, 숙박료, 교통비)를 현금으로 되돌려주는 것이다. 실제 2005년 30센티미터의 폭설로 라운드가 불가능해지자 골프장 내장 여부와 관계없이 예약자 모두에게 항공료 등 약 600만 원을 지급해주었다. 두 골프장 모두 날씨보상 프로모션이 내장객 증가로 이어졌다고 자체 분석하고 있다.

---

9 골프 한 라운드를 하는 데 드는 비용. 골프장에 지불하는 코스 사용료를 뜻한다.

05
광고도 창의적인
날씨 맞춤형 광고로
승부하라

꽤 오래전의 일이다. TV에 화장품 광고가 나오고 있었다. 아모레퍼시픽의 대표 브랜드 '라네즈'의 CF였다. 전속모델이 날씨를 확인하며 자신을 가꾸는 컨셉이었다. 건조한 날씨를 겨냥한 피부 보습이 강한 제품이었다. 필자가 처음으로 본 날씨 맞춤형 광고였다. 와우, 날씨를 이용한 광고 마케팅이 너무나 신선했다.

미국에 출장 갔을 때도 광고방송을 보면서 감탄을 했다. 캘빈클라인 브래지어 광고였다. 제목은 '유혹의 시작Beginning of Seduction'이었다. 이 광고는 비가 오면 천으로 만든 슬립이 젖으면서 안의 브래지어를 자연스럽게 보여준다. 너무 감각적이고 신선했다. 섹시한 속옷… 관능적인 속옷… 여성이라면 누구나 이 브래지어를 살 것 같았다.

광고 마케팅 프로를 보다가 발견한 또 다른 재미있는 광고는, 레바논의 한 염색약 광고다. 해안도로변을 따라 설치된 광고판에 여성의 머리카락 부분을 뚫어 시간에 따라 변하는 하늘의 자연스러운 컬러를 표현하고 있었다. 하늘과 날씨와 자연의 색깔, 아름다운 머리… 저 약으로 염색하면 하늘이 나에게 내려올 것 같았다면 과장일까?

하나만 더 소개해볼까? 날씨에 따라 실시간으로 옷이 달라지는 신기한 옥외 간판이 있다. 야! 이런 광고도 있구나 싶을 정도로 재미있다. 이 이색 간판은 프랑스 파리에 있는 '라흐두뜨La Redoute'라는 패션회사의 작품이다. 이 광고판은 외부의 온도를 측정하고 내리는 비를 정확하게 감지할 수 있는 센서가 장착되어 있다. 그리고 실시간으로 변화하는 외부의 날씨에 맞게 가장 적합한 복장을 착용하고 있는 모델을 보여준다. 비 오는 날엔 부츠를 착용하고 우산을 들고 있는 모델이 나온다. 더운 날씨엔 하늘하늘 시원하게 옷을 입은 모델이 등장한다. 외부의 온도가 떨어질 때마다 모델은 한 겹씩 옷을 더 껴입는다. 온도가 바뀔 때마다, 계절이 바뀔 때마다 입는 옷의 종류도 바뀐다. 이 광고만 봐도 지금 날씨가 어떤지 금방 알 수 있을 정도다.

"오늘은 바람이 강하게 불어 체감온도가 낮거든요. 센스 있게 라흐두뜨의 부츠와 보온 점퍼를 챙긴 뒤에 목도리를 두르면 짱입니다."

광고판이 이렇게 속삭이는 듯하다. 날씨를 활용한 창의적인 광고는 고객의 지갑을 여는 최상의 방법이라는 생각이 든다.

이젠 광고를 보는 소비자들의 눈이 달라지고 있다. 우리의 삶에 가장 큰 영향을 주는 날씨가 광고 효과에 영향을 줄 수 있다는 이야기다. 미국에서 뜨는 광고업체가 애드버타이밍Advertiming이다. 날씨가 광고 효과에 큰 영향을 미친다는 것을 잘 알았던 이 회사는 기상정보에 따라 방송 광고를 가장 효과적으로 내보내도록 기업체를 도와준다. 동일한 상품이라도 날씨에 따라 광고의 컨셉을 다르게 만들어놓는다. 그날의 날씨에 어울리는 광고를 방송해서 광고 효율을 극대화하는 것이다. 예를 들어보자. 무더운 날씨가 되면 바비큐용 소스는 57.8%, 프랑크루프트 핫도그는 33.8%가 더 많이 팔린다. 왜 그럴까?

작년 여름은 무척 더웠다. 필자가 퇴근하니 그때서야 아내가 에어컨을 켠다. 가정주부는 전기세를 아끼려고 혼자 있을 때는 잘 켜지 않는다. 그런데 이게 웬일인가? 에어컨을 켰는데도 기온이 내려가지 않았다. 알고 보니 아내가 부엌에서 요리를 하고 있었던 것이다. 그 열기가 장난이 아니었다. 그래서 에어컨을 켜도 기온이 내려가지 않았던 것이다. 그때서야 "이렇게 무더운 날 음식 만들려고 고생하지 마시고 전화 한 통화만 주세요. 맛있는 핫도그와 바비큐를 보내드립니다"라는 미국의 방송광고가 이해가 갔다. 날씨를 이용한 광고방송의 효과가 정말 크다는 것을 새삼 깨달았다.

옛날에 미군 부대에서 근무할 때다. 볼링장에 갈 때마다 혹시 볼링용품이 언제 가장 많이 팔릴까 궁금했던 적이 있다. 볼을 파는 분에게 물어보니 날씨가 추워지기 시작할 때 가장 많이 팔린다는 것이다. 그렇다면 추워지기 직전에 볼링용품 광고를 하면 대박이겠구나 생각했던 적이 있다. 사람들이 실제로 물건을 많이 구매하는 때는 날씨가 변하기 시작할 때라고 한다. 미국의 한 야외활동복업체가 광고 시기를 잘못 맞추어 손해를 본 적이 있다. 겨울용 야외활동복을 판매하는 업체 EMS$^{Eastern\ Mountain\ Sports}$ 사는 다이렉트메일을 발송할 때 날씨정보에 근거해 발송 시점을 결정한다. 이것은 과거의 쓰라린 기억 때문이다. 이들은 과거의 날씨통계에 의존해 영업을 해왔다. 이에 따라 다이렉트메일 발송 시기를 겨울이 시작되기 전인 10월이 적당하다고 보고 막대한 비용을 들여 다이렉트메일을 보냈다. 이젠 추워지기만 하면 되었다. 그런데 이게 웬일인가? 10월 한 달 내내 무더운 가을이 계속된 것이다. 두꺼운 야외활동복을 소개한 다이렉트메일은 웃음거리가 되었다. 누구도 여름 뺨치는 더위에 겨울옷을 살 사람은 없었다. 이 회사는 1년 광고비의 절반을 오로지 다이렉트메일에 썼다. 다이렉트메일이 쓰레기로 변할 시점에 이미 이 회사는 이미지 실추와 함께 판매는 최악을 기록했다. 그 이후 이 회사는 매년 장기예보를 민간기상회사로부터 구입한다. 다이렉트메일을 발송할 최적의 시기를 결정하기 위해서다. 광고에 날씨를 활용하는 것이 얼마나 도움이 되는지를 잘 보여주는 예다.

가정주부의 마음을 훔쳐 다이얼링하게 하라

홈쇼핑업체의 마케팅 전략이다. 홈쇼핑의 구매고객은 주로 여성이다. TV 홈쇼핑을 1주일에 3~4번 이상 시청하는 가정주부는 55.6%나 된다. 매일 시청하는 가정주부도 무려 28.6%나 된다. 가정주부의 마음을 끌어야 홈 쇼핑은 성공한다는 뜻이다.

CJ오쇼핑은 날씨를 마케팅 전략에 가장 잘 활용한다. 날씨를 중요한 마 케팅 수단으로 인식한다는 것이다. CJ오쇼핑 분석에 따르면, 고객 중 여성 이 90%이며 이중 80%가 가정주부라고 한다. 주부들이 집에 많이 머무는 것은 날씨의 영향이 가장 크다. 날씨가 추운 겨울철에는 외출을 자제하는 주부들이 많아 매출이 늘어난다. 화창한 날씨가 계속될 경우 잦은 나들이 로 매출이 줄어든다. 이에 따라 CJ오쇼핑에서는 기상예보를 참조해 적합 한 상품을 편성해 방송한다. 황사가 예상될 때는 정수기, 연수기, 공기청 정기 등을 집중 편성한다. 장마철이나 꽃샘추위 때는 매트나 침구류의 방 송을 늘린다. 폭우나 장마 때에는 의류나 레저용품보다 조리식품, 게임기 같은 상품의 편성 비중을 늘린다. 추운 겨울에는 건강매트나 김치냉장고 를 편성한다. 날씨정보를 마케팅에 활용하여 CJ오쇼핑은 20%의 매출 증 대가 있었다고 한다. CJ오쇼핑의 아침 방송은 언제나 날씨예보와 함께 시 작한다. 고객의 삶에 가장 밀접한 날씨정보를 제공함으로써 경쟁사와는 차별화된 전략을 사용하는 것이다.

최근에는 맥락광고가 광고주들에게 인기다. 맥락광고는 방송 내용과 연관성이 높은 광고를 해당 프로그램이 끝난 직후 내보내 효과를 극대화 하는 마케팅 기법이다. 예를 들어보자. LG생활건강은 드라마 〈해를 품은 달〉 방영 직후 주연 배우인 한가인을 모델로 한 화장품 광고를 한다. SK텔 레콤은 음악 프로그램이 끝나자마자 '방금 듣던 노래를 데이터 걱정 없이 무제한으로 감상하는 방법'이라며 'SKT LTE' 광고를 내보낸다. 놀랍게도 이런 맥락광고의 효과가 무척 크다고 한다. 날씨 맥락광고에는 무엇이 있을까?

"내일은 전국에 봄비 소식이 있습니다."

기상캐스터의 일기예보가 끝나고 광고가 이어진다. 두 사람이 카카오톡으로 대화를 나눈다.

"방금 날씨 봤어? 내일 봄비가 온대."

"그럼 내일 트레킹 취소?"

"아니! 준비만 잘 하고 와!"

이어 방수가 잘 되는 트레킹 재킷을 입고 산행을 가자는 광고가 나온다. 광고대행사 HS애드가 제작한 아웃도어 브랜드 K2의 '날씨 맞춤형' 광고는 일기예보에 따라 내용이 달라진다. K2는 날씨 맞춤형 광고를 통해 소비자의 수요를 자극하고, 제품 특유의 장점을 고객에게 구체적으로 전달한다는 전략을 세웠다. 방송사와 연계해 TV방송뉴스의 기상예보 직후 그날 예보에 따라 날씨별로 제작된 광고를 방영하는 것이다. 다양한 기후 조건에서 최적의 기능성을 발휘하는 아웃도어 제품의 특수성을 잘 표현한 광고라는 찬사를 듣고 있다.

"KT 엠하우스, '날씨정보형 광고' 서비스 개시"

2014년 4월 16일 《이데일리》의 김상윤 기자가 쓴 기사의 제목이다. 올해부터 KT 엠하우스mhows는 날씨에 민감한 모바일 사용자들을 대상으로 '올레날씨' 날씨정보에 광고를 연동한 사용자 생활기반 '날씨정보형 광고'를 시작했다. 그날의 날씨에 따라 생활에 유용한 상품을 추천하는 방식이다. 기온이 높고 건조한 날씨에는 이온음료 광고를, 비가 내리고 습한 날씨에는 제습제 광고를 내보내는 등 날씨변화에 따른 맞춤형 광고를 제공한다. 기존 모바일 광고는 주로 노출과 검색, 리워드 형태의 한정적인 모델로 서비스됐다. 최근에는 네이티브 광고native ad[10]가 늘고 있다. 페이스북의 추천 게시물이나, 포털 웹툰 하단의 광고 등이 대표적인 네이티브 광고의 사례다. KT 엠하우스가 제공하는 '날씨정보형 광고' 역시 날씨에 맞는 광고를 적절하게 노출하는 네이티브형 광고를 이용했다. 광고에 대한 거부감을 줄이는 동시에 최신 모바일 광고의 흐름을 그대로 반영한 것이다. 또, KT 엠하우스는 '상황 인지형 광고'를 제공한다. 사용자가 현재 위치한 지역의 날씨에 맞는 광고를 보여주는 것이다. 정말 기가 막힌 아이디어다.

많은 기업들이 날씨를 이용해 광고를 한다. 그러나 최근에는 여기에서 한 발 더 나아가 환경을 결합한 광고를 한다. 오염되지 않은 '하얀 눈'을 이용해 기발한 광고를 한 예가 있다. 캐나다의 '캘거리 파머스 마켓Calgary Farmer's Market'은 도로 한쪽에 쌓인 눈을 활용했다. 폭설이 내리면 통행이 불편해서 사람들은 눈을 재빨리 치운다. 하지만 '캘거리 파머스 마켓'은 생각을 조금 비틀었다. 쌓인 눈 속에 당근을 심은 것이다. 춥고 폭설이 내려도 자신들은 신선한 채소를 공급한다는 점을 부각시킨 것이다. 눈의 깨끗함과 채소를 결합해 상품의 신선함을 강조한 재미있는 광고다.

다른 예를 하나 더 들어보자. 2009년 영국 전역에 폭설이 내렸다. 이를 본 폴로Polo 사는 기발한 생각을 해냈다. 이때 만들어진 것이 바로 '폴로 스탬프Polo Stamp'다. 맑고 깨끗하며 시원한 느낌을 주는 하얀 눈을 폴로 사탕에 적용시킨 것이다. 적은 비용으로 엄청난 효과를 낸 광고로 손꼽힐 정도다.

페루의 사막도시, '리마Lima'에는 사막화로 인한 식수 부족을 해결해주는 친환경 광고판이 있다. 이 나라는 사막화가 진행되면서 만성적인 식수 부족에 시달리고 있다. 페루 공대에서 혁신적인 발명품을 개발했다. 공기 중에 있는 98%의 수분을 식수로 바꿔주는 장치다. 광고판에서는 공기 중의 수분을 물로 바꾸는 모습을 보여준다. 광고판 내부에 설치된 발전기가 공기 중 수분을 물탱크에 저장한다. 그 다음에는 필터를 이용해 깨끗하게 정수한다. 정수된 물은 냉장탱크를 거쳐서 광고판 아래로 이동한다. 수도 꼭지를 틀면 신선한 물이 흘러나온다. 기발하고 신선하고 그저 감탄만 나

---

10 콘텐츠와 광고를 동일한 형태로 제공, 광고를 콘텐츠의 일부로 느끼게 하는 광고 기법을 말한다.

오는 광고다.

　날씨와 환경에 더해서 공익 성격의 광고도 있다. 광고를 보면 뉴욕 맨해튼Manhattan의 초고층 빌딩인 엠파이어 스테이트 빌딩이 물에 잠겨 있다. 물에 잠긴 뉴욕의 마천루를 배경으로 물을 마시고 있는 섹시한 두 남녀가 나온다. 'Global Warming Ready'라는 카피로 패션 브랜드 디젤DIESEL에서 진행했던 광고다. 디젤은 이 광고를 통해 지구온난화에 대한 경각심을 일깨운다. 덤으로 자사 브랜드를 홍보하는 기후변화 광고를 진행한다. 소비자에게 윤리적이고 책임 있는 기업의 모습을 보여줄 수 있기 때문이다. 디젤의 친환경 공익(?) 광고는 여기서 그치지 않는다. 펭귄들이 즐비하게 늘어서 있는 남극. 그런데 얼음은 하나도 없다. 남극에서 수영복을 차려 입은 남녀가 멋진 포즈를 취하고 있다. 정말 생뚱맞지 않은가? 러시모어 산Mount Rushmore 광고도 기발하다. 러시모어 산에는 미국의 대통령 4명이 화강암 바위에 조각되어 있는 곳으로 유명하다. 해발 1,800미터가 넘는 이 산마저도 거의 물에 잠겨버렸다. 두 명의 남녀가 자외선차단제를 바르며 산 위에서 일광욕을 즐기고 있는 광고다. 사막화로 모래 속에 묻혀버린 만리장성의 모습도 대단하다. 해수면 상승으로 거대한 예수상만 보이는 리우데자네이루Rio de Janeiro의 모습도 정말 독특하다. 지구온난화의 심각성을 널리 알리는 공익성에 주제를 비틀어 자사 제품을 강력하게 홍보한다. 이들의 창의적 아이디어야말로 우리가 배워야 할 마인드가 아닐까?

06
자동차도 날씨와
궁합이 맞으면 돈 번다

자동차 판매에도 날씨가 영향을 줄까? 그렇다. 2014년 2월 4일 '뉴스 토마토'에서는 "GM·포드 추운 날씨 탓에 1월 자동차 판매 크게 감소"라는 제목의 기사를 썼다. 2013~2014년 겨울은 미국 동부지방에 엄청난 폭설과 한파를 가져왔다. 무려 다섯 번이나 연방정부가 셧다운될 정도였다. 그러다 보니 이런 추위와 폭설이 자동차 판매에 많은 영향을 준 것이다. 미국의 자동차제조회사 제너럴모터스GM와 포드의 1월 자동차 판매는 전문가들의 예상보다 더 크게 감소해버렸다. GM은 1월 미국 자동차 판매가 전년 동월 대비 12% 감소했다. 포드 역시 1월 자동차 판매량이 전년 동월 대비 7.5% 줄었다고 한다. 그런데 재미있는 것은 날씨가 좋았던 미 서부지역에서는 오히려 판매량이 늘었다고 한다. 자동차는 날씨가 나쁘면 판매가 줄어들고 좋으면 대박이다.

이런 날씨를 이용해 엄청나게 자동차를 많이 팔았던 사례가 있다. 자동차업계에서 지역별 기후조건이 소비자들의 소비행태에 많은 영향을 준다는 사실을 알게 된 사건이다. 일본에서 산림 벌채할 때 쓰던 이름 없는 자동차가 미국에서 대박을 쳤다. 사건의 내용인즉 이렇다. 1968년 미국의 오퍼상 말콤 브릭클린과 하비 램이 일본을 찾았다. 이들은 당시 오토바이 강국이었던 일본에서 새로운 오토바이를 수입하기 위해서였다. 마음에 드는 오토바이가 없어 여러 기종을 살펴보던 중 그들의 눈을 번쩍 띄게 만드는 차가 있었다. 아주 작지만 색다른 차였다. 벌목공들이 벌목 작업을 하면서 사용하기 위해 만든 중소형 차였다. 가격도 저렴했다. 산악에서 몰아보니 품질도 생각보다 좋았다. 특히 견인력이 좋았고 지프에 비해 좌석도 넓었다. 가장 좋았던 것은 미국제 트럭보다 훨씬 싸다는 점이었다. "이 거야!" 두 미국인은 마음이 일치했다. 눈이 많이 내리는 미국에서 가장 필요한 차라는 생각이었다. 산악지역이나 동부지역에서도 뜰 것이라는 생각이 들었다. 이들은 오토바이는 포기했다. 대신 벌목용 중소형 차를 수입해 판매하기로 했다. 이들은 차를 미국에 들여와 스바루Subaru라는 새 브랜

●●● 자동차 판매에도 날씨가 영향을 줄까? 그렇다. 자동차는 날씨가 나쁘면 판매가 줄어들고 좋으면 대박이다. 그러나 지구온난화로 폭설과 한파가 잦아진 요즘, 자동차업계는 폭설과 한파에 적합한 차종 개발과 눈길 자동차 마케팅으로 무한 변신을 시도하고 있다.

드로 판매를 시작했다. 수입한 첫해 1968년에만 무려 2,738대를 팔았다. 기대 이상이었다. 다른 자동차 회사들은 미국 시장을 공략하기 위해 엄청난 광고비를 투자하고 있었다. 그러나 이들은 광고비와 마케팅비를 거의 투자하지 않았다. 대도시지역보다는 산골이나 농촌지방을 중심으로 조촐한 광고 마케팅만 했다. "특수한 미국 기후에서 운전하기에 적합한 차"라는 단순한 광고였다.

"스바루는 비나 눈이 많이 오는 지역에 거주하는 운전자를 위한 이상적인 차종입니다."

그리고 이들은 날씨와 연관이 있다는 것을 광고했다. 즉, 미국기상학회와 제휴하여 기상학회가 벌이는 각종 행사에 스폰서로 참석한 것이다. 스

바루는 입소문을 타고 인기가 폭발했다. 1990년에는 판매량이 10만 대를 넘어섰다. 1999년에는 15만 6,000대가 팔리면서 완전 대박을 쳤다. 날씨를 이용해 틈새시장을 가장 잘 공략한 차라는 닉네임이 붙었다. 돈 드는 광고 안 하고 수월하게 미국의 안방을 차지한 것이다. 스바루를 수입한 두 사람은 이렇게 말했다.

"우리들이 이 자동차를 수입할 때 고려했던 것은 시장 규모나 고객의 연령 분포가 아니었습니다. 오로지 날씨와 기후만 고려했지요. 그리고 그 판단이 옳았습니다."

이제 스바루는 더 이상 조그만 일본 자동차가 아니다. 세계인이 알아주는 최고의 차종이 되었다. 2014년 1월 초였다. 경기도 이천에 위치한 '지산 포레스트 리조트'의 스키 슬로프. 하얀 눈보라를 일으키며 눈 쌓인 슬로프를 오르락내리락 질주하는 것은 스키어도, 스노우보더도 아닌 자동차였다. 바로 스바루의 중형세단 레거시였다. 스바루코리아는 경기도 이천에 위치한 '지산 포레스트 리조트'에서 세 번째 '스바루 스노우 익스피리언스Subaru Snow Experience'를 성황리에 마쳤다. '스바루 스노우 익스피리언스'는 눈에서의 주행성능을 체험할 수 있는 색다른 시승행사다. 스바루의 자신감에서 기획된 행사로 스바루 고유의 겨울행사로 자리매김하고 있다. 우리나라 최고의 드라이버들이 다이나믹한 눈길 주행을 선보여 스바루 차량의 성능을 유감없이 보여주었다고 한다.

추운 겨울철, 눈이 내리면 차량 운행은 많이 줄어든다. 그러나 자동차 마케팅은 오히려 뜨거워진다. 눈과 얼음으로 만들어지는 미끄러운 주행 상태를 통해 자사 차량의 뛰어난 성능을 과시할 수 있기 때문이다. 상대적으로 안정감 있는 주행이 가능한 사륜구동의 경우는 더하다. 눈이 많이 오는 미국 지역에서 대박의 판매를 기록한 스바루는 전통적으로 사륜을 고집해오고 있다. 기후로 차별화된 마케팅 전략을 펼치는 스바루가 얄밉도록 대단하다는 생각이 든다.

스바루의 성공은 다른 나라 자동차 회사에도 영향을 주었다. 페라리도 첫 사륜구동 모델인 FF를 내세워 눈길 마케팅을 펼친 것이다. '익스트림 GT'를 표방하는 페라리 FF^{Ferrari Four}는 페라리 최초의 사륜구동 4인승 차량으로 새로운 4RM(사륜구동) 시스템을 도입해 안정감 있는 주행성능을 과시했다. 이들도 날씨에 적합하다는 선전을 한다. F1 머신에서 따온 마네티노 셀렉터는 ICE(눈길), WET(젖은 노면), Comfort, 스포츠 모드 등으로 선택이 가능하다는 선전이다. 페라리는 이 FF를 가지고 2018 동계올림픽 개회식이 펼쳐질 강원도 평창 알펜시아 리조트 내 메인 스타디움에서 눈길 주행 시범을 보였다. 지구온난화로 오히려 폭설과 한파가 잦아진 요즈음 자동차업계의 변신이 아름답지 않은가? 우리나라는 아직 눈길 자동차 마케팅은 부족한 것 같다. 사륜 대형 세단인 체어맨W를 보유한 쌍용자동차만이 춘천 모터파크에서 눈·빙판길 도로 실습을 통해 드라이빙 기술과 안전 운행 노하우를 알려주는 '스노우 드라이빙 스쿨'을 개최했을 정도다.

자동차 전문기자인 석동빈 기자는 "왜 후륜구동인 제네시스와 에쿠스가 미국 동부에서 인기가 없는가?"라는 글을 썼다. 읽으면서 감탄했다. 맞다. 이런 마인드가 없다면 우리나라에서 가장 잘 나간다는 차들이 미국에서 큰 힘을 쓸 수 없겠구나 싶었다. 미국 동부지역은 겨울이 길고 추우며 눈도 많이 온다. 2014년 초에만 폭설이 여덟 번이나 내렸다. 뉴욕과 워싱턴에도 50센티미터가 넘는 눈이 쌓였다. 연방정부가 다섯 차례나 문을 닫으면서 500만 가구의 정전도 발생했었다. 미국은 대도시를 제외한 대부분의 지역에 대중교통수단이 거의 없다. 따라서 자동차는 생활필수품이 아니라 '생존필수품'이다. 폭설이 내리면 사륜구동 자동차가 절대적이 된다. 눈길에서 취약한 후륜구동 자동차를 쳐다보지 않는 이유는 이 때문이다. 그래서 동부지역에는 후륜구동이 주력인 BMW나 메르세데스벤츠의 판매 비율이 상당히 낮다. 그나마 팔리는 것도 대부분이 사륜구동 모델이라고 한다.

벤츠는 미국 동부에서 판매하기 위해 'C300 4MATIC' 모델을 선보였다. 멋진 브랜드에다 눈이 오는 겨울에도 걱정 없기 때문에 백인 여성들이 많이 사는 차로 부상했다. 일본 차 중에는 렉서스(도요타)보다는 전륜구동 모델인 아큐라(혼다)가 동부지역에서 많이 팔린다고 한다. 눈이 거의 오지 않는 미국 서부에 렉서스가 많은 것과는 반대다. 앞에서 소개한 스바루가 상당히 높은 판매점유율을 보이고 있다. 디자인은 떨어지지만 동급 사륜 구동 중에선 성능이 가장 좋다. 그리고 기계적인 신뢰성이 높고 가격도 저렴하기 때문이다.

그런데 우리나라 차 중에서 가장 좋다는 제네시스나 에쿠스를 미국 동부지역에서는 보기 힘들다. 동부지역의 한 딜러사의 경우 한 해에 제네시스를 5대밖에 판매하지 못했고, 에쿠스 판매 실적은 없다고 했다. 미국에선 기후에 따라 자동차에 대한 기호가 크게 차이가 난다. 현대자동차가 미국 동부에서 판매를 늘리기 위해서는 기후조건을 고려한 마케팅을 해야 한다. 수익성이 떨어지더라도 사륜구동 세단과 컨버터블, 중형 쿠페 등 다양한 형태의 모델을 갖춰야 한다는 석 기자의 말이 가슴에 와 닿는다.

2013년 9월 27일 발표된 IPCC 보고서는 지구인들이 탄소저감 노력을 기울이지 않는다면 엄청난 재앙이 닥쳐올 것을 예견했다. 이 이야기는 자동차업계가 지역의 기후에도 관심을 가져야 하지만 미래 기후에도 대비한 자동차를 만들어야 한다는 것이다. 탄소를 획기적으로 줄이는 자동차만이 살아남는 시기가 곧 닥칠 것이다. 우리나라 자동차업계는 변하는 기후변화에 어떻게 대응해야 할까? 어떤 차를 만들어야 할까? 다른 나라 차와는 어떤 차별성을 가져야 할까?

먼저 클린디젤 자동차를 알아보자. 디젤 자동차는 소음이 크고 오염물질 배출량도 많아 휘발유 자동차에 비해 인기가 낮았다. 그러나 최근에는 이런 문제가 해결되면서 온실가스 배출량이 적은 환경 친화적인 자동차로 거듭나고 있다. 하이브리드 자동차나 전기 자동차에 비해 보다 현실적인 대안으로 여겨지고 있을 정도다. 우리나라는 클린디젤 엔진 관련 기술이 이미 세계적인 수준에 올라 있다. 그럼에도 이를 적용한 차량은 국내에서 큰 인기를 끌지 못하고 있다. 디젤의 가격이 휘발유와 큰 차이가 없고 부품가격이 비싸기 때문이다. 국내 자동차업체가 하이브리드 자동차의 개발에 주력하고 있는 것도 하나의 이유다. 서구 자동차업계와의 생각 차이가 큰 분야이기도 하다. 클린디젤 자동차는 현재 유럽 업체들이 주로 생산하고 있다. 폴크스바겐, 푸조, BMW, 벤츠 등이 클린디젤 자동차를 생산하고 있으며, 점유율도 계속 증가하고 있다. 하이브리드 기술과 접목된 클린디젤 하이브리드 자동차는 온실가스 배출량이 더 줄어든다. 우리나라 자동차업계에서 다시 한 번 생각해볼 필요가 있는 것은 아닐까?

최근에 도심에서 자주 볼 수 있는 자동차가 바로 하이브리드 자동차다. 하이브리드 자동차는 동력장치로 내연기관과 전기모터를 함께 쓴다. 내연기관 자동차에 비해 연비가 높고 이산화탄소 배출량도 적은 장점이 있다. 가격은 다소 비싸지만 연료비가 적고 구입 시 세금 혜택을 받는 장점도 있다. 현재까지 세계 하이브리드 자동차 시장은 도요타와 혼다 등 일본 업체들이 주도권을 잡고 있다. 플러그인 하이브리드 자동차는 하이브리드 자동차에 가정용 등 일반 전기를 충전할 수 있도록 한 자동차다. 플러그인 하이브리드 자동차는 하이브리드 자동차의 단점을 해결할 수 있는 자동차다. 단거리나 저속 구간에서는 충전된 전기만을 이용한다. 장거리나 고속 운행이 필요한 경우에만 엔진을 사용한다. 전기 자동차와 하이브리드 자동차의 장점을 살릴 수 있는 차다. 똑같은 하이브리드나 플러그인 하이브리드라도 기술력이 판매를 좌우할 것이다. 끊임없는 연구와 개발이 필요한 이유다.

자동차업계에서 미래의 차로 꼽는 세 번째는 전기자동차다. 전기자동차는 하이브리드 자동차와 달리 외부에서 공급한 전기만을 에너지로 이용한다. 전기자동차의 동력장치는 모터와 모터 제어기, 배터리와 충전장치 등으로 구성된다. 전기자동차는 사용되는 부품과 소재가 내연기관 자동차와 많이 다르다. 차의 개발에 따라 기존 자동차업계에 커다란 변화를 몰고 올 수 있다는 것이다. KAIST에서 개발 중인 온라인 전기자동차는 장래 대중교통수단의 새로운 대안으로 떠오르고 있다. 이는 도로 밑에 매설한 전력공급 장치와 버스 바닥의 장치를 통해 무선으로 자동차에 전기를 공급하는 방식의 전기자동차다. 배터리는 비상시에만 사용할 수 있는 크기면 충분하다. 현재 과천 서울대공원에서 시험차량이 운행 중이며, 상용화를 목표로 개발 사업이 진행 중이다. 다만, 아직 기술력의 미비가 걸림돌로 작용하고 있다.

마지막으로 수소연료전지 자동차가 미래의 자동차로 꼽힌다. 수소연료전지는 촉매 작용으로 수소와 공기 중 산소를 반응시켜 물이 만들어지는 과정에서 전기를 생산한다. 연료전지에서 생산된 전기는 구동력으로 바뀐다. 수소연료전지 자동차는 현재의 기술로도 1회 충전으로 600킬로미터 이상 주행할 수 있다. 최고 속도 160킬로미터/시 이상, 연비는 휘발유 1리터에 해당하는 열량으로 30킬로미터 이상을 달릴 수 있다. 성능 면에서는 일반 휘발유 자동차와 비교하여 손색이 없는 수준이다. 그러나 수소의 제조, 저장, 운반, 생산이 걸림돌이다. 이런 문제들이 해결된다면 기후변화에 적합한 자동차라고 전문가들은 말한다. 미래의 기후변화는 우리 곁으로 눈부실 정도로 빨리 다가오고 있다. 현실적으로는 날씨에 맞는 마케팅 전략이 필요하다. 그러나 10년 이상을 바라본다면 우리도 기후변화에 최적인 자동차, 그러나 경쟁력이 있는 차를 만드는 노력이 필요하다는 생각을 해본다.

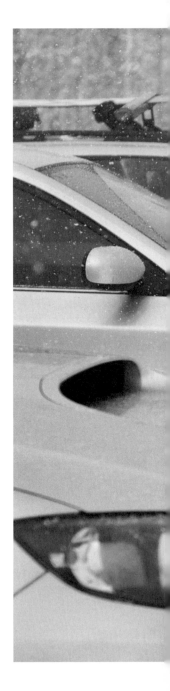

●●● 2013년 9월 27일 발표된 IPCC 보고서는 지구인들이 탄소저감 노력을 기울이지 않는다면 엄청난 재앙이 닥쳐올 것을 예견했다. 이 이야기는 자동차업계가 지역의 기후에도 관심을 가져야 하지만 미래 기후에도 대비한 자동차를 만들어야 한다는 것이다. 탄소를 획기적으로 줄이는 자동차만이 살아남는 시기가 곧 닥칠 것이다. 우리나라 자동차업계는 변하는 기후변화에 어떻게 대응해야 할까?

07
날씨로
전기요금 내리기

"아니, 전기세가 400만 원이라구요? 말도 안 되지 않습니까?"

아무리 항의해봐도 소용이 없다. 피크타임제의 누진세가 그렇게 나오니 말이다. 2003년 네덜란드에서 실제로 있었던 일이다. 당시 유럽은 폭염이 휩쓸고 있었다. 유럽에서만 무더위로 인해 7만 5,000명이 죽었을 정도다. 낮 최고기온이 38도 이상으로 치솟자 네덜란드 국민들이 전부 냉방 기기를 틀었다. 그런데 네덜란드는 가격이 비싼 피크타임에 전기를 사용하면 무려 40배까지 요금이 올라간다. 블랙아웃blackout[11]을 걱정한 네덜란드 정부는 국민들에게 전기 사용을 자제할 것을 요청했다. 그러나 폭염을 이길 수 없었던 시민들이 전기를 사용하자 전기요금이 순식간에 하늘 높은 줄 모르고 치솟았다. 피크타임의 전기는 암스테르담 전력거래소에서 평소 가격의 40배로 뛰어올랐다. 그 달에는 네덜란드 평균 가정에서 무려 400만 원의 전기요금을 내야만 했다.

이렇게 날씨에 따라 전기 요금이 변동하는 것은 1998년 유럽의 전기시

---

11 전기가 부족해 갑자기 모든 전력 시스템이 정지한 상태 또는 그러한 현상을 말한다.

장이 자유화되면서부터 나타난 현상이다. 우리나라처럼 정부가 정한 요금으로 단독으로 전기를 공급하는 형태가 아닌 것이다. 전기 사업자들은 요금을 자유롭게 조정할 수 있게 됐다. 또 전기를 현물시장에서 매매한다. 즉, 요금이 공급과 수요에 따라 결정되는 전력거래소 방식이 도입된 것이다. 이런 이유로 전기요금이 날씨에 따라 심한 차이를 보이게 된 것이다. 춥거나 더워 냉난방용 전기수요가 증가하면 전기공급이 달린다. 그러면 전기요금이 상상할 수 없을 만큼 치솟는다. 날씨가 전력정책을 좌우하는 것이다.

　이런 전력정책으로 인해 머리를 쓰는 기업도 생겨났다. 미국의 한 전기회사는 전기발전소를 1년 내내 가동하지 않는다. 전기요금이 생산비보다 높을 때만 가동해 전기를 현물시장에 파는 것이다. 이 회사는 이런 파격적인 전략으로 많은 돈을 벌었다. 이 회사가 얄미워 보이는 이런 전략을 사용한 것은 날씨에 따라 전기요금의 차이가 크다는 데 착안한 것이다. 전기요금이 1메가와트^{MW}당 최저 40달러에서 최고 7,000달러까지 차이가 나기 때문이다. 네덜란드보다 훨씬 더 차이가 크다. 그런데 이 회사가 이런 전략을 자신 있게 사용한 배경에는 정확한 기상예측을 할 수 있었기 때문이다. 즉, 거의 오차가 없는 전기수요를 예측해낼 수 있었기 때문이다. 어떤 날씨에 어느 정도의 전기수요가 이루어지는지에 대한 연구 없이는 불가능하다. 전기요금이 오르더라도 언제 가장 크게 오를 수 있는가에 대한 나름대로의 첨단화한 기법을 갖고 있었다는 점도 이점으로 작용했다. 네덜란드의 기업들은 언제 전기를 사용할 것인지를 판단해야 한다. 미국의 전기회사는 언제 전기를 만들어 팔아야 가장 큰 이익이 날 것인지를 판단한다. 미 국립해양대기청$^{NOAA, National Oceanic and Atmospheric Administration}$은 에너지 부분 중 전력에 미치는 날씨의 경제적 효과가 엄청나다고 말한다. 이들은 여름 기온이 주요 에너지 인프라에 미치는 영향을 분석했다. 결과는 놀라웠다. 샌디에이고 지역을 예로 들어보자. 5~10월 여름철에 기온이 1도 상승하면 50~258메가와트의 전력수요 증가가 발생했다. 기온 상승은 비용을 증가시킨다. 예를 들면, 1메가와트당 1,300달러의 비용이 증가한다.

● ● ● 춥거나 더워 냉난방용 전기수요가 증가하면 전기공급이 달린다. 그러면 전기요금이 상상할 수 없을 만큼 치솟는다. 날씨가 전력정책을 좌우하는 것이다. 전기시장에서 정확한 기상예보는 강력한 마케팅 기법이자 돈이다. 특히 폭염이 맹위를 떨치는 여름에 그 파워는 막강하다.

이것이 20년간 지속된다면 대략 6,500만 달러~3억 2,500만 달러의 비용이 추가로 더 든다는 것이다. 엄청나지 않은가? 비용을 절감하기 위해 미국 전력회사들이 24시간 기온예보를 활용해 전력수요를 충족시켰다. 그랬더니 연간 1억 6,600만 달러를 절약할 수 있었다고 한다. 이 이야기는 전기시장에서 정확한 기상예보는 강력한 마케팅 기법이자 돈인 것임을 말해준다. 특히 폭염이 맹위를 떨치는 여름에 그 파워는 막강하다.

그렇다면 정말 날씨는 전기 사용량에 영향을 줄까? 전기의 사용량은 경기나 계절, 요일, 기상조건(기온, 습도, 일조 등), TV 시청률 등에 의해 다양하게 변한다. 그중 기상조건이 차지하는 비율이 가장 크다. 여름철의 신문이나 TV 뉴스를 보라. 전력예비량 뉴스가 보도되는 것이 연중행사처럼 되어버렸지 않은가? 우리나라의 경우를 보자. 전력수요는 매년 크게 증가하여 생산량에 육박하고 있다. 그런데 여름철의 전력수요는 전체 소비량의 4분의 1가량이 냉방용이다. 냉방에 사용되는 전기량은 기온에 의해 가장 크게 영향을 받는다. 통상 기온이 24도를 넘으면 전력사용량이 늘기 시작한다. 낮 기온이 30도를 넘게 되면 갑자기 늘어난다. 이와 같이 계절이나 그날의 기온이 전력소비와 관련이 깊으나, 전력에도 하루의 사이클이 있다. 가장 많이 사용한 시간의 전력수요를 최대전력이라 부른다. 여름일 경우 하루 중에서 낮 최고기온이 나타나는 오후 3시경과 겨울일 경우 일몰 때인 오후 5시경에 피크를 나타낸다. 야간 소비량은 주간의 절반 정도로 낮아진다. 그런데 전기는 저장하지 못한다는 약점이 있다. 때문에 평상시에는 가정이나 공장의 사용량에 따라 발전량을 조절해야 한다. 그러지 못하면 블랙아웃이 일어날 수 있다. 기상예보가 정확하다면 남는 발전량은 다른 곳으로 송전해 사용하는 융통성을 발휘할 수 있다. 그러나 예보가 빗나가 기온이 너무 상승하면 예정 외의 발전기를 급히 운전해야만 한다. 2011년 9월 전력대란 때를 생각해보면 이해가 갈 것이다. 당시 전력거래소는 9월 11일이 지나면 여름 무더위가 한풀 꺾인다는 통계를 바탕으로 발전소 가동을 일부 중지했다. 그런데 9월 14일 서울 최고기온이 30

도, 15일 최고기온이 31도를 기록했다. 전국의 냉방기기가 일제히 작동했다. 어쩔 수 없었다. 블랙아웃을 막기 위해 지역 정전을 강제로 실시했다. 당시 국민들이 겪은 불편은 이루 다 말할 수가 없을 정도였다.

우리나라는 외국과 달리 전력거래소에서 발전소들의 전력을 구매해 전국에 공급한다. 그러다 보니 외국에 비해 가격이 저렴하고 사용하기가 편리해 전기수요가 지속적으로 증가하고 있다. 2001년 전력대란 사태 이후 정부는 폭염이나 한파가 예상될 때 TV 일기예보와 함께 '전력예보'를 실시하고 있다. '전력예보'란 일기예보처럼 내일의 전력수급 상황을 미리 예측한 정보를 국민들에게 신속히 전파하고, 절전에 대한 구체적 행동요령을 제시하는 것이다. 예비전력이 300만 킬로와트^{kW} 이하로 떨어질 것으로 예측되면 국민들에게 경고를 발령해 사용량을 줄이겠다는 거다. 사실 우리나라는 국토가 좁아 전 국민의 생활 패턴이 비슷하다. 아침에 전력소비가 증가하다가 퇴근 시간 무렵인 18시에 감소한다. 여름철에는 온도가 가장 높은 15시경에 전력소비가 가장 많다. 겨울철에는 17시에 피크를 기록한다. 발전소는 연료비 순서대로 가동되기 때문에 전력소비가 증가할수록 연료비가 비싼 발전소가 운전된다. 이 이야기는 전력소비가 많은 피크 시간에 가장 연료비가 비싼 발전소가 운전된다는 말이다.

우리나라는 외국처럼 기업이 전기 거래를 할 수 없다. 따라서 전기를 날씨와 연계시켜 이익을 남기는 곳은 한국전력거래소라 할 수 있다. 그럼 전력거래소는 기상정보를 어떻게 활용할까? 전력수요는 기온과 매우 밀접한 관련이 있다. 예를 들어보자. 2011년 7월 2~4주 월요일의 최대전력수요와 전국 가중평균기온[12]과의 관계를 보자. 7월 11일에는 평균기온이 23.5도였고 최대수요는 6,424만 킬로와트였다. 7월 18일에는 평균기온이 4.9도 상승하면서 전력수요도 672만 킬로와트 증가한 7,096만 킬로와

---

12 가중평균(weighted average)은 다수의 변량의 평균을 구할 때, 중요도나 영향 정도에 해당하는 가중치를 곱하여 구한 평균값을 말한다.

트를 기록했다. 7월 25일에는 최고기온이 3.0도 하락하면서 전력수요도 299만 킬로와트 감소한 6,797만 킬로와트를 기록했다. 이처럼 기온의 변화에 따라 전력수요 역시 민감하게 변한다는 것을 알 수 있다. 전력의 여름 기온 민감도는 전국 평균기온 26.9도가 3일 이상 지속될 때, 기온 1도 상승에 따라 약 200만 킬로와트의 수요가 증가한다. 이것은 원자력 발전기 2대에 해당하는 전력이다.

　전력거래소는 전력수요를 예측하고 분석하기 위해 '전력기온지수'를 사용한다. 전력기온지수는 일별 24시간 발표되는 기온 자료를 기온 분포로 반영하고, 여기에 기온 반응도를 결합하여 산출한 전력수요에 대한 기온 효과를 말한다. 전력거래소는 다양한 기상정보를 실시간으로 제공받아 활용한다. 1996년부터 기상청 기상연구소와 공동으로 기상정보 시스템을 구축했다. 이 밖에도 2009년 8월부터는 민간기상업체 케이웨더를 통해 최신 기상예보와 정보를 제공받는다. 그런데 전력거래소가 2012년 여름 낭패를 당했다. 다음은 2012년 8월 10일자《중앙일보》김준술 기자의 기사다.

　전력거래소는 단기 수요 전망에는 2001년 서울대 경제연구소와 전력거래소가 공동 개발한 모형을 사용한다. 이 모형의 첫 번째 변수는 기온이다. 날씨예측이 잘못되면 수요 예측도 빗나갈 수밖에 없는 구조다. 올여름 예측이 딱 그랬다. 전력거래소는 지난 6월 올여름 최대전력수요를 예측하면서 기상청과 민간기상업체 케이웨더에 날씨 자문을 요청했다. 기상청은 "8월 기온이 평년과 비슷할 것"이라고 한 반면, 케이웨더는 "평년보다 기온이 높고 열대야도 늘 것"으로 전망했다. 자문한 두 곳의 전망치가 차이가 나자, 전력거래소는 어정쩡한 데이터를 선택해 지난 10년간 혹서기 통계를 감안해 기온 시나리오를 최고 34도로 설정해 모형에 넣었다. 전력거래소는 이를 토대로 최대전력수요를 8월 셋째 주 7,684만 킬로와트로 잡았다. 적극 수요 관리에 나서면 이를 7,384만 킬로와트로 낮출 수 있을 것으로 예상했다. 그러나 전망은 빗나갔다. 먼저 기상

예측부터 크게 어긋났다. 7월 하순 이후 서울에서도 35도 넘는 폭염이 이어졌다. 열대야는 11일 계속되었다. 기상 변수가 워낙 예상을 벗어나는 바람에 전력수요 예측도 크게 틀릴 수밖에 없었다.

아무리 대책을 잘 세워도, 예측 모델이 좋아도 날씨예보가 틀리면 전력수급에 차질이 생긴다는 이야기다. 케이웨더는 장기예보를 일반인들에게는 공개하지 않는다. 상품으로 판매하기 때문이다. 2012년 케이웨더는 전력거래소의 보도자료를 통해 케이웨더의 장기예보가 정확하다는 평가를 받았다.

한여름의 폭염과 한겨울의 혹한이 오면 전력거래소는 쉴 틈이 없다. 어떻게 하면 국민들에게 불편 없이 전력을 안정되게 공급할 것인가가 가장 큰 문제다. 전력공급은 '기상예보'에 따라 정한다.

"전력거래소, 전력시장 운영규칙 개정… 7월부터 변경 입찰"

2013년 5월 5일 《연합뉴스》 보도 제목이다. 기상청의 매시간 예보온도를 반영해 그에 따라 전력공급용량을 정확하게 산정하기 위해 입찰 방식을 바꾸었다는 것이다. 지금까지는 전력공급 입찰을 하루 최고·최저온도를 기준으로 크게 새벽, 오전, 오후, 저녁 등 4개 시간대로만 구분해 진행했다. 그런데 전력시장을 효율적으로 운영하기 위해 시간대별 예보를 반영하기로 한 것이다. 현재 우리나라의 전력공급은 한국전력의 6대 발전 자회사 등 발전 사업자들이 전력거래소의 수요예측에 따라 공급가능용량을 입찰해 가격이 결정되는 방식으로 이뤄진다. 그동안은 하루 24시간을 4개 구간대(최저온도를 적용하는 새벽 1시~오전 8시, 평균온도를 적용하는 오전 9시~오전 11시, 최고온도를 적용하는 낮 12시~오후 6시, 평균온도를 적용하는 저녁 7시~자정)로 나눠 입찰했었다. 그러다 보니 정확한 전력공급용량 산정에 어려움이 있었다는 것이다. LNG(액화천연가스) 발전의 경우 온도에 따라 발전능력에

20~30% 차이가 생길 수 있다. 이 이야기는 시간대별로 나오는 예보온도에 따라 세밀하게 전력공급가능용량을 산정할 수 있다는 것이다.

아무런 자원이 없는 우리나라로서는 전기발전을 위해 투자해야 하는 돈이 너무 많다. 따라서 전력거래소뿐 아니라 발전사업자와 국민 모두가 전기발전과 전기소비에 날씨정보를 활용하려는 노력이 절실하다. 전국의 냉방기구의 온도를 1도씩만 올려서 조절하면 연간 약 1,500억 원이 절약된다. 4도를 올리면 원자력 발전소 한곳을 가동하지 않아도 된다. 60와트^W 전등을 한 집에서 한 등만 끄면 광주광역시가 1년간 전기를 더 사용할 수 있다. 에어컨의 경우, 소비전력이 선풍기의 약 30배이며 실내온도를 1도 낮추는 데 7% 전력이 더 소비된다. 폭발적으로 증가하는 에어컨이 사용하는 전력은 원자력 발전소 4기의 발전량보다 많아질 것이라고 전문가들은 말한다.

팁 한 가지를 소개한다. 전력예비량이 부족하다는 방송이 연일 나가면서 생뚱맞은 아이디어가 인터넷에 올라왔다. 이날 서울에는 천둥번개가 요란했다. 기상청은 이날 서울에서 관측된 낙뢰는 총 1,008회였다고 발표했다. 센 번개는 강도가 최고 58.20킬로암페어^{kA}에 달했다고 한다. 혹시 '전력수급비상'과 '낙뢰', 이 둘을 연결시킬 수는 없을까? 즉, 부족한 전기를 번개의 전기를 모아 해결하면 되지 않겠느냐는 발상이다. 그러나 현실적으로는 매우 어렵다고 한다. 낙뢰는 짧은 시간 흘러 에너지 가치가 별로 없다. 게다가 어디로 떨어질지 몰라 모은다는 것도 현실적으로 어렵다. 그리고 전력량은 전력 곱하기 시간이다. 그런데 전하량이 크다 해도 지속 시간이 극히 짧기 때문에 전력량으로 사용하기 힘들다는 점도 있다. 이날 서울에서 관측된 낙뢰의 평균강도 14.46킬로암페어와 발생횟수 1,008번을 전력량으로 환산해보았다. 약 146킬로와트시^{kWh}였다. 에너지관리공단에 따르면, 우리나라 4인 가족 기준 한 달 평균전력사용량은 337킬로와트시라고 한다. 그러니까 서울에서 하루 종일 친 번개의 전기를 모은다 해도 별 것 아니라는 거다.

08
커피는 날씨를 타고

최근 커피가 음식문화학에 이름을 올렸다. 당당하고도 빠르게 시장에 등장하면서 우리나라에서도 바리스타 학과가 생기는 등 학문으로서 입지를 굳혔다. 커피가 음식문화학에 등록될 수 있는 것은 친숙하면서도 다양한 이야깃거리를 담은 세계인의 음료가 되었기 때문이다. 커피는 전 세계에서 광범위하게 음용되는 기호식품이다. 2010년 커피원두의 국제거래액은 165억 달러에 달했다. 우리나라도 2010년에 무려 4억 2,000만 달러의 커피를 수입했다. 이젠 일상에서 흔히 즐길 수 있는 친숙한 음료가 되었다. 비즈니스 미팅, 학술회는 물론 휴식과 친교를 위한 사적인 모임에서도 커피만은 등장한다. 어떻게 보면 커피는 문명과 근대화의 역사, 경제흐름, 사회상의 변화를 함축적으로 반영하고 있어 하나의 음식문화를 만들어낸 것이 아닐까 싶다. 그런데 커피는 날씨의 영향을 많이 받는다. 우선 커피 생산지가 기후의 영향에 절대적이다.

커피가 생산되는 나라는 어디일까? 얼핏 브라질과 콜롬비아 등 남미의 몇 나라나 자바 등을 생각하게 된다. 그러나 실제로는 굉장히 많다. 세계지도에서 북회귀선과 남회귀선 사이에 위치한 약 60개 국가에서 커피를 생산한다. 이 지역을 '커피존' 또는 '커피벨트'라 부른다. 이 지역 내의 높은 기온이 커피나무가 생육할 수 있는 조건이기 때문이다. 세계 커피 생산량의 30% 이상을 차지하는 나라가 브라질이다. 그러다 보니 브라질의 날씨에 따라 커피 가격이 오르내린다. 2009년 브라질에 폭우가 내리면서 커피 생산량이 크게 줄었다. 세계의 커피원두 값이 폭등했다. 날씨에 따라 우리가 마시는 한 잔의 커피 값이 몇 백 원씩 오를 수도 있는 것이다. 커피나무는 생육 환경 조건이 까다로운 식물이 아니기에 커피존에 속한 지역에서는 커피를 생산한다. 그러나 모든 곳에서 나오는 커피의 질이 높은 것은 아니다. 커피존에 속한 고원지대에서 품질 좋은 커피가 생산된다. 커피의 원조라고 부르는 에티오피아의 카파, 예멘, 브라질, 콜롬비아의 고원지역은 가장 고가의 커피를 만들어낸다. 동남아 여행을 가보면 베트남 등지에서 자기들의 커피가 최고라고 하지만 틀린 말이다. 저지대의 습한 곳에서 생산되는 커피는 품질에서 떨어지는 것으로 본다. 커피 생산지역과 커피의 품질을 좌우하는 것은 날씨인 것이다.

2011년 커피원두 가격이 금 가격보다 빠르게 상승했다. 2011년 7월 커피원두 가격은 2010년 1월 대비 85.4% 상승했다. 이상기후로 가격이 폭등한 옥수수(67.8%)나 금융 불안정으로 폭등한 금(39.3%)보다 훨씬 높은 상승률을 기록했다. 여기에는 엘니뇨와 라니냐로 인해 커피존의 날씨가 매우 불안정한 것에 기인한다. 생산량은 떨어지는데 소비량은 늘어나니 커피원두 가격이 폭등할 수밖에 없는 것이다. 원두 생산량은 2000년 705만 톤에서 2010년 827만 톤으로 17.3% 증가했다. 그러나 소비량은 158만 톤에서 795만 톤으로 10년 사이 400% 이상 증가했다. 앞으로도 기후변화로 생기는 커피 생산국의 날씨 악화는 커피원두 가격의 상승을 가져올 것으로 예상된다. 2011년 10월 동남아를 덮친 폭우로 태국의 수도인 방콕이 침수되었다. 미얀마, 캄보디아, 베트남 등지에서도 홍수의 피해가 컸다. 저가커피 생산량이 급감하면서 2011년 말에는 국제 커피 값이 대폭 올랐다.

　우리나라의 커피 소비량은 커피시장의 성장세에 힘입어 꾸준히 증가하고 있다. 소비 패턴도 고급화되는 추세를 보인단다. 2006년 대비 2010년 커피 원두 수입량은 9.2만 톤에서 11.7만 톤으로 27% 증가했다. 특히 2010년에는 베트남산 저가 로부스타 원두 수입은 전년 대비 8.6% 감소한 반면, 브라질·콜롬비아산 등 고급 아라비카 원두 수입은 47% 증가했다고 한다. 어떻게 보면 우리네 소비자들의 입맛이 상당히 고급화되고 있다는 뜻일 게다.

　세계 최고의 커피 전문점인 스타벅스에게는 날씨의 비밀이 있다. 1981년 스타벅스의 창립자 하워드 슐츠Howard Schultz는 우연히 특이한 수치를 발견한다. 시애틀에 있는 조그만 소매업체가 사들이는 드립식 커피 추출기의 매출액이 상식을 넘어서는 것이었다. 왜 그럴까? 그는 비행기를 타고 시애틀로 날아가 그곳에서 아라비카향에 빠져든 소비자들의 신호를 읽는다. 시애틀은 미국에서도 가장 많은 비가 내린다. 비 축제까지 있을 정도다. 시애틀은 이런 날씨로 인해 미국에서 가장 많은 독립커피점이 있는 도시다. 자살율이 가장 높은 도시이기도 하다. 그는 이 지역에서 스타벅스식 커피가 밋밋한 아메리칸 커피를 대체할 것을 예감한다. 기후변화로 더 많아지는 비의 양과 일수를 발견한 것이다. 날씨와 시장의 미세한 시그널을 놓치지 않았던 지혜롭고 명철한 슐츠 회장은 스타벅스를 만든다. 그리고 대박을 터뜨린다.

"커피를 갈아서 황금으로 만든 주인공, 커피의 역사를 바꾼 사람."

하워드 슐츠를 가리키는 말이다. 고객의 니즈를 정확히 파악하는 지혜와 날씨까지 마케팅에 활용하는 명철함이 그를 위대한 기업가로 만든 것이다.

스타벅스 마케팅에는 독특한 것이 있다?

코카콜라, 맥도날드 햄버거와 더불어 아메리칸 드림을 이루었다는 스타벅스에는 여느 커피 전문점과는 다른 것이 있다. 커피 판매에도 날씨를 이용하는 것이다. 몇 년 전이다. 스타벅스는 스키장 매장에 최고의 인력과 자재를 투입했다. 스키 시즌이 시작된 12월 용평스키장에 있는 용평 리조트점에서 하루에 500만 원의 매출액을 올리더니 추위가 몰아친 1월 중순에는 670만 원까지 매상고가 올랐다. 평당 판매액이 전국 144개 매장 중 최고를 기록한 것이다. 추우면 따뜻하고 진한 커피를 찾는다는 점, 스키장에 가장 많이 오는 주 고객이 젊은 층이라는 점, 경치가 좋은 야외에서 즐기기 위해 테이크아웃하는 고객이 많다는 점을 최대로 활용한 마케팅이었다.

또 스타벅스는 비 오는 날에 독특한 마케팅을 했다. 비 오는 날 커피전문점을 찾는 이들이 늘어난다는 사실에 착안한 것이다. 비가 오면 감성적이 되면서 부드러운 커피 맛을 즐기고 싶어 하는 사람의 심리를 이용했다. 스타벅스에서는 "비 오는 날 스타벅스에 오시면, 친구 분의 음료는 스타벅스가 드립니다"라는 문구로 대대적인 홍보에 나선 것이다. 또한 매년 우수 고객을 대상으로 발행되는 쿠폰 중 하나로, 비 오는 날 커피 한 잔을 구매하면 동일한 종류와 사이즈의 커피를 한 잔 더 추가로 제공해주기도 한다. 스타벅스의 날씨 마케팅은 상상보다 좋은 반응을 보이면서 매출이 증가했다고 한다.

2014년 3월 세계적인 커피전문점 코스타Costa는 본격적인 날씨 마케팅을 위해 기상 전문가를 고용했다. 영국 통계청에서 발표하고 있는 날씨 · 소매 거래 관련 데이터를 분석하기 위해서다. 이들은 여름철 더위를 예상하고 대대적인 커피 특판 행사를 벌일 계획을 세웠다고 한다. 미래 커피 마케팅에 날씨를 활용하는 것에 주저하는 걸 영국 통계청 데이터가 해결해준 것이다. 이들은 특히 옥외 판매를 강화할 계획인데 주력 상품은 '아이스 콜드 코스타Ice Cold Costa'다. 올 여름철 기온이 섭씨 22도 이상 올라갈 것을 예상해 매우 확실한 마케팅 전략을 추진하고 있다. 글로벌 마케팅 전문지인 《마케팅 위크Marketing Week》에 따르면, 영국 통계청ONS은 2014년 1월부터 매일의 날씨 상황과 소매 거래의 상관관계를 발표하기 시작했다. 지난 2003년 이후 날씨 상황과 소매 거래 데이터를 비교한 내용이다. 기가 막힌 자료에 많은 세계적 회사들이 관심을 보였다. 그런데 커피전문점 코스타는 아예 날씨전문가를 고용한 것이다. 커피 판매에 날씨가 중요한 변수라는 것을 인식한 조치다.

미국 2위 커피전문점 카리부커피가 2013년 여름에 카리부 만의 새로운 여름음료와 팥빙수를 선보였다. 무더울 것이라는 국가기상청의 예보에 커피 폭염 마케팅을 펼친 것이다. 카리부커피의 여름음료인 '쿨러'는 처음부터 차가운 물에서 원두를 바로 우려내는 방식을 사용했다. 시원한 커피 본연의 맛을 느낄 수 있도록 하기 위해서다. 여기에 깨끗한 얼음과 시럽을 넣고 다양한 토핑을 얹어 다양한 커피 쿨러를 제공했다. 카리부커피는 이와 함께 1인용에서 3, 4인용까지 인원에 맞춰 다양하게 즐길 수 있는 프리미엄 팥빙수 메뉴도 출시했다. 일정한 기온 이상으로 올라간 날은 테이크아웃 고객에게 음료 가격의 50%를 할인해주는 파격적인 행사도 진행했다. 반응은 폭발적이었다.

우리나라의 커피전문점은 2012, 2013년 무더위에 어떻게 대응했을까? 카페베네는 여름 신메뉴로 아이스홍시와 홍삼프라페노를 내놓았다. 아이스홍시는 비타민C가 풍부해 감기예방 효과와 숙취해소에 좋다. 국내산 홍시의 달콤한 맛을 시원하게 즐길 수 있는 음료로 만들어 고객들에게 인기를 끌었다. 여기에 '시원한 여름 보내기' 이벤트를 진행했다. 7월 30일까지 카페베네 전 매장에서 커피 및 와플 등 카페베네 메뉴를 구매한 후, 자신의 연락처를 적은 영수증을 매장에 비치된 응모함에 넣으면 추첨하여 당첨자에게는 푸짐한 선물을 주었다. 당첨자에게는 뉴칼레도니아 에어텔(항공권+호텔숙박권) 이용권(2쌍), 테딘 워터파크 이용권(총 250장), 테딘 워터파크 50% 할인권(총 100장), 카페베네 기프트 카드 1만원권(100명), 소망화장품 3,000원 구매권(200명) 등을 제공한 것이다. 필자도 혹 당첨될까 응모했었다.

엔제리너스는 엔제린스노우 신제품 2종을 선보였다. 신제품은 레몬의 상큼함과 요거트의 새콤함이 시원하게 어울리는 '엔제린스노우 레몬요거트스무디'가 있다. 부드럽고 달콤한 커피와 바삭한 쿠키칩을 입안에서 함께 느낄 수 있는 '엔제린스노우 쿠키앤크림프라페' 등 2종이다. 할리스커피도 여름 신메뉴를 선보였다. '할리치노' 2종류다. 아마레나 체리의 진한 상큼함과 벨기에 다크 초콜릿의 진한 카카오향을 느낄 수 있는 '다크포레스트 할리치노'가 있다. 다른 하나는 초콜릿민트 파우더와 저지방 우유를 사용해 초콜릿의 진하면서 달콤한 맛과 민트의 상큼한 향이 어우러져 이색적인 맛을 내는 '민트 초코 할리치노'다. 다 뜨거운 여름에 잘 어울리는 커피 날씨 마케팅이었다.

"아라비카 원두 값 2년래 최고, 앞으로 2년 더 오를 수도…"

2014년 4월 11일 《헤럴드경제》의 기사 제목이다. 기사에 의하면 '엘니뇨'가 아라비카 커피원두 가격을 2년 만에 최고 수준으로 밀어 올렸다고 한다. 2014년 여름에 엘니뇨가 극성을 부릴 것이라고 많은 세계기후예측기관들이 전망했다. 그러자 세계의 커피 시장이 꿈틀대기 시작한 것이다. 전문가들은 특히 브라질의 생산량 감소가 향후 원두 가격 추가 인상을 불러일으킬까 걱정하고 있다고 한다. 2014년 4월 10일 영국 런던 ICE 선물시장에서 5월 인도분 아라비카 커피원두 선물 가격이 파운드[lb]당 2,078달러로, 지난 2012년 2월 이후 2년 만에 최고치를 보였다. 이는 전일 종가보다 3.1%(6.25센트) 오른 수준이다. 4월 3일부터 6일째 계속 상승해 무려 20% 치솟았다. 올해 초와 대비해 70% 인상됐다. 폭등 수준이다. 특히 가격의 폭발적인 급등은 세계 아라비카 원두 생산량의 46%를 차지하는 브라질이 올 들어 수십 년 만에 최악의 극심한 가뭄을 겪고 있기 때문이다. 브라질 커피작물위원회[CCC]는 올해 생산량 전망치를 4,010만 포대로 줄였다. 전문가들은 올해 아라비카 수요가 1억 4,600만 포대로 공급량은 이보다 700만 포대가 적을 것으로 보고 있다. 때문에 가격이 앞으로도 크게 오를 것이라는 거다. 기사에 의하면 국제커피기구[ICO]는 "가뭄과 높은 기온이 작물에 영향을 미치고 있어 작물이 추수되기 전까지 생산량을 예측하기가 어렵다"며 "최근 연구에서는 이번 기후변화를 1975년 '블랙 프로스트[Black Frost]'[13] 이래 가장 큰 이상기후로 평가하고 있다"고 적고 있다.

브라질 고원에 비가 많이 내리면 스타벅스 주식을 사라는 이야기가 있다. 커피는 가물어도 타격을 받지만 비가 많이 내려도 큰 타격을 받는다. 생산량이 급감하면서 커피 값이 상승하면 스타벅스는 많은 돈을 번다는 이야기다.

인간의 마음을 좌지우지하는 결정적 요인 중 하나는 날씨다. 날씨는 소비자가 구매 행위를 하는 데 결정적인 역할을 한다. 비 오는 날, 맑은 날에 따라 달라지는 사람들의 심리적 변화를 잘 이용하면 판매고가 달라진다. 세계의 기후변화를 잘 파악하면 떼돈을 벌 수 있다. 커피만으로도 말이다. 커피도 날씨도 다 돈인 세상이다.

팁 한 가지를 소개한다. 커피 전문점에 가면 가장 위에 써 있는 커피가 에스프레소 커피다. 터줏대감으로 불리는 에스프레소 커피는 잘 팔리지 않는다. 에스프레소 커피는 원두를 갈아서 만든 가루를 높은 온도와 압력

---

13 본래는 된서리를 의미한다. 당시 2년 동안 브라질 커피 작물의 70%가 된서리 피해를 입어 사라졌다.

●●● 커피 가격의 폭발적인 급등은 세계 아라비카 원두 생산량의 46％를 차지하는 브라질이 올 들어 수십 년 만에 최악의 극심한 가뭄을 겪고 있기 때문이다. 국제커피기구(ICO)는 "가뭄과 높은 기온이 작물에 영향을 미치고 있어 작물이 추수되기 전까지 생산량을 예측하기가 어렵다"며 "최근 연구에서는 이번 기후변화를 1975년 '블랙 프로스트(Black Frost)' 이래 가장 큰 이상기후로 평가하고 있다."

의 수증기를 강하게 쏴주어 응축된 즙으로 만든 것이다. 그러다 보니 너무 쓰고 양이 적다. 그러나 커피전문점에서 파는 모든 커피에 에스프레소가 빠지면 커피는 만들어지지 않는다. 에스프레소에 물을 섞으면 아메리카노가 된다. 에스프레소에 스팀밀크와 함께 우유 거품을 살짝 섞어 만들면 카페라테가 된다. 에스프레소에 우유와 계피가루를 섞으면 카푸치노가 된다. 카페모카는 에스프레소에 스팀밀크와 초코가루를 넣은 것이다. 에스프레소 콘 파나는 에스프레소에 휘핑크림을 넣은 것이다. 에스프레소 아포카토는 에스프레소에 아이스크림을 넣은 것이다. 에스프레소 마키아 또는 에스프레소에 우유 거품을 살짝 얹어 만든다.

왜 장황하게 커피 이야기를 했을까? 커피의 원액인 에스프레소는 자체로는 인기가 없다. 너무 쓰기 때문이다. 그러나 다른 재료와 만나면 환상적인 커피가 만들어진다. 여기에서 우리가 배워야 할 것은 무엇일까? 바로 에스프레소 같은 사람이 되라는 것이다. 비록 인기는 없을지 모른다. 그러나 기본이 갖춰진 사람, 묵묵히 자기 일을 하는 사람, 다른 사람과의 협력에는 최선인 사람, 조직이 가진 힘보다 더 큰 힘을 만들어내는 사람. 바로 이런 사람이 에스프레소맨이다. 에스프레소맨이 되어라. 큰 복을 돌려받을 것이다.

2장

기후변화 리스크 헤지하기

01
레저업계의
리스크 헤지 *hedge*[14]

평화롭던 빙하기가 지구온난화 현상으로 해빙기에 접어든다. 동물들의 유아 캠프를 운영하는 맘모스 매니와 나무늘보 시드, 호랑이 디에고 일행은 왕 뼹 토니로부터 곧 대홍수가 올 것이라는 경고를 듣지만 모두들 "뼹치시네~"를 외치며 토니의 말을 믿지 않는다. 그러던 중 진짜 빙하가 녹는 현장을 직접 눈으로 목격한 매니, 시드, 디에고는 다급하게 동료들을 모아 안전한 고지대를 찾아 대규모 이주를 시작한다.

　애니메이션 영화 〈아이스 에이지 2〉에 나오는 이야기다. 지구온난화로 인해 빙하가 녹아 발생하는 문제를 재미있게 다루고 있다. 많은 아이들이 영화처럼 정말 지구온난화로 해빙기가 오고 홍수가 나는지를 묻는다고 한다. 질문의 답은 '그렇다'이다. 아니, 어쩌면 영화보다 더 심각한지도 모른다.

---

14 투자자가 보유하고 있거나 앞으로 보유하려는 자산의 가격이 변함에 따라 발생하는 위험을 없애려는 시도.

알프스 산악 빙하와 만년설은 기후변화의 성감대다

중세 소빙하기 중 가장 추웠던 기간을 추정할 때 알프스의 빙하설氷河舌[15] 선이 기준이 되었다. 그만큼 알프스의 산악빙하는 기후에 민감하다는 뜻 이다. 최근 지구온난화로 기온이 상승하면서 알프스 산악빙하의 설선이 높이 올라가고 있다.

2003년 유럽을 휩쓴 폭염으로 빙하가 녹아내리면서 산사태와 홍수가 발생했다. 지반이 무너지며, 산악철로가 유실되는 사태가 발생했다. 스위 스는 300년 주기로 작성하던 국가위험지도 작성 작업을 100년 주기로 당겼다. 지구온난화에 따른 대책 마련에 나섰다. 우선 눈사태를 막는 보호 제방을 만들었다. 유사시 빙하호의 물을 빼낼 대용량 배수 시스템을 구축 하기로 했다. 그런데 문제는 당시 알프스 산맥의 스키장들이었다. 전 세계 부호들과 정치인, 연예인들이 가장 많이 이용한다는 스키장이다. 스키장 들은 기온 상승으로 눈이 녹으면서 엄청난 리스크를 입었다.

---

15 혀처럼 뻗은 빙하의 끝 부분.

"기온이 올라가면 스키장은 눈 부족으로 인공설을 뿌려야 하며 슬로프를 높은 쪽으로 옮겨야 합니다. 이것은 엄청난 비용이 들어갈 뿐 아니라 고지대에 남아 있던 빙하를 더 훼손하는 악순환을 불러옵니다. 이젠 친환경으로 문제를 풀어야만 하며 그것이 더 경제적입니다."

스위스는 우선 돈을 벌 수 있는 방법인 리프트를 더 높은 곳으로 옮기는 데 집착하지 않았다. 발상의 전환을 통해 여름관광에 투자와 홍보를 시작한 것이다. 스키장을 여름철 산악자전거와 하이킹, 행글라이딩 장소로 만들어 더 많은 관광객을 유치하는 데 성공한 것이다. 이들은 리스크 헤지를 발상의 전환을 통해 해결한 좋은 예다.

기후조건이 스위스보다 나쁜 우리나라는 기온 상승으로 인해 많은 스키장이 어려움을 겪게 될 것이다. 2007년 겨울에 강원 영서 산간지방에는 가뭄이 들었다. 11월에 스키장을 개장했던 이 지역 스키장은 인공눈을 만드느라 엄청난 리스크를 입었다. 결국 인공설을 만들어 해결할 것이라면 언제 인공설을 만들 것인가를 결정하는 것이 리스크를 줄이는 길이다. 이들은 민간기상업자로부터 날씨정보를 받아 인공설을 만드는 시기를 결정했다. 13개의 슬로프를 모두 자연설이 아닌 100% 인공설로 채워야 하는 스키장의 특성상 기상정보의 활용은 필수적이다. 날씨정보로 헤지할 수 있는 것은 경제적으로 눈을 만드는 제설製雪만이 아니다. 제때 눈을 치우는 제설除雪 또한 스키장의 비용 절감과 고객 안전을 위해 필수적이다.

●●● 기후조건이 스위스보다 나쁜 우리나라는 기온 상승으로 인해 많은 스키장이 어려움을 겪게 될 것이다. 인공설을 만들어 해결할 수 있는 일이라면 언제 인공설을 만들 것인가를 결정하는 것이 리스크를 줄이는 길이다. 따라서 스키장의 특성상 기상정보의 활용은 필수적이다.

필자는 2014년 소치 동계올림픽을 보면서 앞으로 동계올림픽은 아주 고위도지역이 아니라면 힘들지 않겠냐는 생각을 했다. 4년 전인 2010년 밴쿠버 올림픽 때도 마찬가지였다. 밴쿠버 동계올림픽과 소치 동계올림픽은 닮은 점이 참 많다. 특히 날씨에서 그렇다.

첫째, 두 지역 모두 그 나라에서는 상당히 따뜻한 지역이다. 소치는 흑해 연안의 휴양도시다. 밴쿠버는 태평양 연안에 위치한 살기 좋은 도시다. 두 도시 모두 바다를 옆에 끼고 있어 해양성 기후의 특징을 보인다. 고위도 지역임에도 겨울 기온이 온화한 이유다.

둘째, 동계 올림픽을 유치하기 위한 홍보전도 비슷하다. 소치는 캅카스 Kavkaz 산맥의 만년설로, 밴쿠버는 록키 산맥의 만년설로 점수를 땄다.

셋째, 올림픽이 열리는 기간 동안 평년보다 높은 기온을 보였다. 밴쿠버 올림픽 때 영상 15도 이상을 기록했는데, 소치 올림픽에서는 개막식 날 영상 20도까지 치솟았다. 온화한 도시이긴 해도 한겨울에 이 정도로 기온이 높아지는 경우는 드물다.

넷째, 기온이 높다 보니 눈보다는 비가 자주 내린다는 것도 비슷하다. 소치는 1월 중에 비가 온 날이 무려 20일이나 된다. 밴쿠버 동계올림픽 때도 잦은 비로 조직위원회가 애를 먹었다.

다섯째, 눈 확보에 비상이 걸린 점도 비슷하다. 눈이 오지도 않지만 쌓인 눈도 녹아내리니 정말 큰일이다. 밴쿠버에서는 산맥에서 눈을 파다가 방수포로 덮어 보관한 후 경기장으로 수송했다. 러시아는 대통령 지휘 아래 '눈 보장Guaranteed Snow' 작전을 실시하여 지난해 겨울 눈까지 확보했다. 인공눈까지 합해 무려 2,800만제곱미터에 달했다. 눈은 두꺼운 방수포로 덮어서 지하 눈창고에 보관했다. 눈이 부족한 경기장에는 대형 트럭과 헬리콥터를 동원해 눈을 쏟아 부었다. 얼마나 눈이 필요했으면 러시아는 주술사까지 동원했을까? 날씨 조건이 가장 적합하다던 두 동계 올림픽에서 나타난 한겨울의 이례적인 더위는 지구온난화 때문이다. 4년 후 평창 동계올림픽 때는 괜찮을까? 여러 상황에 맞추어 리스크를 최대한 줄이는 노력이 필요하다.

기후변화는 미국 스키장도 강타했다. 미국 천연자원보호협회가 지난해 발표한 보고서를 보면 2000년부터 10년간 38개 주의 관광사업은 총 10억 7,000만 달러(1조 2,000억 원)의 손실을 봤다. 눈이 오지 않아 스키장 문을 열지 못한 날이 많았기 때문이다. 결국 스위스처럼 발상의 전환을 하지 못한다면 앞으로 스키를 타려면 남극으로 가야 할지 모른다.

돈 많은 세계 부호들이 가장 많이 몰리던 관광지는 단연코 유럽이었다. 그러나 최근에는 자연의 순수함이 그대로 남아 있는 곳을 즐겨 찾는다고 한다. 부유층이 사용하는 관광비는 엄청나다. 그래서 못사는 저개발국가의 입장에서는 이들이 수호천사 같아 보일 것이다. 참으로 아이러니컬한 것은 기후변화에 가장 큰 피해를 입는 나라는 가난한 나라들이라는 점이다. 모하메드 나시드Mohamed Anni Nasheed 전 몰디브 대통령은 2010년 한국에서 열린 유엔환경계획 회의에 참석했다. "몰디브는 화석연료로 (산업화) 혜택을 가져간 선진국을 대신해 기후변화 대가를 치르고 있다"고 비판했다. '지상낙원'으로 불리던 아름다운 섬 몰디브는 2100년이면 푸른빛 바닷속으로 가라앉는다. 몰디브는 가장 높은 곳이라고 해봐야 해발 2.4미터 정도다. 지구온난화로 빙하가 녹으면서 80년 후면 섬 대부분이 물에 잠길 것이다. 이 나라의 가장 큰 수입은 관광수입이다. 저소득 국가는 관광산업이 발달한다. 선진국 관광객들은 사람 손이 닿지 않은 곳을 선호하기 때문이다. 몰디브는 원래 관광수입으로 호주나 인도의 땅을 사서 집단이주하기로 했다. 그러나 인도나 호주가 땅을 팔 리 없다. 최근에 이들은 국토를 높이는 쪽으로 방향을 바꾸었다. 계속 육지를 높이는 작업을 하겠다는 것이다. 지구온난화로 가장 많은 피해를 받은 나라가 '원죄'를 진 국가에서 온 여행객들에게 의존하는 것이다. "기후변화의 최대 피해자는 가난한 관광국가"라는 영국의 공정여행단체 '투어리즘 컨선TourismConcern'의 말이 가슴에 와 닿는다.

지구온난화로 가장 큰 피해를 입는 나라들은 기후변화 리스크 자체가 관광수입으로 이어지기도 한다. 히말라야 산맥 빙하의 해빙으로 어려운 네팔이나 육지가 바다에 잠기는 몰디브 등이 대표적인 예다. 관광객들이 이곳이 없어지기 전에 가보자는 심리로 떼를 지어 이곳을 찾는다. 예를 들어보자. 스위스 그린델발트 '빙하 호텔'은 연중 객실이 만석이다. "만년설이 녹기 전에 보자"는 사람들 때문이다. 그런데 놀랍게도 세계 여행객들이 발생시킨 탄소가 전체의 5%나 된다고 한다. 에베레스트의 기온을 높이는 데도 관광객이 한몫했다. 관광객들이 내뿜고 간 탄소는 히말라야의 얼음을 녹였다. 그렇지만 외국인 한 명이 등반을 하러 오면 평균 8만 5,000달러(약 1억 원)를 쓴다. 1인당 국내총생산이 607달러에 불과한 네팔에서 이는 엄청난 돈이다. 연간 3만 5,000명이 직접 산을 오른다. 에베레스트가 있는 네팔을 여행하러 60만 명이 온다. 네팔 정부는 이 숫자를 연 100만 명까지 끌어올리려고 한다. 관광수입을 위해 대규모 도로망을 깔고 있는데, 이는 토양 침식을 유발해 산사태를 일으킨다. 가난한 나라는 이래저래 피해를 본다.

북극 관광도 급증하고 있다. 북극곰이 살아 있을 때 가보자는 것이다. 20년 안에 빙하가 사라질 것이라는 전망 때문이다. 그래서 이를 눈에 담아두려는 여행객들이 급증하고 있다. 북극과 가까운 미국 알래스카 주 상무부에 따르면, 2011년 5월~2012년 4월에 182만 3,600명의 외지 사람들이 이곳을 다녀갔다. 그중 배로 오고 간 사람이 절반 수준(48%인 88만 명)인데, 올해는 배를 이용한 여행객만 100만 명 이상일 것으로 보인다.

미래의 기후변화는 스키장에만 해당하지 않는다. 골프장에도 큰 리스크로 다가올 것이다. 2011년 유러피언골프 투어 던힐 링크스 챔피언십 2라운드 때다. 폭우로 경기가 중단되자 이언 폴터Ian Poulter가 머리에 양동이를 뒤집어쓰고 비를 피하는 사진이 실렸다. 2000년 호주 퍼스Perth의 하이네켄 클래식 마지막 날 번개를 동반한 폭풍우가 대회를 지연시켰다. 심할 경우에는 대회 자체를 끝내기도 한다. 이처럼 날씨는 골프에 엄청난 영향을 준다. 골프장 내장객은 날씨에 가장 많이 좌우된다. 어떻게 하면 내장객 수를 늘리고 안정적인 경영을 할 수 있을까?

스카이72 골프클럽의 예를 들어보자. 골프를 좋아하는 골퍼들은 궂은 날씨에도 필드를 찾는 경우가 많다. 이런 고객들을 위해 스카이72 골프클럽은 스마트한 날씨경영을 한다. 겨울 시즌의 경우는 추위가 가장 큰 문제다. 그래서 겨울에는 포근한 라운드를 즐길 수 있도록 목토시, 손토시, 바람막이, 핫팩 서비스 등을 하고 있다. 또한 온도 그린피라는 이벤트를 통해서 차가운 날씨에 운동하는 회원들에게 온도에 따라서 그린피 할인도 해준다. 의외로 반응이 좋다고 한다. 여기에 고객들에게 골프장 날씨를 인터넷에서 직접 확인할 수 있도록 화상중계를 해준다. 국내 골프장으로서는 최초다. 또 이들은 환경을 복원하는 골프장으로도 유명하다. 친환경적인 골프장 이미지는 고객들에게 좋은 느낌을 준다. 기후변화시대의 리스크를 줄이는 노력이 대단하지 않은가?

군산에 있는 군산컨트리클럽은 날씨로 인한 리스크 요소가 큰 골프장이다. 군산CC는 서해안과 바로 인접한 매립지로서 안개가 자주 발생한다.[16] 바람이 강하며, 겨울에는 지형적인 영향으로 인해 많은 눈이 내린다.[17] 안개가 자주 낀다는 것은 필드의 경기 운영에 지장을 준다는 이야기다. 공이나 사람이 보이지 않기 때문에 경기 시간이 지연된다. 안전사고도 발생할 수 있다. 또한 라이트 시설, 진행요원 추가 배치 등 운영비용도 증가한다. 눈이 내리게 되거나 눈 예보가 있으면 예약률이 극히 떨어진다. 경기를 진행하더라도 공을 분실하거나 안전사고가 발생할 가능성이 높아진다. 눈이 녹을 때까지 휴장을 해야 한다. 이들은 늘어나는 리스크를 헤지하기 위해 2006년 4월부터 민간기상회사로부터 기상정보를 제공받는

---

16 바다안개(sea fog)는 차가운 바다 위를 따뜻한 공기가 이동해와 냉각되면서 만들어지는 안개로 바다와 공기의 기온 차이가 클수록 많이 발생한다.

17 겨울철 찬 대륙고기압이 확장할 때 차가운 공기가 상대적으로 따뜻한 서해바다 위를 지나면서 해기차(해양-대기간 기온차)로 인해 대류운이 발생하고, 북서~서풍계열의 바람을 타고 들어와 서해안에 폭설이 내리게 된다.

다. 눈, 비, 안개 등 기상현상은 과학의 힘으로도 제어할 수 없는 자연현상이다. 하지만 기상에 대한 이해와 보다 정확한 예측은 기상으로 인해 발생할 수 있는 피해를 최소화할 수 있고 최상의 대비책을 수립하는 데 기여한다. 군산CC의 경우 성수기 주말 기준으로 하루 평균 1,500여 명의 고객이 골프장을 이용하므로 하루 평균 약 2억 5,000만 원의 매출이 발생한다. 눈, 비 예측 시 고객의 예약 취소율을 50%라고 가정한다면 하루 8,200만 원 이상의 손실이 발생하나 한 번의 정확한 예보는 "8,200만 원+a"의 매출 향상을 가져온다. 군산CC는 맞춤형 기상정보를 통해 고객관리, 시설관리, 안전관리 그리고 서비스 마케팅까지 다양한 날씨경영을 해왔다. 리스크를 줄이기 위한 이들의 노력은 많은 결실을 거두고 있다고 한다.

콘도 등을 운영하는 레저업체는 어떨까? 사계절 리조트타운인 양지파인리조트는 주요 사업부문이 콘도, 골프장, 스키장으로 나누어진다. 이들 대부분이 야외활동과 밀접한 관계가 있어 기상변화에 많은 영향을 받고 있다. 그래서 파인리조트는 운영에 기상정보를 적극 활용한다. 산악지방에 위치한 콘도의 특성상 기상변화가 심하다.[18] 국지적인 기상현상들이 많이 나타나기 때문이다. 날씨가 좋지 않다는 이유로 고객들은 무조건 예약을 취소해버리는 일도 비일비재하다. 예약 취소를 하게 되면 리조트는 부담으로 돌아온다. 이들은 적극적으로 고객들에게 리조트의 날씨를 제공해준다. 다른 정보로 취소하지 않도록 말이다. 파인리조트의 날씨안내 서비스는 많은 사람들로부터 좋은 반응을 얻고 있다. 파인리조트 관계자에 따르면, "날씨변화에 따라 사전 업무계획을 수립하고 적절한 대비가 가능해져 업무 능률 향상과 비용 절감을 통한 관리비용은 전년 대비 약 20% 감소되었고, 날씨경영 도입 8개월 만에 기상경영 시스템에 의한 순

---

18 산악지방의 기상은 지역적·시간상으로 변화가 심하다. 평지보다 기온이 낮고 바람이 강하며 국지적인 강풍이 분다. 바람에 난류가 있고, 구름이 끼는 일이 많으며, 산꼭대기 부근에서 강우량이 많다. 일사는 장소에 따라 차이가 크고, 날씨가 급변하기 쉽다. 강수량과 풍속도 장소에 따라 차이가 커서 평지에서는 단순한 비나 눈이 내릴 만한 작은 저기압이라도 산에서는 격심한 폭풍우와 폭풍설이 된다.

매출 증가가 약 6,700만 원으로 나타났다"고 한다.

"날씨경영은 최고의 경영"이라고 믿는 기업이 있다. 한솔 오크밸리다. 이곳에서 운영하는 골프장에 부킹했다면 비나 눈을 맞을 걱정은 하지 않아도 좋다. 오크밸리를 찾은 한 고객이 예상치 못한 빗줄기에 당황한다. 그런데 친절한 미소와 함께 우산을 건네는 골프장 직원이 기다린다. 직원이 고객을 배려할 수 있었던 것은 민간기상정보회사인 케이웨더로부터 SMS(휴대전화 문자 서비스)를 통해 전해받은 기상정보 덕분이다. 오크밸리는 예측하기 어려운 기상이변으로 생기는 고객 불편을 최소화하기로 결정했다. 이들은 기상정보 시스템을 도입해 고객의 마음을 움직이는 마케팅 전략을 세운 것이다. 오크밸리의 지형적 특성과 시간대에 대해 정밀 분석한 기상정보를 케이웨더로부터 받아 활용하고, 또한 고객 및 임직원들에게 SMS 및 각종 통신망을 통해 제공해주는 '타깃 기상 시스템 서비스 TWSS, Target Weather System Service'를 채택한 것이다. 이 시스템은 고객들이 골프 라운딩이나 콘도 객실 사용을 미리 예약한 뒤 갑작스런 날씨변화 때문에 일정을 변경하거나 취소하게 되는 최악의 상황을 사전에 예방할 수 있게 했다.

현대인들의 레저 활동에서 야구를 빼놓을 수 없다. 메이저리그의 류현진이나 추신수의 활약은 한국인의 자부심을 크게 높였다. 야구도 리스크를 헤지하기 위해 날씨정보를 이용한다. 일본의 프로야구 구단은 날씨를 적극 활용하는 것으로 정평이 나 있다. 기상정보를 활용하여 비가 올 경우의 손실을 최소한으로 줄인다. 정확한 비 예보를 경기 시작 2~3시간 전에만 알아도 몇 만 명의 관중에게 표를 환불해주는 시간과 경비를 크게 줄일 수 있다. 도시락이 상하는 것도 최소화할 수 있다. 일본의 프로야구 관중은 특히 도시락을 좋아한다. 도시락은 반나절 상품이라 경기가 취소되면 무용지물이 된다. 구단에서는 기상회사가 자문해주는 시간대별 강수확률에 따라 도시락을 주문하여 손실률을 절반 이하로 줄였다고 한다.

"맞춤형 기상정보를 활용한 프로야구 르네상스 시대 실현"

●●● 야구도 리스크를 헤지하기 위해 날씨정보를 이용한다. 일본의 프로야구 구단은 날씨를 적극 활용하는 것으로 정평이 나 있다. 기상정보를 활용하여 비가 올 경우의 손실을 최소한으로 줄인다. 정확한 비 예보를 경기 시작 2~3시간 전에만 알아도 몇 만 명의 관중에게 표를 환불해 주는 시간과 경비를 크게 줄일 수 있다. 도시락이 상하는 것도 최소화할 수 있다.

한국야구위원회의 캐치프레이즈^{catch-phrase}다. 기후변화에 민감한 야구경기의 특성상 정확한 날씨정보가 프로야구 흥행의 중요한 요소라는 것을 인식한다는 말이다. 잠실, 사직, 문학구장 등 경기당 평균관중 2만 명(입장수익 약 2억 원)에 가까운 구장의 경우 날씨가 나쁠 경우 평균관중은 3분의 1(입장 수익 약 7,000만 원) 수준으로 떨어진다. 기상예보를 참고하여 비가 90% 이상 예보된다면 경기를 3시간 전에 취소시킬 수 있다. 관중들의 이동에 따른 불필요한 비용 낭비, 관중수가 줄어듦으로써 예상되는 입장 수익 감소, 입점한 업체들의 수익 감소를 사전에 줄일 수 있다. 또한 기상예보에 따라 불필요한 경기 취소를 막아 추가 경기를 편성함으로써 추가되는 비용(팀당 연간 약 1억 원, 총 8억 원)도 줄일 수 있다. 날씨정보 하나만으로도 리스크를 헤지할 수 있다는 이야기다.

02
패션산업의 리스크 줄이기

"패션업체는 날씨와 동업한다"는 말이 있다. 패션업계에서는 의류 판매에 많은 영향을 미치는 기온, 강수량, 일조시간에 매우 민감하다. 봄과 가을에는 간절기 상품의 물량을 어떻게 적시에 공급하여 매출을 올릴 것인가가 관건이다. 여름에는 일조시간을 고려한 기능성의류 생산에 역점을 둔다. 겨울에는 모피나 가죽, 파카 등 전략상품을 출시하기 위해 신경을 곤두세운다.

패션업계의 가장 큰 목표는 제 값 다 받고 재고도 남기지 않으면서 완벽하게 옷을 파는 것이다. 그러기 위해 의류 판매에 가장 많은 영향을 주는 날씨를 파악하여 옷의 생산과 판매 계획을 세워야 한다. 케이웨더의 6개월 장기예보 능력은 인정받고 있다. 적극적으로 잘만 활용하면 날씨로 인한 리스크를 최대한 줄이고 이익을 올릴 수 있다.

2013년 12월 중순부터 2014년 1, 2월은 평년보다 따뜻했다. 기상청의 혹한과 폭설예보로 겨울의류를 대량으로 생산했던 의류업체들이 어려움을 겪었다고 한다. 어쩔 수 없이 덤핑 땡처리를 한다는 TV 보도를 보면서 잘못된 기상예보가 의류업에 엄청난 리스크로 작용할 수 있다는 것을 깨

●●● 패션업계의 가장 큰 목표는 제 값 다 받고 재고도 남기지 않으면서 완벽하게 옷을 파는 것이다. 그러기 위해 의류 판매에 가장 많은 영향을 주는 날씨를 파악하여 옷의 생산과 판매 계획을 세워야 한다. 케이웨더의 6개월 장기예보 능력은 인정받고 있다. 적극적으로 잘만 활용하면 날씨로 인한 리스크를 최대한 줄이고 이익을 올릴 수 있다.

달았다. J모피는 약 15년 전 겨울에 혹한이 닥칠 것으로 판단하고 모피를 대량으로 생산했다. 그런데 그해 겨울은 너무 따뜻했다. 생산한 모피 옷은 고스란히 재고로 남았다. J모피는 그 후부터 기상정보를 마케팅에 적극 활용하는 것으로 리스크를 줄이기 시작했다. 2005년 겨울이 추울 것이라는 기상예보를 활용해 다량의 모피제품을 미리 만들어 선보였다. 기상정보를 활용한 J모피는 전해보다 무려 2배 반 이상의 매출액을 기록했다.

"봄날에 때아닌 모피 대전(大戰)… 150억 물량 쏟아져"

2014년 3월 21일 《아시아경제》 기사 제목이다. 2014년 초 1~2월 겨울은 따뜻했다. 다량의 모피제품을 만든 업체는 리스크가 컸다. 롯데백화점은 3월 23일까지 '모피 알뜰 구매 특집전'을 열고 진도, 근화, 국제모피 등 7개 대표 브랜드의 제품을 기존 행사가격보다 20~30% 할인 판매했다. 3월에 모피 할인행사가 열리는 것은 처음이었다. 이들은 리스크를 줄이는 방법으로 결혼예비부부들을 타깃으로 했다. 3년 6개월 만에 돌아온 가을 윤달(양력 10월 24일~11월 21일)을 피해 예비부부들이 3~5월로 결혼을 앞당기는 것에 착안한 것이다. 최근 모피의 판매 경향이 신부의 예복 개념으로 장만하는 트렌드도 참고가 되었다고 한다. 실제 2013년 12월부터 올해 2월까지 신세계백화점의 연령별 모피 구매율을 분석해보았다. 결혼을 앞둔 신부의 주 연령대인 20~30대의 구매율이 8.9%로, 전 연령대를 통틀어 가장 높은 신장률을 기록했다.

날씨예측을 잘못했다고 해고되었다고요?

영국의 패션전문 유통업체인 막스&스펜서marks&spencer는 주주총회에서 최고경영자를 해고했다. 날씨를 잘못 파악해 겨울 의류가 대량 재고로 남은 것이다. 날씨 판단이 한 기업의 존망을 좌우한 좋은 예라고 할 수 있다. 이 회사는 그 후에 리스크를 헤지하기 위해 장기기상정보를 적극 활용하기 시작했다고 한다.

이와 반대로 애초부터 장기기상예보를 적극적으로 활용한 회사가 있다. 일본의 유니클로UNIQLO다. 일본의 패션업체 유니클로의 CEO는 2001년에 가을과 겨울 사이의 간절기가 유난히 길어질 것이란 장기예보를 눈여겨보았다. 그는 경영자회의에서 얇고 포근한 폴라폴리스polapolis[19] 점퍼를 생산하여 출하할 것을 지시했고, 놀랍게도 이 점퍼는 보름 만에 무려 1,500만 장이 팔려나갔다. 일본 의류 사상 단일품목으로 최단 기간에 가장 많은 판매 기록을 세운 배경에는 날씨를 적극 활용한 혜안이 있었다. 유니클로는 중저가 의류로 전 세계 시장을 석권 중에 있다. 유럽은 물론이고 미국 시장에서도 엄청난 대박을 거두고 있다고 한다. 물론 우리나라에도 진출했다. 무엇보다 놀라운 것은 이들이 의류 기획부터 마케팅, 판매에까지 날씨정보를 적극적으로 활용한다는 것이다.

우리나라에서도 기상정보를 활용해 리스크를 줄이고 이익을 창출하는 좋은 사례가 있다. 제일모직이 바로 그 주인공이다. 2010년 겨울 기록적인 한파로 추운 날씨가 장기간 이어졌다. 이때 제일모직은 케이웨더의 장기예보를 적극 활용해 매출을 크게 올렸다. 제일모직 빈폴 상품기획담당 이충호 과장은 이렇게 말했다.

"예측을 정량화하는 데 도움이 필요하던 차에 마침 민간기상사업자인 케이웨더에서 단순한 날씨정보가 아닌 해당 업종의 판매 영향력 계수화 작업에 대한 컨설팅을 제공하고 있어서 협의하게 된 것이 시작이었습니다. 지난해 5월 저희 브랜드 중 남성 캐주얼 브랜드 파트는 '기후대책 태스크포스팀'을 꾸리고 케이웨더와 계약을 맺어 지난 5년간 주요 아이템의 일별 매출과 기온, 강수량, 날씨 등과의 연관성을 분석했습니다. 이를 바탕으로 8월부터 2010년 겨울과 2011년 봄 상품 기획에 착수했는데,

---

19 폴리에스테르 원사를 이용해 양털처럼 따뜻하면서도 부드럽고 가벼운 효과를 내는 옷감.

당시 '1~2월, 3~4회 정도 한파가 있을 것'이라고 예상했죠. 그래서 태스크포스팀은 이를 바탕으로 외투, 점퍼 등의 생산을 늘릴 준비를 했습니다. 특히 한파에 대비해 축열·발열 기능을 가진 특수 소재 개발에도 착수했습니다. 하지만 실제 제품 생산에 들어가야 할 지난해 10월, 케이웨더에서 '1월 장기간에 걸쳐 이상한파가 있을 것'이라고 알려왔습니다. 그래서 저희는 이를 즉각 받아들여 다운·패딩점퍼와 외투 등을 각각 1만 장씩 추가 생산했는데, 결과는 '대박'이었습니다. 겨울 외투 매출은 전년 대비 65%, 간절기 아이템으로 내놓은 내피 탈부착 점퍼와 패딩코트 매출이 94%나 늘었던 것이죠."

"날씨경영이 패션 사업 승패 가른다"

2014년 3월 3일 온케이웨더 기사의 제목이다. 최근 의류업체 관계자는 뚜렷한 사계절이 사라졌다고 말한다. 봄가을이 짧아지면서 의류업의 성공은 날씨에 달려 있다는 것이다. 날씨경영이 브랜드 운영에 미치는 영향이 커짐에 따라 최근 국내 의류업체들도 기상정보를 적극 활용한 날씨 마케팅을 한다. 리스크의 최소화와 함께 매출 성장을 이루기 위해서다.

토종 아웃도어 브랜드인 블랙야크Black Yak는 실시간으로 날씨정보를 알 수 있는 시스템을 도입해 활용하고 있다. 날씨 마케팅을 통해 소비자들이 제품을 구입할 때 좀 더 잘 선택할 수 있도록 돕기 위해서다. 이 업체는 기존에 만들어온 데이터를 기반으로 다음 시즌을 대비한다. 소비자는 세분화된 기준을 통해 체감온도나 거주 지역의 온도에 따라 적합한 제품을 선택할 수 있도록 서비스를 제공받고 있다. 2013년부터는 민간기상업체 케이웨더에서 제공받은 국내 산악지역 27개 지역, 도심 5개 지역의 최대풍속을 적용해 다운재킷의 보온력과 최적의 착용감을 산출했다. 2012년부터는 'HAT'이라는 신개념 지수를 내놓았다. 사람이 온도마다 다르게 느끼는 최적의 착용감에 대해 다운제품의 중량 형태별로 선택할 수 있

●●● 토종 아웃도어 브랜드인 블랙야크는 실시간으로 날씨정보를 알 수 있는 시스템을 도입해 활용하고 있다. 날씨 마케팅을 통해 소비자들이 제품을 구입할 때 좀 더 잘 선택할 수 있도록 돕기 위해서다. 이 업체는 기존에 만들어온 데이터를 기반으로 다음 시즌을 대비한다. 소비자는 세분화된 기준을 통해 체감온도나 거주 지역의 온도에 따라 적합한 제품을 선택할 수 있도록 서비스를 제공받고 있다.

도록 하는 시스템이다. HAT은 HIMALAYA(히말라야), ALTITUDE(고도), TEMPERATURE(온도)의 약자다. 블랙야크와 한국의류시험연구원KATRI 이 2012년 3월부터 8월까지 5개월 동안 온도마다 다르게 느끼는 '최적의 착용감'에 대해서 다운제품 중량 형태별로 연구한 결과다. 사람이 온도마다 다르게 느끼는 최적의 착용감에 대해 다운제품의 중량 형태별로 연구한 수치인 HAT지수의 HAT 1000은 영상 9.8도~영하 7도에 입을 수 있는 경량 다운재킷이고, HAT 3000은 영상 5.4도~영하 15도에 어울리는 미들 다운재킷, 그리고 HAT 5000은 영상 2도~영하 22도의 강추위를 막아주는 헤비 다운재킷이다. 이 신개념 지수를 통해 날씨와 환경에 적합한 제품을 소비자들이 현명하게 선택할 수 있도록 된 것이다. 블랙야크는 리스크를 최소화하기 위해 기상정보를 도입했지만, 다른 업체와는 상당한 차별성을 가지고 있다. 사내 및 매장 인트라 시스템에 실시간 날씨정보를 알 수 있는 시스템을 도입했다. 마네킹의 옷을 교체 시즌에 맞춰 최적의 스타일로 제공하는 등 날씨 마케팅을 생활화했다. 그 결과 전국 300여 개 점포에서 전년 대비(2013년 1월~5월 비교) 매출이 약 30% 이상 신장하는 놀라운 실적을 기록한 것이다.

블랙야크 마케팅본부 남윤주 과장은 "날씨 마케팅을 적극 활용해 지난 여름철에는 예년보다 앞당겨진 장마에도 우기 관련 제품을 미리 예측하고 준비할 수 있었다"며 "그로 인해 여름철 레인재킷의 할인 이벤트도 발빠르게 펼쳐 비를 피하는 것이 아닌 즐기는 트렌드를 만들 수 있었고, 겨울에도 역시 날씨예측 시스템을 통해 매장 디스플레이를 바꾸거나 영업을 행했다"고 말했다. 급격히 변화하는 기후변화시대에서 날씨 리스크를 줄이기 위한 기상정보 활용이 너무나 예뻐 보인다.

만약 미래의 날씨를 정확하게 예측할 수만 있다면, 유니클로나 제일모직처럼 다른 의류업체들도 엄청난 돈을 벌 수 있을 것이다. 상품의 생산량을 조절하거나 디자인 선택은 물론이고 출하 시기와 판매 시즌도 결정이 가능하기 때문이다. 또 세일 기간을 정하거나 재고 관리까지도 체계적으로 할 수 있게 된다.

삼성경제연구소에서 만든 동영상 강의 '돌고래 이야기'는 정말 우리에게 많은 생각을 하게 한다. MSNBC[20]에서 지구에서 가장 영리한 동물 베스트를 뽑았다. 1위가 인간, 2위가 침팬지, 3위가 돌고래였다. 돌고래는 해저를 탐색할 때 해면을 뒤집어써서 코를 보호하는 도구를 사용하는 능력을 가지고 있다. 어미들은 생존 노하우를 새끼들에게 전수한다고 한다. 이런 것은 지능이 뛰어난 동물들의 특징이다. 이런 돌고래가 일본의 어부들과 맞장을 떴다. 맞장 1차전은 일본 어부들의 승리로 돌아갔다. 일본 어부들이 돌고래들의 특이한 행동 패턴을 포착하여 돌고래를 대량으로 포획한 것이다. 돌고래들은 고등어나 멸치 떼를 만나면 칙칙 소리를 내는데, 이것은 '먹이 떼를 발견했다'는 신호다.

돌고래들은 고등어 떼를 발견하면 재빠르게 고등어 떼를 한군데로 몬 다음 초저음파 소리를 낸다. 그러면 고등어 떼는 초저음파 소리에 놀라 하늘로 뛰어오르고 이때 부레가 파열된다고 한다. 이렇게 고등어 떼를 혼란시킨 후 돌고래들의 식사가 시작된다. 그런데 재미있게도 식사가 시작되기 전 돌고래들은 자축행사를 벌인다. 공중뛰기를 시작하는 것이다. 이 사실을 간파한 일본 어부들은 초저음파 소리와 공중뛰기가 시작되면 20킬로미터나 되는 그물을 던져서 돌고래와 함께 고등어를 먹으려고 몰려온 참치까지 동시에 잡는다. 너무나 쉽게 "꿩 먹고 알 먹는" 일본 어부의 승리가 계속될 것으로 보였다. 그런데 그 순간 대반전이 일어났다. 동료와 가족이 끌려가는 참혹상을 목격한 돌고래들이 대대적인 변신을 시작한 거다. 고등어 떼를 잡을 때 벌이던 떠들썩한 축하 쇼를 더 이상 하지 않았던 것이다. 그들은 유독 일본 어선을 잘 알아보고 귀신같이 피했다고 한다. 다른 나라 어선들이 오면 피하지 않았다고 하니 놀랍지 않은가? 두 번

---

20 미국과 캐나다에서 24시간 뉴스를 제공하는 케이블 뉴스채널. 마이크로소프트와 NBC가 결합된 이름이다.

째로, 돌고래들은 그물에 걸려들어도 평정심을 잃지 않았다고 한다. 그물을 뚫으려고 몸부림치는 것은 아무 소용없다는 것을 알았던 거다. 몸부림치는 대신 탈출할 기회를 엿보던 돌고래들은 그물을 걷어 올리기 위해 배가 후진 기어를 넣는 순간 뛰어오른다. 그물의 윗부분에 약 20초 정도 공간이 생기는 것을 이용하는 것이다. 모든 돌고래들이 공간이 생기는 부분 근처에 모여 있다가 뛰어올라 탈출에 성공한다. 탈출에 성공한 돌고래들은 일본 어선 주위를 공중뛰기하면서 약을 올린다고 한다. 미국 해양생물학자 개런 프라이어는 바로 이런 돌고래들의 생존전략에서 많은 것을 배웠다고 말한다. 하찮은 돌고래도 생존을 위해 지식을 습득하고 살아남는 분별력을 깨우친 후 지혜롭게 대처하여 일본 어부와의 싸움에서 승리한다는 것을 말이다. 어떤 분야에서든 최고가 되려면 최고를 연구해야 한다. 날씨가 극단적으로 변해가는 기후변화시대에서 리스크를 줄이기 위한 최선의 노력은 날씨정보를 이용한 다양한 헤지 전략을 지혜롭게 발휘하는 것이다. 일본 어부를 이긴 돌고래처럼 말이다.

03
리스크 헤지는
날씨보험으로

"하나님께서 인간의 죄악을 보고 한탄하사, '내가 그들을 땅과 함께 멸하리라' 하시니라."

2014년 3월 20일 개봉한 영화의 광고 카피다. 타락한 인간 세상에서 신의 계시를 받은 유일한 인물 '노아Noah'로 러셀 크로우Russell Crowe가 나온다. 그는 대홍수로부터 세상을 구할 수 있는 거대한 방주를 짓기 시작한다. 방주에 탈 수 있는 이는 생명이 있는 모든 존재의 암수 한 쌍과 노아의 가족뿐이다. 하지만 세상 사람들은 '노아'의 방주를 조롱하기 시작하고 가족 간에도 의견 대립이 생겨나는데… 드디어 세상을 집어삼킬 대홍수가 시작된다. 그리고 가족과 새로운 세상을 지켜내기 위한 '노아'의 드라마틱한 삶이 펼쳐진다! 정말 잘 만든 영화다. 내가 가장 좋아하는 러셀 크로우가 주연인 것도 너무 맘에 든다. 그런데 영화를 보면서 이제는 우리도 21세기판 노아의 방주를 만들어야 하는 것 아니냐는 생각이 들었다.

2013년 6월 29일자 《한국경제》에서는 지구의 대홍수를 "홍수, 30년 새 6배… 기후변화에 뒤처진 인프라, 禍 키웠다. 유럽, 캐나다, 중국, 인도 곳곳이 '거대한 호수'로"라는 제목으로 묘사했다. 지금 지구는 대규모 폭우로 인한 홍수가 지역을 가리지 않고 발생하고 있다. 홍수의 강도가 커지면서 피해 규모도 상상을 초월한다.

2013년 6월에 전 세계적으로 발생한 홍수를 살펴보자. 6월 초 1주일간 유럽 중부 및 동부 지역에 폭우가 쏟아졌다. 다뉴브Danube 강과 엘베Elbe 강이 범람했다. 엘베 강의 수위는 400년 만에 최고치인 8.91미터까지 높아졌다. 이 여파로 독일 할레Halle에서는 약 3만 명이 대피했다. 오스트리아에서는 산사태로 도로와 철로가 끊겼다. 체코 수도 프라하Praha에서는 14세기에 놓인 도시의 상징 카를 교Charles Bridge가 붕괴 위험에 처했다. 이번 홍수로 유럽에서 총 21명이 사망했다. 서유럽도 홍수 피해에서 벗어나지 못했다. 6월 17일 내린 폭우로 프랑스 남서부 지역이 물에 잠겼다. 피레네 산맥Les Pyrénées에 쌓였던 눈이 기온 상승으로 대거 녹아 흘러내리면서 홍수 피해가 커졌다. 기적의 샘물로 해마다 수백 만 명이 찾는 가톨릭 성지 루르드Lourdes는 홍수로 수개월간 폐쇄되었다. 힌두교 성지로 유명한 인도 북부 우타라칸드Uttarakhand 주州에서도 6월 중순 발생한 기록적인 홍수로 큰 피해가 발생했다. 인도 정부는 사망자가 5,000명에 육박할 것으로 추산했

●●● 세계 홍수 발생 빈도는 2000년대 들어 가파르게 증가하고 있다. 1980년대에 연간 약 50건 수준이던 홍수 발생 빈도는 최근 약 300건 이상으로 무려 6배 이상 늘어났다. 왜 이렇게 홍수가 자주 발생하는 것일까? 학자들은 지구온난화로 인한 기후변화 때문이라고 한다. 탄소배출량 증가로 지구에 온실효과가 발생한 탓이다.

다. 중국에서도 6월 19일 쓰촨성四川省에 폭우가 쏟아졌다. 홍수와 산사태로 460헥타르ha의 농경지가 침수되고 6만 6,000명의 수재민이 발생했다. 캐나다 앨버타 주 캘거리Calgary는 6월 20일부터 쏟아진 폭우로 엘보Elbow 강이 범람했다. 4명이 죽고 수천 명의 이재민이 발생했다. 홍수로 캐나다 최대 석유산업지대인 캘거리는 전력망이 파괴되었다. 사람들은 복구에만 수개월이 걸릴 것이라고 내다봤다.

세계 홍수 발생 빈도는 2000년대 들어 가파르게 증가하고 있다. 1980년대에 연간 약 50건 수준이던 홍수 발생 빈도는 최근 약 300건 이상으로 무려 6배 이상 늘어났다. 왜 이렇게 홍수가 자주 발생하는 것일까? 학자들은 지구온난화로 인한 기후변화 때문이라고 한다. 탄소배출량 증가로 지구에 온실효과green-house effect가 발생한 탓이다. 뜨거워진 대기는 수증기를 더 머금을 수 있다. 2014년 여름 국지적 호우가 아열대성 호우의 성질을 띠고 있다고 한 것은 바로 이 때문이다. 우리나라의 기온 상승이 기후변화를 가져온 것이다. 또 지표면의 물은 더 많이 증발한다. 육지는 더 건조해진다. 해양은 더 많은 수증기를 가진 기단을 만든다. 해양과 지표의 수증기 밀도 차가 커지면 해양에서 육지로 이동하는 수증기의 양이 증가한다. 짧은 시간에 많은 수증기가 육지로 이동하면서 홍수를 유발하는 것이다. 비가 내리지 않는 기간 지표는 건조해져 가뭄이 들기 쉽다. 그러나 한번 비가 오면 엄청난 양이 단시간에 내리기 때문에 극심한 홍수가 발생하는 것이다. 우리나라 여름철 강수 경향을 보면 이 이론이 부합함을 알 수 있다. 강수일수는 줄어들고 가뭄일수는 증가한다. 그런데 총 강수량은 증가한다. 이 이야기는 비가 한 번 내리면 집중해서 내린다는 뜻이다. 비의 집중도가 커질수록 홍수 피해는 급증한다.

문제는 기후변화가 만들어낸 폭우에 적절하게 대응할 수 있는 수단이 부족하다는 점이다. 수해에 대비할 수 있는 인프라가 갖추어지지 않은 상태에서 홍수가 발생하면 그 피해는 극심할 수밖에 없다. 급격한 도시화로 농경지가 감소했고, 도로포장이 늘어나면서 지표의 물 저장능력이 감소했다. 땅에 흡수되지 못한 물은 지표면을 흐르면서 지반이 낮고 배수 조건이 나쁜 곳으로 한꺼번에 몰린다. 불비한 시설이 홍수의 강도를 배가시키는 것이다.

세계적인 기상재해가 기하급수적으로 늘어나고 있다. 그럼 우리나라는 어떨까? 우리나라의 날씨 리스크 심각성은 세계 평균보다 매우 크다. 2013년 9월 27일 발표된 유엔 산하 IPCC 5차 보고서에 따르면, 우리나라의 기후변화가 세계 평균보다 높은 것으로 나타났다. 기후변화에 우리나라가 좀 더 능동적으로 대응해야 한다는 뜻이다. 그렇지 않으면 앞으로 경제성장에 큰 걸림돌이 될 것이다. 현실적으로 인프라를 조속히 만드는 것은 어렵다. 그렇다면 빈발하는 홍수와 같은 자연재해로부터 피해를 최소화하는 방법이 필요하다. 이것이 바로 날씨보험이다. 경제 주체들은 날씨보험이나 날씨파생상품[21]에 가입함으로써 리스크를 최소화하는 지혜를 발휘해야 한다.

이러한 요구에 부응하고자 중소기업중앙회에서 2013년 6월 13일 기상청, 국립기상연구소, 보험연구원의 공동 주관으로 '이상기상 대응 날씨보험 역할 심포지엄'을 개최했다. 날씨보험이란 기상재해로 발생한 피해나 손실을 보상해주는 보험으로 자연재해보험과 날씨보험, 풍수해보험[22]으로 구성된다. 보험연구원 강호 원장은 환영사를 통해 "최근 신재생에너지, 레저산업 등 날씨 리스크 산업의 성장으로 날씨보험도 활성화될 것으로 보인다"며 "민·관·학의 협력으로 보험 분야는 소비자의 필요를 만족시키는 상품을 개발하고 정부는 날씨보험을 정책적으로 허용해야 한다"고 말했다.

---

21 날씨를 예측하지 못한 변동으로 인한 기업의 매출 및 손익의 변동을 헤지하기 위해 특정지역에서 일정 기간 동안 발생하는 기온, 강수량, 적설량 등 기상요소를 지수화해 이에 따라 금전을 수수하는 상품.

22 소방방재청이 관장하고 민영보험사가 운영하는 정책보험으로서, 보험가입자가 부담해야 하는 보험료의 일부를 국가 및 지자체가 보조함으로써 국민은 저렴한 보험료로 예기치 못한 풍수해(태풍, 홍수, 호우, 해일, 강풍, 풍랑, 대설, 지진)에 대해 능동적으로 대처할 수 있도록 하는 선진국형 보험이다.

●●● 2013년 9월 27일 발표된 유엔 산하 IPCC(정부간기후변화위원회) 5차 보고서에 따르면, 우리나라의 기후변화가 세계 평균보다 높은 것으로 나타났다. 기후변화에 우리나라가 좀 더 능동적으로 대응해야 한다는 뜻이다. 그렇지 않으면 앞으로 경제성장에 큰 걸림돌이 될 것이다. 현실적으로 인프라를 조속히 만드는 것은 어렵다. 그렇다면 빈발하는 홍수와 같은 자연재해로부터 피해를 최소화하는 방법이 필요하다. 이것이 바로 날씨보험이다. 날씨보험은 이제 이색보험에서 필수보험으로 바뀌었다.

현대화재해상보험 박홍규 팀장은 "지구온난화 심화에 따른 이상기후 현상으로 풍수해 피해가 지속적으로 늘어나고 있지만, 민영보험에서 특수건물 등 보험가입 의무시설을 제외하면 소규모 가계의 풍수재 담보 가입률은 매우 낮은 수준"이라며 "아파트 등 단체 건물을 제외한 주택의 가입률은 2.2%에 그치고 있다"고 지적했다. 기상청 관계자는 "날씨보험은 이제 이색보험에서 필수보험으로 바뀌었다"며 "보험업계와의 지속적인 협력과 관련 산업 지원을 통해 날씨보험 시장의 확대에 힘쓸 것"이라고 말했다고 환경신문은 전한다.

기후변화로 인한 위기는 보험산업에 치명타일까? "위기는 기회"라고 말한다. 자연재해가 증가하면 기업과 개인의 위험 전가 필요성이 증가해 보험수요가 증가할 것이다. 정부와 민간을 대상으로 하는 보험상품이 증가할 것이다. 보험산업은 다른 산업 영역에 비해 유연한 상품 구조를 지니고 있어 기후변화에 적응이 쉬운 편이다. 기후변화에 대응하는 새로운 기술 개발로 신규 보험시장이 형성될 것이다. 태양열, 풍력 등 신재생에너지와 대체에너지, 보험시장이 바로 그것이다. 또한 거대 자연재해에 대한 새로운 위험전가 방법인 보험연계증권과 재해채권 등이 활성화될 것이다.

독일의 재보험사 뮌헨리Munich Re의 분석에 따르면, 전 세계적으로 홍수, 태풍, 가뭄 등의 자연재해는 1980년 300회에서 2012년 900회로 증가했다. 제네바협회는 "영국 일부와 미국 플로리다 연안은 이미 보험으로 해결할 수 없는 수준에 이르렀다"고 말한다. 존 피츠패트릭John Fitzpatrick 제네바협회 사무총장은 "각국 정부가 수해방지시설에 더 투자하고 수재위험지역에는 건축 허가를 제한해야 한다"고 주장했다. 그는 또 "수해 방지를 위한 투자는 단기적으로 재정에 무리를 줄 수 있겠지만, 장기적으로는 홍수피해시설을 복구하는 데 드는 비용을 줄여준다"며 "이는 오히려 정부 재정에 도움이 될 것"이라고 덧붙였다.

기상청에서 우리나라 기후변화에 대한 예측을 내놓았다. 온실가스 감축 노력 없이 현재 추세로 온실가스가 배출되면 우리나라는 2100년에 평균기온이 5.7도 상승하고 강수량은 17.5% 증가해 2100년까지 총 누적 경제적 피해가 2,800조 원에 이를 것이란다. 연간 국내총생산^{GDP}의 약 2.8%에 해당하는 엄청난 금액이다. 연안, 건강, 농업, 산림, 수자원 등 세부 부문으로 나눠 산출된 경제적 피해는 2100년 해수면 상승에서 비롯된 연안 침식 피해비용 7조 3,000억 원, 고온 발생으로 초과사망자 피해비용 1조 4,000억 원, 농업이윤 손실액 6,000억 원 등 총 10조 원 이상의 경제적 피해가 발생한다. 정말 엄청난 재앙이 아닐 수 없다.

기후변화는 이제 인류에게 피할 수 없는 숙명이다. 재앙을 해결하기 위해 개인부터 기업, 국가에 이르기까지 모두가 힘을 모아야 한다. 산업의 경제적 피해를 최소화할 수 있는 보험산업이 중요한 이유는 바로 이 때문이다. 기후변화보다 앞서 나가는 마인드가 필요하다. 정부와 보험업계는 수익을 올릴 수 있는 다양한 상품을 개발해야만 한다. 기후변화의 위기를 기회로 전환하는 적극적인 대응이 필요한 시기다.

'"우박폭탄'에 망친 사과농사, 재해보험 덕에 건졌다"

2012년 6월 12일《한겨레신문》에 실린 기사 제목이다. 서브 타이틀은 "이상기온으로 덮친 우박 보은지역 밭작물 초토화, 피해농가 30가구 중 농작물보험 가입 4가구만 보상, 35개 작물 대상… 재해 적은 곳도 기상이변 대비를"이었다. 기사 내용을 살펴보자.

5월 28일 충북 보은군 보은읍 노티리에 탁구공만한 우박이 30분 동안 내렸다. 1980년대 물난리 이후 다시 덮친 '기상이변'이었다. 이날 내린 우박으로 7살짜리 개가 맞아 죽었다. 30여 가구의 사과밭은 쑥대밭이 됐다. 이 가운데 4가구는 피해회복 길이 열렸다. 농작물재해보험에 가입했기 때문이다. 피해를 본 과수원 주인인 윤성룡 씨의 밭에는 8년생 사과나무 500주가 심어져 있었다. 같은 년생, 같은 종류 나무에 최근 5년간 열린 사과 개수를 따지면 6만 개, 18톤이 된다. 평균량을 따져 책정된 보험가입금액은 4,161만 원이다. 보험료 54만 5,080원 중 정부가 50%, 지방자치단체가 25%(광역단체 10%, 시군 15%)를 부담해 윤씨는 11만 5,500원을 냈다. 어린 사과 20개씩을 나무에서 실사해 구한 타박율은 96%였다. 사과 100개 중 96개가 맞은 꼴이었다. 다른 과수원 농부는 "몇 년 동안 재해가 없어 해지했는데…"라며 속상해했다. 윤씨는 가을에 최종 열매를 확인한 후 3,329만 원의 보험금을 받을 예정이다.

이상기후 피해가 많아지면서 농민들이 들 수 있는 보험은 농작물재해보험과 풍수해보험, 이 두 가지다. 농작물재해보험은 정책성 보험으로 농협을 통해서만 가입이 가능하다. 풍수해보험은 동부화재를 포함한 4개사에서 다루는 재해보험이다. 이중 먼저 농작물재해보험에 대해 알아보자.

스턴 보고서Stern Review는 오는 2100년까지 기상이변에 따른 경제피해가 세계 국내총생산GDP의 5~20%일 것으로 내다봤다. 최근 들어 우박, 뇌우, 홍수, 폭설 등의 기상이변으로 농민들이 피땀 흘려 가꿔온 각종 농작물이 많은 피해를 입고 있다. 기상이변으로 순식간에 지은 농사가 피해를 입었을 때 보험이 없다면 큰 피해로 돌아온다. 그러나 농작물재해보험은 농민들에게는 든든한 백그라운드가 되어준다. 농작물재해보험은 농민이 보험금을 다 부담하지 않는다. 국가가 50%, 지방자치단체가 25%를 지원하고 본인은 25%만 부담하면 된다. 피해가 발생해 보험금을 지급할 때는 손해율(보험금/보험료) 180% 이하는 보험사가, 180%를 초과할 때는 국가가 손해를 부담한다. 일종의 정책성 보험이라고 할 수 있다.

2001년 사과와 배 두 품목을 시작으로 2013년 포도, 자두 등 40개 작물이 보험 대상이 됐다. 30억 원 수준이던 보험료는 2012년 1,000억 원을 넘어섰다. 작물별, 지역별 가입 편차는 상당히 크다. 사과 작목의 경우 2011년 현재 대상 면적의 86.78%가 가입했으나, 감귤은 1.22%에 불과하다. 사과, 배 등 과수작물 주산지와 태풍 이동경로 해당 지역은 '학습 효과'

●●● 최근 들어 우박과 같은 기상이변으로 농민들이 피땀 흘려 가꿔온 각종 농작물이 많은 피해를 입고 있다. 기상이변으로 순식간에 지은 농사가 피해를 입었을 때 보험이 없다면 큰 피해로 돌아온다. 그러나 농작물재해보험은 농민들에게는 든든한 백그라운드가 되어준다.

로 가입률이 높다. 최근 기상이변이 많아져 3년 연속 손해율이 100%를 넘었다. 지난해 포도의 손해율은 443%나 됐다. 주보험사인 농협은 손해율이 커지면서 죽을 지경이라고 한다. 농협은 2011년 농작물재해보험 부문에서 17억 원의 적자를 기록했다. 그나마 삼성화재 등에 가입한 재보험을 통해 손실을 분담한 결과였다. 그러나 농민들에게는 반가운 소식이다.

"농작물재해보험, 너만 믿는다!"

2013년 4월 9일 《서울신문》 기사 제목이다. 잇단 기상이변에 피해가 반복되면서 과수재배농가의 가입이 급증했다는 것이다. 면적 4.7%, 가구 수로는 4.2%가 증가했다. 특히 2012년 태풍과 집중호우로 큰 피해를 입은 전북과 전남, 충남 등 내륙지방 과수재배농가들의 보험 가입이 크게 늘었다. 기상변화에 농민들이 민감하게 반응하고 있다는 증거다. 2012년 '볼라벤'과 '덴빈' 등 세 차례의 강력한 태풍으로 엄청난 낙과 피해가 발생했다. 그러나 과수재해보험에 가입한 농가들은 보상을 받아 보험 효과를 톡톡히 봤다. 충남의 경우 지난해 농가들이 받은 농작물재해보험금은 571억 7,000만 원이다. 2011년의 57배나 된다. 충남 아산시 이 모(68)씨는 지난해 8월 볼라벤으로 60% 이상의 사과가 떨어지는 피해를 입었다. 그러나 재해보험 덕분에 1억 4,267만 원의 보험금을 탔다. 아산시에서 배 농사를 짓는 김 모(53)씨는 1억 1,148만 원의 보험금을 받았다. 전남 완도의 전복 양식 어업인은 보험료 298만 원을 내고 태풍 볼라벤 시설 피해로 보험금 6억 4,600만 원을 받았다. 전남 무안의 배 재배 농민인은 지난해 보험료 117만 원을 내고 태풍 볼라벤의 피해로 보험금 7,671만 원을 받았다. 이들은 공통적으로 "만일 보험을 들지 않았다면 어떻게 되었을까?" 라고 말한다.

농작물재해보험은 농민들에게는 정말 좋은 보험이다. 2001년 농작물재해보험을 만들었을 때만 해도 농협 아닌 다른 민간보험사들도 참여했다. 하지만 2002년 닥친 태풍 루사로 보험사가 손실을 입은 후 모두 손을 뗐다. 루사 때의 손해율은 433.4%로 지금까지 최고 기록이다. 할 수 없이 농민조합원들로 구성된 농협이 혼자 농작물재해보험을 담당했다. 그러나 2002년 태풍 루사에 이어 2003년 태풍 매미가 연거푸 강타하면서 농협도 손들었다. 할 수 없었다. 결국 정부는 2005년 국가재보험제도를 만들었다. 농작물재해보험 손해율이 180%를 초과하면 모두 정부에서 보상하기로 했다. 시중 보험사들도 농작물재해 재보험시장에 참여했다. 그러나 상황은 더 나빠졌다. 2009년 이후 지난해까지 4년 연속 손해율이 100%를 넘어서면서 보험사들이 적자를 기록한 것이다. 태풍 3개가 지나간 2012년에는 지급한 보험금이 사상 최대를 기록했다. 적자도 사상 최대였다. 농림수산식품부는 5만 2,002가구의 농어가에 5,967억 원의 농어업재해보험금을 지급했다고 밝혔다. 보험금 지급 규모는 7만 6,172건이었다. 사고 건수는 133%, 보험금은 225% 증가한 것이다. 농협 혼자 적자를 뒤집어써서는 안 되는 것 아닐까? 정부와 농협, 그리고 다른 보험사들이 머리를 맞대고 숙고해봐야 할 문제다.

날씨보험 중 두 번째가 풍수해보험이다. 태풍으로 인한 산사태로 가옥이 파손되거나 강풍으로 온실 또는 비닐하우스 등이 파손됐을 때를 대비할 수 있다. 풍수해보험은 소방방재청이 관장하고 삼성화재, 현대해상, 동부화재, LIG손보 등이 판매하는 정책보험이다. 시설복구 기준액의 70%, 90%를 보상하는 2종으로 구성돼 있다. 또 보험료의 일부를 정부에서 보조하기 때문에 저렴한 보험료로 풍수해로 인한 재산상 피해를 보상받을 수 있다. 정부에서 전체 보험료의 55~62%(기초생활수급자 86%, 차상위 76%)를 지원한다. 저렴한 보험료로 주택과 온실 등에 예기치 못한 풍수해(태풍, 홍수, 호우, 해일, 강풍, 풍랑, 대설)를 입었을 때 딱이다! 살고 있는 집이 강풍으로 인해 유리창이 깨지는 손해를 입었을 때도 보험금을 받는다. 보험에 가입한 건물, 가재도구 등은 태풍으로 입은 손해를 보상받을 수 있다. 태풍 피해를 줄이기 위해 긴급 피난에 소요된 손해방지비용도 보상받는다. 16층 이상 아파트는 특수건물로 화재보험에 의무적으로 가입돼 있다. 아파트 관리사무소에 풍수해 특약의 가입 여부를 확인해 파손된 유리창의 원상복구 비용을 청구하면 된다. 일반 주택이나 15층 이하의 아파트는 화재보험의 풍수해 특약에 별도로 가입된 경우에만 보상받는다.

미국의 경우 풍수해자연보험 지급액이 매년 늘어나고 있다고 한다. 미 해양대기청NOAA의 발표에 따르면, 1980년 이후 미국은 90건의 기상재해를 입었고 그 피해액은 10억 달러에 이르며 전체 복구비용은 7,000억 달러에 이른다. 그런데 이 90건 중 81건의 재해가 1988년부터 2008년 사이에 일어났다. 즉, 최근 들어 지구온난화로 기상재해가 급격히 증가하고 있다는 뜻이다. 풍수해보험에 드는 것은 결코 손해가 아니다. 왜냐하면 우리나라도 태풍이나 집중호우 등 날씨로 인한 재해가 매년 급증하고 있기 때문이다.

기상이변이 증가하면서 피해와 관련된 보험상품은 무엇이 있을까? 호우나 강풍으로 차량이 침수되거나 파손되는 경우가 있다. 이때는 자동차보험의 '자기차량손해 담보'에 가입돼 있으면 보험금을 받는다. 낙하물에 차량이 파손되거나 홍수지역을 지나던 중 물에 휩쓸려 차량이 파손된 경우, 주차장에 주차 중 침수사고를 당한 경우라면 보상받을 수 있다. 단, 차량 도어나 선루프 등을 열어놓는 바람에 빗물이 들어갔다면 피해를 보상받을 수 없다. 교통통제를 무시하고 침수된 지역을 통과하다 침수 피해를 입었을 때도 보상은 불가능하다. 길을 지나가다가 강풍으로 떨어진 간판에 다치는 경우도 많다. 이때는 상해보험, 실손의료보험의 상해담보로 보상받을 수 있다.

04
리스크는 줄이고
이익은 늘리고

"토마토가 뭐길래… 대통령이 흔들"

2013년 4월 16일 《이데일리》 기사 제목이다. 남미 최대국인 브라질을 이끌고 있는 지우마 호세프Dilma Rousseff 브라질 대통령이 '남미판 배추 파동'으로 정치적 위기를 맞고 있다는 것이다. 2013년 브라질은 폭우 등 기상재해가 잇따랐다. 나쁜 날씨로 토마토 가격이 무려 3배 이상 올랐다. 토마토는 브라질의 주요 식재료다. 우리나라의 배추와 비슷하다. 토마토 가격은 브라질의 인플레이션 상승 조짐을 판단할 수 있는 지표이기도 하다. 토마토 가격 상승이 전적으로 인플레이션을 가져온 것은 아니지만, 2013년 인플레율이 6.5%를 넘었다. 인플레이션이 계속된다면 브라질의 실질 수입을 갉아먹는 리스크가 될 것이라고 전문가들은 말한다. 인플레이션 우려는 호세프 대통령에게는 악재로 작용할 수밖에 없다. 브라질의 지난해 경제성장률이 1%에도 못 미치면서 호세프 지지세가 위축되고 있기 때문이다. 대통령이 토마토 가격 상승으로 흔들리는 것이다. 지구온난화로 인한 기후변화가 식량생산에 엄청난 영향을 주는 좋은 예다.

GLOBAL WARMING

●●● 2013년 브라질은 나쁜 날씨로 토마토 가격이 무려 3배 이상 올랐다. 토마토는 브라질의 주요 식재료다. 토마토 가격은 브라질의 인플레이션 상승 조짐을 판단할 수 있는 지표이기도 하다. 토마토 가격 상승이 전적으로 인플레이션을 가져온 것은 아니지만, 2013년 인플레율이 6.5%를 넘었다. 인플레이션 우려는 호세프 대통령에게는 악재로 작용할 수밖에 없다. 대통령이 토마토 가격 상승으로 흔들리는 것이다. 지구온난화로 인한 기후변화가 식량생산에 엄청난 영향을 주는 좋은 예다.

2013년 1월과 2월 우리나라는 유례없는 혹한과 폭설에 시달렸다. 이때 국내 최대 녹차단지가 심각한 한파 피해를 입었다. 전남 보성지역에도 영하 7도 이하의 혹한이 몰아치면서 약 160헥타르 면적의 차나무가 얼어죽은 것이다. 보성지역 녹차 재배면적 약 1,000헥타르의 16% 정도에 해당한다. 엄청난 기후 리스크를 받은 것이다. 차나무는 1~2년 안에 급속히 성장하는 것이 아니기에 녹차 생산량 감소와 작황 저조는 불가피하다. 특히 3월 말에서 4월 초에 딴 첫 잎으로 만드는 우전雨前, 곡우穀雨, 세작細雀 등 고급 첫물차의 생산도 크게 줄면서 차 농민의 주름을 깊게 만들었다. 날씨로 인한 차 가격의 상승은 농민은 물론이고 소비자에게도 달갑지만은 않은 현상 아닌가?

계란 값이 고공행진을 이어가고 있다?

2013년 계란 값의 가격 상승을 부추긴 복병은 날씨와 방사능이었다. 2013년 11월에는 전해에 비해 무려 50% 이상 올랐다. 2013년 전국을 휩쓴 폭염으로 산란계(달걀 낳는 암탉)의 폐사율이 유달리 높았다. 2013년 7~8월 산란계의 3%에 해당하는 200만 마리가 폭염으로 죽었다. 여기에 일본 방사능 공포로 수산물을 기피하면서 생선을 대체할 식재료로 계란이 급부상한 것도 하나의 이유다. 여기에 2014년 초 추위와 연관된 조류인플루엔자[23]로 산란계의 대거 살처분이 이루어졌다. 2014년 4월엔 2013년 11월보다도 50% 이상 폭등했다. 폭염과 추위 등 날씨가 농민과 가정 식생활에 엄청난 리스크를 가져온 것이다.

---

23 조류 인플루엔자 바이러스는 온도가 낮은 곳에서도 잘 살아남는다. 추위가 지속되면 철새들은 스트레스를 받아 체력과 면역력이 떨어지게 되는데, 이때 조류 인플루엔자 바이러스에 감염된 철새가 먹이를 찾기 위해 농가에 접근해 닭, 오리 등 가금류에 전염시킨다.

"너무 비싼 바나나, 작년보다 가격 2배 / 태풍으로 공급 부족"

2013년 5월 6일 《이데일리》의 보도처럼 바나나 값이 연일 고공행진을 벌였다. 사실 바나나는 사시사철 비교적 저렴한 가격에 쉽게 먹을 수 있어 국내 소비자들에게 가장 인기 있는 수입 과일이다. 바나나 가격은 전해에 비해 50% 이상 올랐다. 이처럼 바나나 가격이 크게 오른 이유는 산지인 필리핀의 기상 악화가 가장 큰 원인이다. 2012년 12월 초대형 태풍 '보파Bopha[24]'가 필리핀 남부를 강타했다. 바나나 경작지의 약 30%가 피해를 입었다. 바나나 나무는 다 자라서 열매를 맺는 데 1년 정도 걸리기 때문에 태풍 피해는 치명적이다. 여기에 더해 포도와 오렌지 등 다른 수입과일들도 가뭄, 홍수로 인한 작황 부진으로 가격이 오르고 있다. 날씨는 농업에 가장 큰 리스크로 작용하는 분야이며, 또 서민들의 삶에 직접적인 영향을 준다.

2013년 6월 국제 우유 가격이 사상 최고로 치솟았다. 세계 최대 우유 수출국인 뉴질랜드가 극심한 가뭄으로 우유 생산량이 급감했기 때문이다. 《파이낸셜 타임스Financial Times》에 따르면, 세계 우유 가격의 기준으로 쓰이는 뉴질랜드의 우유 수출 가격은 2013년 들어 62% 상승했다. 뉴질랜드는 세계 분유 거래량의 60%를 차지하는 세계 최대 우유 수출국이다. 뉴질랜드 정부는 가뭄 피해 규모가 20억 달러에 이를 것으로 전망했다. 원유가 오르면서 분유 가격도 치솟았다. 세계 최대 낙농업체인 폰테라 fonterra 그룹이 2013년 6월 진행한 경매에서는 분유 가격이 톤당 5,116달러로 사상 최고치를 기록했다. 1년 전보다 54%, 1주일 사이 21% 급등한 것이다. 우리나라 우유 가격이 들썩이는 것도, 분유 가격이 지나치게 비싼

---

24 캄보디아에서 제출한 태풍의 이름으로 꽃 이름에서 비롯되었다. 최대풍속 50미터/초, 최저기압 930헥토파스칼(hPa)의 매우 강한 태풍으로 필리핀에서 1,060여 명의 사망자와 800여 명의 실종자를 내는 등 심대한 인명 피해를 입혔다. 이듬해 홍콩에서 열린 제45차 태풍위원회 총회에서 아시아 14개 국은 심대한 피해를 입힌 태풍 '보파' 대신 다른 이름을 쓰기로 결정했다.

것도 다 날씨 때문이다.

2013년 11월 5일 《헤럴드경제》는 흥미로운 기사를 실었다.

"꿀벌 떼죽음에… 지구촌 농작물 가격 들썩."

최근 수년간 꿀벌 집단이 '이유 없이' 죽으면서 미국 캘리포니아 농가에 비상이 걸렸다고 한다. 자가수분[25]을 할 수 없어 꿀벌에 100% 의존하는 아몬드 가격이 급등했다는 것이다. 이 여파로 아몬드를 가공한 시리얼, 우유, 과자 가격도 들썩인단다. 여기에 사과, 블루베리 등 과일 농가도 꿀벌의 죽음에 골머리를 앓고 있다. 과학자들은 꿀벌의 폐사를 기후변화로 보고 있다. 진폭이 큰 폭염과 가뭄, 그리고 홍수가 원인이라는 것이다. 꿀벌의 폐사로 최근 10년간 꿀벌 대여(렌트) 비용이 3배 가까이 뛴 것도 양봉 농가에는 큰 리스크로 작용한다. 국제연합환경기획UNEP에 따르면, 미국과 유럽, 아시아, 아프리카, 중동 전역에서 꿀벌 폐사 현상이 발견된다고 경고했다. 꿀벌의 개체수 감소는 결국 농업의 생산 기반 자체를 흔든다. 자연 수분을 인공 수분으로 대체할 경우 커다란 경제적 손실을 야기한다. 농촌진흥청에 따르면, 우리나라에서 꿀벌의 경제적 가치는 2010년 기준 6조 7,021억 원 정도다. 이는 엄청난 자산으로, 앞으로 우리나라에서도 큰 리스크로 다가올 수도 있다는 것이다.

"지구온난화로 2050년 식량가격 2배 폭등"

2013년 4월 15일자 《헤럴드경제》의 우울한 전망이다. 지구온난화로 오는 2050년까지 식량 가격이 2배 이상 폭등한다. 아프리카와 아시아 지역에 수백만의 극빈층이 생길 거라는 것이다. 영국 일간지 《가디언guardian》도 비슷한 전망을 했다. 지구온난화로 인한 기온 상승, 홍수, 가뭄 등의 기상 이변으로 2050년까지 주식으로 삼는 식량 가격이 2배 이상 뛰어오른다.

---

25 한 그루의 식물 안에서 자신의 꽃가루를 자신의 암술머리에 붙이는 현상.

결국 전 세계 농업 방식의 변화를 가져올 것이라고 말이다.

유엔 정부간기후변화위원회IPCC는 2013년 9월 27일 5차 보고서에서 "10년마다 농업 생산량은 2%씩 감소하고 식량 수요는 14%씩 증가할 것이다"라는 암울한 전망을 내놨다. IPCC는 기후변화로 21세기 말 세계 식량 생산량이 줄고 가격이 치솟을 것으로 예상된다고 전망했다. 이는 IPCC가 식량 공급과 관련해 내놓은 가장 강력한 경고다. 어타린 쿠진 유엔 세계식량계획 이사는 "우리는 불확실하고 위험한 시기에 접어들고 있다. 기후변화는 식량 가격을 상승시키고 불안하게 만드는 요소이며 배고픈 빈곤층의 불안을 가중시킬 수 있을 것이고 특히 주변 농업 생산지역의 분쟁을 야기시킬 수도 있다"고 강조하며 "즉시 세계의 빈곤층을 보호하는 행동을 취해야 한다"고 밝힐 정도다.

플랜트 바이올로지Plant Biology의 예측도 우리를 우울하게 만든다. 기온 상승 효과로 유엔이 2050년까지 식량 수요를 맞추기 위해서 필요하다고 예상한 식량 생산량의 절반밖에 생산이 안 된다고 한다. 호우의 증가로 식량의 30%가 감소할 것으로 예측된다. 오존 오염에 의하여 콩 생산량은 2050년경에는 30%까지 감산이 예상된다고 한다. 우리나라 한국농촌경제연구원도 기온이 1도 오르면 쌀 생산이 27만 4,880톤 감소한다고 한다. 이산화탄소의 증가율을 포함시키면 벼의 생산량은 더 큰 폭으로 줄어든단다. 해양연구원은 해수온도 상승으로 독성 어패류 증가, 적조현상 증가, 주력 어종의 변화가 예상된다고 전망한다.

우리나라의 기후변화는 세계 평균을 훌쩍 넘는다. 기상청은 2100년까지 세계 평균기온 상승 예상치인 4.6도보다 1.1도 높은 5.7도 상승을 예상한다. 그러면 농업에는 어떤 변화가 올 것인가? 작물의 개화 및 출수 등 생물학적 변화와 품질 변화, 재배 적지의 이동이 있을 것이고, 병해충 발생이 증가하고, 생물 다양성에 상당한 영향을 줄 것이다. 그리고 농업 생산성과 농가 수익 및 자산 가치 등에 광범위한 영향을 미칠 것이다. 농업 시스템을 변화시키며 농업용수원의 변화 등으로 농업기반시설에도 심각한 영향을 줄 것이다. 또 기온 상승에 따른 생육 기간 단축으로 인한 작물 수량 감소와 품질 저하가 발생하고, 잡초 및 농작물의 병해충 활동 증가가 예상된다. 유기물 분해 촉진으로 인한 지력 저하, 강우 증가로 인한 토양 침식의 심화도 있을 것이다. 사과 등 과일의 주산지가 바뀌는 등 농작물 주산지 변화가 뒤따른다.[26] 리스크를 줄이기 위한 대책 마련이 시급한 것은 바로 이런 이유 때문이다.

기후변화가 인류에게 미치는 가장 중요한 영향은 식량 공급 위기다. 식량 문제는 미래에 더욱 심각해질 것이다. 식량은 협상 대상이 될 수 없다. 그리고 국민을 먹여 살리지 못하는 국가는 식량 문제에 이성적으로 대처하지 못할 것이다. 세계적으로 식량이 부족하다 보니 아무리 높은 값을 지불해도 식량을 수입하지 못할 수 있다. 지금 세계의 강대국들은 국가 안보 측면에서 식량 문제에 대비하고 있다. 기후전문가들은 지구의 평균 기온이 섭씨 2~3도만 올라가도 전쟁이 일어날 가능성이 있다고 말한다. 이것은 '제3세계'라 불리는 아프리카, 라틴아메리카의 개발도상국가에만 해당하는 일이 아니다. 우리나라도 심각하다. 우리나라의 곡물 자급률은 22.6% 정도다. 역대 정부가 소리를 높였던 '주식 자급'이 무색할 정도다. 2012년 쌀 자급률은 83.0%에 불과했다. 대두(6.4%), 밀(1.1%), 옥수수(0.8%) 등 기타 작물의 자급률도 창피한 수준이다. 이는 세계적인 식량 위기가 오면 상당한 국가적 리스크로 작용할 것이다.

기후변화로 인한 리스크가 가장 큰 분야가 농업이다. 어떻게 대응해야 하는 것일까? 기후변화에 대응할 수 있는 작목을 개발하는 것이다. 2014년 1월 13일 《동부투데이》에 실린 기사가 좋은 예가 될 수 있다. 광양시가 기후변화와 미래 농업에 대응하는 새로운 소득 작목을 발굴했다. 그

---

26 예를 들어 사과의 주산지가 경북에서 충북으로, 제주도에서만 생산되던 원예작물이 남해안 지역으로 북상하고, 월동배추는 전남 해남으로, 겨울감자는 전북 김제까지, 한라봉은 전남 고흥과 경남 거제 등까지 북상할 것이다.

동안 재배해왔던 천혜향 등 아열대 과수(1.6헥타르)와 망고, 용과, 패션프루트 등 10종의 열대과수 실증시험재배에 성공한 것이다. 놀랍게도 타지역에서 생산되고 있는 과실에 비해 당도가 높고 품질이 우수하단다. 광양 지역은 평균기온이 14.9도, 강수량 2,094밀리미터로 겨울철 기온이 높다. 일조량이 전국 최고로 많아 아열대 작물 재배에 유리한 해양성 기후를 갖고 있다. 이런 것에 빨리 눈을 떠 기후변화에 대처하는 지자체가 자랑스럽다. 농촌진흥청이 기후변화에 따른 쌀의 안정적인 공급을 위해 추진하고 있는 것도 있다. 열대지역에서도 재배가 가능한 'MS11 품종'을 개발하는 것이다. 농촌진흥청은 MS11 품종 'Oryza2000 모델'을 통해 안정적인 벼 수량 확보를 하겠다는 것이다. Oryza2000의 예측 모델에 따르면, 한반도가 온난화돼 2040년에는 벼 수확량이 2010년 대비 1.9%가 줄어든다고 한다. 그러나 'MS 11'은 열대지역인 필리핀에 적응이 가능한 품종이다.

기후변화에 대응하기 위한 다양한 노력도 미래의 기후 리스크에 대비하는 좋은 방법이다. 예를 들어, 농촌진흥청 온난화대응농업연구센터에서 추진하는 일이다. 이들은 기후변화 시나리오를 바탕으로 토지 단위별로 농업 기후를 정밀하게 예측할 수 있는 '농업용 전자기후도'를 만들었다. 해상도가 30미터인 이 전자기후도는 도시 열섬, 냉기 유입, 위경도, 고도, 지형 등 농업에 필요한 소기후 모형을 세밀하게 반영했다. 또 월 최고기온과 최저기온, 월 평균기온, 강수량 등을 2011년부터 2099년까지 10년 단위로 상세히 예측할 수 있다. 전자기후도를 이용해 고랭지^{高冷地}[27] 여름배추와 난지형 마늘의 미래 재배지를 예측했다. 현재 고랭지 여름배추는 6 8월 평균기온이 서늘한 강원 평창 등지에서 재배되고 있다. 그러나 2090년이 되면 현재 남한 지역에서 재배할 수 있는 곳은 사실상 사라진다.

---

27 저위도에 위치하고 표고가 600미터 이상으로 높고 한랭한 곳.

●●● 지금 세계의 강대국들은 국가안보 측면에서 식량 문제를 대비하고 있다. 기후전문가들은 지구의 평균기온이 섭씨 2~3도만 올라가도 전쟁이 일어날 가능성이 있다고 말한다. 이것은 제3세계라 불리는 아프리카, 라틴아메리카의 개발도상국가에만 해당하는 일이 아니다. 우리나라도 심각하다. 우리나라의 곡물 자급률은 22.6% 정도다. 이는 세계적인 식량 위기가 오면 상당한 국가적 리스크로 작용할 것이다.

그럼 강원도 고랭지역에서는 어떤 작물을 재배해야 하는가? 인제군이 파프리카와 오미자 재배에 눈 돌리는 것은 좋은 예다. 인제 오미자는 품질이 우수해 다른 지역에 비해 거래 가격이 높다. 인제 서화 파프리카 수출 단지에서는 수출용 파프리카 재배가 활발히 이뤄지고 있다. 반면 주로 남해안 등지에서 재배되는 난지형 마늘은 산악지역을 제외한 남부지역 전역에서 재배할 수 있게 된다. 기후변화에 대비하는 정책과 계획이 수립되면 리스크는 최소화할 수 있다는 이야기다.

한반도 기후 아열대화는 위기이자 기회일 수 있다. 한반도 기온이 2도 오르면 쌀 생산량은 평년 대비 4.5% 감소한다. 사과재배 면적은 66% 줄어든다. 하지만 망고스틴, 구아바, 파파야 같은 열대작물은 우리 농가의 새로운 소득원이 될 것이다. 한반도 아열대화는 우리 농가의 위기이기도 하지만 기회일 수도 있는 것이다. 고온에서도 적응 가능한 고품질의 벼와 고온·습해에 견디는 무와 배추 등 신품종 개발이 시급하다. 혹서기에도 돼지나 젖소가 스트레스를 받지 않도록 하는 방지기술도 좋은 아이템이다. 선진국에서 기후변화에 대응하기 위한 방안 중 하나인 식물공장[28]의 현실화 작업도 필요하다. 그리고 기존의 패러다임을 바꾸는 작업도 필요하다. 저탄소·친환경 선진 농법으로 탈바꿈하는 것이다. 이를 위해 저탄소 농법으로 재배한 농축수산물들은 인증 표시를 해준다. 인증제도를 실시한 영국과 일본, 프랑스 등 선진국에서 일반 국민들의 반응은 물론 농가의 반응 또한 좋은 것을 보라. 인증을 받은 농산물이 평균 10% 이상 비싸도 더 많이 팔리고 있다. 이처럼 리스크를 줄이는 노력이 있어야 한다. 기후변화를 정확히 예측하는 능력, 예측된 기후변화를 농업정책에 반영하는 것, 국민들의 컨센서스를 이끌어내는 것, 이런 것들이 합해질 때 기후변화로 인한 리스크는 헤지되지 않을까?

---

28 식물을 시설 안에서 빛, 온도, 습도, 이산화탄소 등 재배환경을 인공적으로 제어해 계절에 관계없이 자동으로 연속 생산하는 시스템이다. 일조시간이 짧은 북유럽에서 발전했다.

농민들은 풍수해보험이나 농작물 재해보험으로 리스크를 줄일 수 있다. 그러나 매년 증가하는 자연재해에 보험업계의 리스크는 어떻게 해결해야 할 것인가?

"교통사고, 눈 오는 겨울보다 여름에 더 잦다"

2012년 8월 8일 《서울신문》 기사 제목이다. 사람들은 눈 오는 겨울이 교통사고가 더 많은 것으로 알고 있다. 그러나 실제는 정반대다. 여름에 교통사고가 더 많이 일어난다. 정말일까? 경찰청 자료를 보니 확실하다. 1977년부터 2011년까지 35년간 혹서기인 7월에 발생한 교통사고는 63만 9,237건(8.8%), 8월에 발새한 교통사고는 64만 5,987건(8.9%)이다. 반면, 혹한기인 1월에 발생한 교통사고는 51만 1,494건(7.0%), 2월에 발생한 교통사고는 47만 2,535건(6.5%)이다. 혹서기인 여름이 혹한기인 겨울보다 교통사고가 훨씬 더 많다.

여름철에 교통사고가 더 많은 이유는 무얼까? 날씨 때문이다. 더위로 인한 졸음운전이 가장 크고 운전자의 부주의가 그 다음이다. 최석훈 도로교통공단 교통사고종합분석센터 과장은 "여름에 차 안에서 에어컨을 틀면 내부 공기 순환이 제대로 안 돼 운전자가 졸게 되는 경우가 많아진다"면서 "고온다습한 날씨에 불쾌지수까지 높아지면 운전자의 집중력이 떨어지기 때문에 여름철 교통사고가 겨울보다 잦은 것"이라고 설명한다. 실제 최근 5년간 휴가철 7~8월에 발생한 교통사고 가운데 62%가 졸음운전이었다. 여름은 겨울보다 낮 시간이 길어 야외활동이 많은 것도 하나의 원인이다. 뜨거운 햇살 때문에 생기는 눈부심과 도로의 신기루 현상 등도 사고 유발 원인이 된다. 가열된 도로에 빛이 굴절돼 생기는 신기루 현상은 마주 오는 차량이나 보행자를 못 보게 만들기도 한다. 찜통 열대야도 집중력을 방해해 사고율을 높이는 원인이 된다.

2013년 1월 1일 중부지방에 눈이 내렸다. 손해보험사들이 표정이 굳

●●● 사람들은 눈 오는 겨울이 교통사고가 더 많은 것으로 알고 있다. 그러나 실제는 정반대다. 여름에 교통사고가 더 많이 일어난다. 여름철에 교통사고가 더 많은 이유는 무얼까? 날씨 때문이다. 여름에 차 안에서 에어컨을 틀면 내부 공기 순환이 제대로 안 돼 운전자가 졸게 되는 경우가 많아지고, 고온다습한 날씨에 불쾌지수까지 높아지면 운전자의 집중력이 떨어지기 때문에 여름철 교통사고가 겨울보다 잦은 것이다.

어졌다. 수익성에 빨간불이 켜졌기 때문이다. 빙판길 사고가 급증하면 보험료 지급액이 크게 늘어난다. 손해보험업계에 따르면 폭설과 한파로 인해 2012~2013년 겨울에 자동차보험 손해율이 급격히 상승했다고 한다. 자동차보험 손해율이 올라가면 곧바로 보험료 지급액이 커진다. 손해보험사들이 울상이 될 수밖에 없는 이유다. 2012년 여름에 기록적인 폭우로 자동차보험 손해율은 80% 중반대까지 상승했다고 한다. 그런데 겨울에는 한파와 함께 폭설이 자주 내려 손해율이 80% 후반까지 상승한 것이다. 현대해상 관계자는 "손해율이 1% 상승할 경우 보험금 월 지급액이 16억 원 증가한다. 연간으로 따지면 190억 원의 보험금 지급액 상승이 일어나는 셈"이라고 말한다.

폭설이 내리면 손해보험사들이 발을 구르는 것은 사고 건수가 늘기 때문이다. 손해보험협회 조사에 의하면 눈이 왔을 때 사고 건수는 눈이 안 오는 날보다 최고 81.6% 증가한다. 긴급출동 신청 건수도 급증하고 있다. 하루 평균 차량 사고는 약 2만 1,000건 발생하며, 사상자는 약 6,500명이다. 또한 폭설이 내리면 출동도 대폭 늘어난다. 2013년 1월 초에 내린 폭설 때 하루 동안 7만 3,000건이 넘는 긴급출동 요청이 쏟아졌다. 보험사들의 수익이 악화되는 원인이다.

"폭설에 발목 잡힌 손보사 이익 '뚝'"

2013년 3월 1일《매일경제》기사 제목이다. 유독 날씨가 춥고 눈이 많이 왔던 2013년 1월 손해보험사들 이익이 '뚝' 떨어졌다. 자동차보험 위주로 손해율이 높아지면서 손해보험사들 이익은 일제히 '전년 대비 마이너스'를 기록한 것이다. 3월 1일 각 손해보험사가 공시한 공시자료에 따르면 삼성화재와 현대해상, 메리츠화재, LIG손해보험 등 주요 손해보험사들의 1월 영업이익·당기순이익은 지난해 같은 기간에 비해 큰 폭으로 하락했다. 삼성화재는 영업이익 842억 원으로 지난해 같은 기간에 비해 22.8% 감소했고, 당기순이익은 22.3% 줄어든 632억 원으로 집계됐다. 현대해상은 영업이익이 전년 대비 38.1% 하락한 293억 원, 당기순이익은 40.7% 떨어진 203억 원으로 나타났다. 폭설의 위력이 대단함을 보여주기도 했지만, 폭설의 리스크에 대비하지 못한 손보사들의 무기력도 보여준 사례였다.

  폭설은 손해보험사들에게는 재앙이지만 폭설 수혜업체에게는 너무나 반가운 소식이다. 손해보험사들이 울상을 짓는 사이 겨울철 난방용품 및 눈과 관련된 상품들은 날개 돋친 듯 팔렸다. 예를 들어보자. 갑작스럽게 폭설이 내리면 스노체인 등 관련 용품이 불타나게 팔린다. 2013년 1월 초 중부지방을 중심으로 5~8센티미터에 달하는 폭설이 내렸다. 대형 마트, 편의점, 온라인 상점마다 각종 제설, 월동, 방한용품, 먹을거리 판매가 급증했다. 이마트 분석에 의하면 스노체인, 김서림 방지제, 성에 제거제 등 겨울철 차량용품의 매출이 급증했다. 특히 스노체인은 평소보다 30배 이상 많이 팔려 3254%나 증가했다. 완전 대박이었다. 주간 매출에서는 스프레이체인이 전주보다 628% 급증했다. 스노체인은 526%, 김서림 방지제는 424%, 성에 제거기는 328%나 판매가 늘었다.

  손해보험사들은 리스크를 줄이기 위해 머리를 짜내고 있다. 폭설 등으로 기상특보가 발령될 경우 실시간 기상특보 알림문자 서비스를 실시해

사고를 줄이기로 했다. 교통사고 피해를 예방하기 위해 포트홀$^{pot\ hole29}$, 파손된 교통안전시설물, 상습결빙도로, 불법 주정차 등 도로 위험요인을 국민이 직접 지자체에 제보하는 캠페인도 벌이기로 했다.

그리고 "기온이 섭씨 영하 5도 이하일 때는 대중교통을 이용하라"라는 캠페인도 벌인다. 2013년 12월 손해보험사들의 긴급출동 서비스는 159만 건이었다. 이 가운데 80% 이상이 한파로 인한 피해 신고였다. 특히 영하 5도 이하일 때 긴급출동 서비스 신청이 8만 건으로 가장 많이 접수되었다. 기온이 더 떨어질수록 증가하는 것으로 분석되었다. 영하 4도일 때는 약 4만 건에 불과하다가 기온이 영하 5도 이하로 떨어지면, 영하 4도일 때보다 2배 증가한다. 그렇다면 영하 5도 이하일 때에는 자가 차량이 아닌 대중교통을 이용하는 편이 경제적이고 안전하다고 볼 수 있다. 이런 사실을 홍보하여 사고율을 줄이자는 것이다. 지구온난화로 인한 기후변화는 미래의 기후를 우리가 상상하는 이상으로 변화시킬 것이다. 자연재해로부터 피해를 헤지하는 노력은 우리들에게 달려 있는 것이다.

■ 겨울철 유의해야 하는 운전 습관

- 도로가 결빙됐을 경우 급브레이크를 밟지 말고 브레이크 페달을 2~3회에 나눠 밟는 습관을 들이자.
- 차간 거리를 평소보다 길게 유지한 채 앞차가 지나간 자국을 따라 달리자.
- 천천히 출발하고 운전하자.
- 커브길 진입 전 미리 감속하자.
- 차량 운행 전 차량 상태 점검하고 스노체인을 준비하자.
- 실외 주차 시 눈보라 반대방향으로 주차하는 것을 습관화하자.

---

29 아스팔트 포장의 공용 시에 포장 표면에 생기는 국부적인 작은 구멍. 발생 원인은 시공시의 전압(轉壓) 부족, 혼합물의 품질 불량 외에 배수 구조 불량 등이 있다.

05
금융으로
미래 기후의 위험을
헤지하라

날씨가 급속하게 변해가고 있다. 산업은 직간접적으로 날씨와 연관이 있기에 날씨에 따라 웃고 운다. 웃을 때야 좋지만 예상 못한 나쁜 날씨로 인해 손해를 보면 타격을 받게 된다. 날씨가 나쁠 때 손해를 덜 볼 수 있도록 대비하는 것이 날씨보험이다. 날씨와 관련된 보험시장이 급속하게 성장하는 것도 급격한 기후변화로 날씨를 예상하기가 힘들어지고 있기 때문이다. 날씨보험과 관련된 금융 부문은 기상산업의 규모와 질을 획기적으로 향상시킬 수 있는 블루오션 산업이다.

최근 세계적으로 가장 큰 기상재난의 해는 2011년이었다. 칠레 지진, 아이티 지진, 일본 동북부지방의 지진 등이 겹쳐 일어났다. 아이티 지진으로 22만 명이 죽고 일본 대지진으로 4만여 명이 죽었지만, 재산피해는 칠레 대지진이 가장 컸다. 보험손해액만 9조 원을 넘어섰다. 보험업계에 따르면, 2011년 전 세계의 자연재해로 인한 보험손해액[30]이 380억 달러(약 41조 원)였다. 2009년에는 보험손해액 30억 달러(3조 2,000억 원) 이상의

---

30 자연재해 시 보험에 든 건물과 인명 등에 대한 지급액을 의미한다.

대형 자연재해가 1건에 그쳤다. 그러나 2011년에는 3건이나 발생해 손해액이 급증한 것이다. 자연재해는 보험가입률이 높지 않다. 따라서 해당 국가의 경제피해액은 보험손해액보다 5~10배 정도 많다. 특히 후진국으로 갈수록 피해액은 급증한다.

2011년 최대 자연피해는 3월 발생한 일본 대지진이다. 손실액만 100조 원이 넘고 보험손해액만 10조 원이 훌쩍 넘었다. 다음으로 2월 27일에 발생한 칠레 대지진이 추정 보험손해액만 85억 달러(9조 2,000억 원)에 달했다. 2월 27일과 28일에 프랑스, 벨기에, 독일에 불어 닥친 신시아 겨울폭풍으로 인한 보험손해액이 36억 5,000만 달러(3조 9,000억 원), 9월 4일에 일어난 뉴질랜드 대지진으로 인한 보험손해액이 30억 5,000만 달러(3조 3,000억 원)를 기록했다. 그 다음 5월의 미국 폭풍·우박이 20억 달러(2조 1,000억 원), 4월의 미국 홍수가 15억 달러(1조 6,000억 원), 3월의 호주 폭풍·우박이 10억 6,000만 달러(1조 1,000억 원), 6월 프랑스와 스페인 홍수가 8억 7,000만 달러(9,400억 원), 10월의 미국 토네이도·우박·홍수가 7억 5,000만 달러(8,100억 원) 순이었다. 이 나라들보다 자연재난이 더 컸던 나라가 아이티, 중국, 파키스탄이다. 그럼에도 순위에 들지 못한 것은 보험가입율이 낮기 때문이다.

인명 피해를 살펴보면, 아이티 대지진으로 22만 명이 사망했고, 6월 15일 러시아는 최고 40도가 넘는 살인 더위로 5만 5,630명이 사망했다. 중국은 4월 14일에 진도 6.9의 지진으로 2,968명, 5월 29일에는 몬순 강우로 인한 홍수로 2,490명, 8월 8일에는 폭우로 인한 홍수, 진흙사태로 1,765명이 죽었다. 7월 21일에는 파키스탄에서 몬순 강우로 인한 홍수로 1,980명이 숨졌다. 파키스탄에서는 홍수로 전 국토의 20%가 잠기고 200만 명이 넘는 이재민이 발생했다. 중국도 홍수로 60조 원에 달하는 경제피해가 발생했다. 그러나 이 가운데 보험으로 보상을 받을 수 있는 액수는 1조 원에도 미치지 못했다. 자연재해보험이 선진국에서는 보편화되어 있다. 그러나 후진국은 가입률이 낮아 대형 자연재해가 발생하면 개인이나 국가가 비용을 떠안아야 한다.

2011년에 이어 2013년에도 지구촌에 이상기후로 인한 자연재해가 급증했다. 2014년 1월 7일 유럽 재보험사 뮌헨리가 2013년에 전 세계적으로 1,250억 달러 이상의 경제적 비용이 발생했다고 발표했다. 뮌헨리는 "지난해 전 세계의 자연재해로 인한 피해는 평년보다도 많은 수준을 기록했다"며 "지구촌 곳곳에서 크고 작은 자연재해가 약 880건 발생했고 2만 명 이상이 목숨을 잃었다"고 전했다. 특히 2013년 11월 필리핀을 강타했던 태풍 하이옌HAIYAN[31]은 엄청난 피해를 가져왔다. 추정되는 경제적 피해는 100억 달러 이상으로 알려졌다. 이는 필리핀의 연간 경제산출량의 5%에 해당하는 규모다. 루드거 아놀두센 뮌헨리 아시아지역 이사는 "파괴적인 힘을 가진 태풍이 동남아시아의 해안지역과 내륙지역을 위협하고 있다"며 "자연적 주기에 기반한 분석에 따르면 올해에는 더 강력한 태풍이 발생할 수도 있다"고 전망했다. 하이옌보다 더 큰 경제적 손실을 유발한 것은 2013년 6월에 시작된 중부 유럽지역의 홍수였다. 총 손실액은 약 152억 달러로 추산됐으며 보험손해액만 30억 달러에 달한 것으로 전해졌다. 7~8월에 유럽에서 발생한 우박을 동반한 폭풍우도 엄청났다. 당시 독일의 보험손해액은 사상 최대 규모인 41억 달러에 달했다.

기후변화로 인한 재난으로 지난 40년 동안 보험업계는 자연재해로 인한 피해 보상금을 지급하느라 정신을 못 차렸다. 자연재해에 대한 보험시장이 등장한 지 40년간 자연재해는 놀랄 만큼 증가했다. 1970년대 이후 보험업계의 손실은 매년 10%가량 늘어나 2008년에는 2,000억 달러에 달했다. 피해 규모가 이런 속도로 늘어난다면 2065년에는 피해액 규모가

---

31 2013년 11월 4일 필리핀에 큰 피해를 입힌 제30호 태풍. 명칭은 중국에서 제출한 것으로 바다제비를 의미한다. 필리핀 기상 당국에 의하면 하이옌은 필리핀 중부 이스턴 사마르 지역에 상륙할 당시 태풍 중심부 최대풍속 235킬로미터/시, 최대 순간풍속 275킬로미터/시를 기록했다. 또한 필리핀 중부를 지나면서 그 위력이 점차 강해져 평균최대풍속이 315킬로미터/시, 순간최대풍속이 379킬로미터/시까지 달했다. 이는 태풍 풍속의 가장 높은 등급인 5등급(시간당 260킬로미터 이상의 풍속)을 넘어서는 수준으로, 미국 합동태풍경보센터(JTWC)의 태풍 관측 사상 최고 수준이기도 하다.

한 해 동안 인류가 생산한 모든 가치와 맞먹게 될 것이다. 하버드 대학의 폴 엡스타인Paul Epstein이 1998년의 엘니뇨 피해를 계산해봤다. 날씨와 관련한 피해액은 총 890억 달러에 달했으며, 3만 2,000명이 목숨을 잃고, 3억 명이 집을 잃었다고 한다. 단 한 번의 엘니뇨 현상으로 인한 피해가 천문학적이니 보험업계의 경영이 악화될 수밖에 없다.

세계에서 가장 보험료 상승을 실감하는 곳은 미국의 플로리다일 것이다. 지구온난화로 카리브 해에 허리케인이 점점 많이 증가하고 있으며 강도도 강해지고 있다. 허리케인이 한 번 휩쓸고 가면 남는 것이 별로 없을 정도다. 그러다 보니 이 지역의 주택에 대한 보험금의 액수는 매년 상승한다. 이들은 이제 10만 달러 정도의 기상재해 보험에 공제금deductible[32]까지 덧붙여 내고 있다. 미국 보험업계는 현재 기상재해와 관련된 공제금을 수백 달러나 내고 있는 다른 곳의 주택 소유자들 역시 곧 수천, 수만 달러를 내게 될 수 있다고 예상한다. 보험업계에서는 기상재해가 급증하게 되면 보험업계가 장기적으로 보험금 지불 청구액을 감당할 수 있을지 의문을 갖고 있다.

기후변화로 인한 피해액의 급증은 국가나 기업, 국민들을 휘청거리게 만들었고, 보험회사들을 파산시켰다. 위험을 헤지하고 다양한 대응을 하기 위한 방법은 없을까? 독일의 환경단체인 저먼 워치German Watch는 기후변화펀드체제CCFM, Climate Change Funding Mechanism를 제안했다. 전 지구적 보험체제를 만들자는 것이다. 기상재해가 커지고 있으니 위험을 보상할 수 있는 보험 시스템을 운영하고 리스크를 관리할 수 있는 국제기구를 만들어 그 기구가 전적으로 책임지고 운영하도록 하자는 것이다. 그러나 국제적인 반응도 시원치 않았고 현실적으로 만들기도 어려웠다. 이에 재보험사[33]들이 선제 대응을 시작했다. 재보험사는 쉽게 예측하기 어려운 태풍이나

---

32 재해가 실제로 일어날 때 지불해야 하는 돈.

33 일반 보험회사들이 감당하기 힘든 위험을 다시 보험으로 막아주는 보험회사를 위한 보험회사다.

●●● 세계에서 가장 보험료 상승을 실감하는 곳은 미국의 플로리다일 것이다. 지구온난화로 카리브 해에 허리케인이 점점 많이 증가하고 있으며 강도도 강해지고 있다. 허리케인이 한 번 휩쓸고 가면 남는 것이 별로 없을 정도다. 그러다 보니 이 지역의 주택에 대한 보험금의 액수는 매년 상승한다.

지진, 홍수 등과 같은 기상이변에 대한 위험을 평가하고 해당 상품에 대한 가격을 설정하는 데 도움을 준다. 농담으로 장기기상예보를 가장 잘 아는 곳이 재보험사라는 말을 한다. 그만큼 이들은 특정한 재해로 인한 피해액과 피해 가능성을 미리 예측해야 하기 때문이다. 우리나라에도 세계적인 재보험사가 있다. 바로 코리안리^{Koreanre}다.

재보험 분야는 미래 기후변화시대에 블루오션

"코리안리, 넉달간 순익 828억 원, 자연재해·대형 사고 없어 전년 대비 750% 증가… 역대 최고 수준."

재보험사인 코리안리가 2013회계연도 들어 7월까지 역대 최고 수준의 순이익을 달성했다. 경기 침체와 저금리 기조의 장기화로 1분기 손해보험사들의 순이익이 반토막 난 것과 비교하면 괄목할 만한 실적이다. 4개월간의 매출액(수재보험료)은 2조 1,400억 원을 기록했다. 코리안리는 2013회계연도가 시작되고 4월부터 7월까지 828억 원의 당기순이익을 기록했다. 같은 기간 역대 최고치인 2011년 당기순이익(831억 원)과 엇비슷한 규모였고, 전년과 비교하면 무려 750%나 급증했다. 반면, 손해보험사들의 2013회계연도 1분기(4~6월) 당기순이익(4,387억 원)은 전년 대비 반 토막 났다. 코리안리의 이 같은 순익은 해외부문 실적 호전과 리스크 관리 강화 때문이다. 코리안리 관계자는 "보험계약의 인수 여부를 결정하는 언더라이팅^{UnderWriting34}을 강화해 불필요하게 나가는 보험금을 최소화하는 데 노력을 기울인 결과"라고 설명했다. 운도 작용했다. 2013년 상반기 중에 태풍 등 자연재해가 없었고, 7월 미국 샌프란시스코에서 발생한 아시아나 항공기 사고를 제외하면 별다른 대형 재해도 발생하지 않았다. 아시아나

---

34 생명보험 계약시 계약자가 작성한 청약서상의 고지의무 내용이나 건강진단 결과 등을 토대로 보험계약의 인수 여부를 판단하는 최종 심사 과정을 말한다.

항공기 사고로 인한 코리안리의 손해액은 23억 원 선에서 그친 것으로 파악됐다.

2013년 9월 13일 《아시아경제》의 기사 내용이다. 그런데 석 달 후인 12월 9일에는 이와 정반대의 기사가 실렸다.

"코리안리, 순익 줄어드는 이유는?"

코리안리가 예상치 못한 악재로 고전하고 있다. 지난 6월 취임한 원종규 사장은 수익성을 강조했지만, 정작 취임 후 수익성은 악화되고 있다. 코리안리의 월별 순이익은 7월 254억 원, 8월 196억 원, 9월 50억 원, 10월 27억 원으로 뚜렷한 하향세를 보이고 있다. 이런 추세가 연말까지 이어지면 올해 순이익 목표인 1,350억 원 달성은 사실상 어려울 것이라는 평가다. 주가 역시 지난 10월 1일 1만 2,850원을 기록한 뒤 1만 1,350원까지 내려갔다. 재보험사인 코리안리의 부진은 전 세계에서 나타나고 있는 기상이변이 가장 큰 원인으로 지목된다. 지난 8월 유럽 홍수로 74억 원의 보험금이 지출된 게 대표적이다. 지난 9월 SK하이닉스 중국 공장에서 발생한 화재도 수익성 악화의 원인으로 꼽는다.

무엇이 문제였을까? 바로 날씨다. 재보험사는 날씨가 도와주지 않으면 어렵다. 9월만 해도 장밋빛 전망이었지만 바로 뒤이어 터진 유럽 홍수로 실적이 급전직하急轉直下한 것이다.

이런 어려움은 우리나라 보험사에만 해당하는 것은 아니다. 2014년 1월 3일 《헤럴드경제신문》의 기사를 보자.

"독일, 기후변화에 '보험사 수난시대'"

독일보험협회GDV에 따르면 지난해 독일 보험사들이 이상기후로 발생한 피해에 대해 지급한 배상액이 70억 유로(약 10조 원)에 달하는 것으로 집계됐다고 현지 언론들이 전했다. 이는 독일 보험사들이 보험 가입자에 지급한 배상금 규모로는 지난 2002년 이래 최고 수준으로 급증한 것이다. 알렉산더 에르트란드 GDV 회장은 "최근 몇 달간 극심한 이상기후 현상이 집중적으로 발생했다"며 "지난해는 보험업계에 특히 힘든 해"였다고 설명했다. 실제로 지난해 독일에서는 홍수 등 이상기후가 전국에서 잇달아 발생했다. 재산 피해는 수십억 유로에 달하는 것으로 전해졌다. 또 지난해 10월과 12월에는 때아닌 태풍에 시달렸다. 최대 풍속 158킬로미터/시에 달하는 슈퍼 태풍 '자베르'와 '세인트주드'가 독일 연안 지방을 연이어 덮쳐 피해가 속출한 바 있다. 에르트란드 회장은 "기후변화로 인한 보험업계의 피해는 앞으로 더욱 심각해질 수 있다"며 "달라진 환경에 대한 철저한 대비가 필요하다"고 지적했다.

지구온난화로 인해 미래에 기후변화는 더욱 심각해질 것이다. 어떻게 해야 기후변화에 대처하는 미래 비즈니스가 될 수 있을까? 스위스리^{Swissre} 재보험의 사례는 우리에게 많은 이야기를 해준다.

《아시아경제》에서는 "선진 보험시장, 유럽을 가다" 편에서 스위스리를 취재했다. 기사 내용은 다음과 같다.

전통적인 보험 영역으로는 고객이 처한 위험요소를 모두 대비할 수 없는 시대가 됐습니다. 하지만 스위스리는 1990년대 후반부터 이에 대한 대응책을 준비해왔습니다. 스위스리의 경쟁력은 여기에서 나옵니다.

1863년 설립된 스위스리는 독일 뮌헨리와 함께 세계 재보험시장의 양대 산맥으로 평가받는다. 전 세계 20여 개국 48개 사무소를 갖고 있는 글로벌 기업이다. 2013년 무려 42억 100만 달러의 순이익을 기록했다. 이는 전년 대비 60% 급증한 실적이다. 스위스리가 다른 보험사나 재보험사들이 고전을 하는 데 비해 견실한 경영을 하는 비결은 무엇일까? 이들은 재보험뿐 아니라 위험을 전가할 수 있는 다양한 형태의 기법을 개발하고 있다. 실제 손해가 발생해야 보상이 이뤄지는 전통적인 보험뿐 아니라 손해 발생 가능성까지 헤지하는 식의 보험까지 론칭하고 있는 것이다. 이들의 재보험을 제외한 리스크 관리 부문 순이익만 전년 대비 2배 이상 증가한 1억 9,600만 달러였다. 아직은 재보험의 영역에 비하면 적은 액수지만 신성장 동력을 만드는 하나의 예다.

스위스리의 미래 지향성을 보여주는 대표적인 사례는 날씨파생상품 개발이다. 이 회사는 1999년부터 날씨파생상품을 선보이고 있다. 현재는 전세계 시장의 25%를 차지할 정도로 대단하다. 현재 날씨파생상품 시장이 적지만 앞으로 폭발적인 성장이 이루어지는 영역으로 판단하고 있다. 스위스리는 손해를 입지 않기 위해서 방대한 자료를 분석한다. 빅데이터^{big}

<del></del>data를 경영에 이용하는 것이다. 미래기후변동지수를 만들기 위해서 과거 수십 년치 자료를 분석한다. 스위스리는 각국 실정에 맞는 맞춤형 보험도 선보였다. 2010년 베트남에서는 국영농업은행과 손잡고 농작물재해보험을 제안하기도 했다. 이 역시 전통적인 방식이 아닌 객관적 자료에 근거한 지수형 보험 형태다.

이러한 스위스 리의 전략에 새로운 사업 시장을 창출한다면 어떨까? 예를 들면 재생에너지 분야 등에서 신기술에 대한 추가적인 보험상품을 만드는 것이다. 풍력 발전 단지의 경우 운영 과정에서 바람이 너무 약하거나 강할 경우, 태양광 사업에서 일조량이 적은 경우 발생하는 위험에 대한 보험 등이다. 우리나라의 자연재해보험 부분이나 재보험산업이 역동적으로 성장해나가는 것은 바람직하다. 우리나라 보험산업이 미래를 대비해 역량을 쌓아가고 투자를 한다면 머지않아 글로벌적인 재보험산업을 이끌어나가지 않을까? 재보험 분야가 미래 기후변화시대에 블루오션 분야가 될 것이라는 생각을 하게 되는 이유다.

네덜란드의 보험회사인 ABN AMRO 사는 1980년부터 2003년까지 23년 동안 서유럽 · 북유럽 · 북미 지역의 산업을 대상으로 기후위험을 조사했다. 세계 보험시장 정보를 제공하는 리액션스^{Reactions} 사와 공동으로 2005

년에 기후위험지도를 발표했다. 조사에 의하면 과거 23년(1980~2003) 동안 서유럽과 북유럽 국가들은 기후변화로 인해 28억 유로의 경제적 손실을 입었다. 네덜란드, 덴마크, 영국, 스페인, 이탈리아, 스웨덴, 노르웨이 등 일부 국가들의 산업들은 최대 30% 정도까지 생산량이 감소되었던 경우도 있었다. 기후변화가 산업에 엄청난 영향을 미친다는 것을 잘 보여준 조사였다.

미국도 이와 유사한 조사를 실시한 뒤, 중부지역과 남부지역, 동부해안 지역과 버지니아 등이 기후변화에 가장 취약하며, 향후 25~30% 정도의 생산량이 하락할 것으로 전망했다. 미국 전체적으로 자연재해로 인한 경제적 손실은 이 기간 중 59억 유로이며, 폭풍으로 인한 손실은 남동지역에만 17억 유로에 이른 것으로 조사되었다. 유럽보다 미국의 자연재해 손실액이 큰 것은 허리케인과 토네이도, 폭풍, 폭설 등 자연재해의 강도가 더 크기 때문이다. 이 조사에서 우리가 생각해보아야 할 것은 갈수록 잦아지는 기상이변으로 발생한 자연재해 피해가 상상을 초월할 정도로 늘어나고 있다는 점이다. 조그만 농작물 피해가 아닌 태풍이나 지진, 토네이도 등으로부터 피해를 보상받을 수 있는 금융보험 상품이 대재해채권CAT-BOND이다. 여기서 CAT은 대재해를 의미하는 Catastrophe의 줄임말이다.

2011년 일본 동북부지방의 대형 지진과 쓰나미, 칠레 대지진, 2013년 필리핀을 강타한 태풍 하이옌은 천문학적인 피해를 가져왔다. 보험회사로서는 피해 보상이 어려웠다. 재보험사도 한계가 있었다. 결국 이런 대형 재해를 보장해주기 위해서는 많은 돈이 필요하다. 대재해채권은 전통적 방법의 위험전가 수단인 초과손해액재보험, 초과손해율재보험과는 다르다. 보험회사가 인수한 자연재해위험을 채권을 통해 자본시장에 전가하는 새로운 형태의 위험관리기법이다. 대재해채권은 재보험을 통해 전가가 어려운 초과위험에 대한 보험료 자산과 보험금 채무를 특수목적회사SPV, Special Purpose Vehicle에 이전한다. SPV는 보험수지차를 담보로 시장금리보

●●● 미국이 유럽보다 자연재해 손실액이 큰 것은 허리케인과 토네이도, 폭풍, 폭설 등 자연재해의 강도가 더 크기 때문이다. 무엇보다도 우리가 생각해보아야 할 것은 갈수록 잦아지는 기상이변으로 인해 발생하는 자연재해 피해가 상상을 초월할 정도로 늘어나고 있다는 점이다. 토네이도나 태풍, 지진 등과 같은 대형 재해의 피해를 보상받을 수 있는 금융보험상품이 대재해채권 (CAT-BOND)이다.

다 높은 이율로 채권을 발행하여 채권판매대금으로 기금을 조성한 후 자본시장에 투자하는 방식이다. 대재해채권의 세계 시장 규모는 2006년에는 170억 달러 정도였다. 그러나 자연재해가 더 빈번히 발생하고 규모도 커지면서 시장도 확대되고 있다. 국내의 잠재적 자연재해보험 시장을 감안하면 우리나라의 대재해채권 시장 규모는 약 1,000억 원이 넘을 것으로 추정되고 있다.

대재해채권의 발행을 위해서 가장 필요한 것이 자연재해 위험의 예측이다. 통상 보험회사가 대재해채권의 발행을 위해 요구하는 기간은 5년에서 10년 후의 기상이다. 장기적인 기상예측 기술의 발달과 자연재해 예측기술, 그리고 선진화된 금융기법이 어우러질 때 대재해채권 시장은 유망한 시장이 될 것이다.

그런데 기후변화의 영향을 정확히 예측한다는 것은 매우 어렵다. 정확한 보험요율을 예측하는 것 역시 마찬가지다. 이상기후현상은 보험회사나 피보험자 모두에게 예상치 못한 손실과 이익을 가져다주는 경우가 점차 많아질 것이다. 그러나 자연재해와 적정한 보험요율을 정확하게 예측할 수 있다면 피해자나 보험업계가 윈윈win-win할 수 있다.

우리나라 보험업계도 다양한 자연재해 예측 기술을 개발하면 더 높은 수익이 보장되리라 생각한다. 예를 들어 자연재해 모델링CAT Modelling 기술이 여기에 속한다. 자연재해 위험을 예측하는 모델링은 과거 데이터베이스DB를 바탕으로 다양한 자연재해 발생 가능성 및 특성을 예측해준다. 자연재해 모델링의 정확도가 높다고 평가받는 회사가 미국의 EQECAT 사, RMSRisk Management Solutions 사, AIR 사 등이 있다. EQECAT 사는 한반도의 태풍 위험에 대한 모델을 보유하고 있다. 우리나라 보험업계도 우리 고유의 모델 개발을 할 필요가 있다. 보험사, 국립기상연구소, 민간기상회사의 연구소 등 관련 기관과의 협력을 통해 일단 한반도에 대한 독자적인 자연재해 모델CAT Model을 만들어야 한다는 것이다. 그 이후 글로벌적인 자연재해 모델을 만들어 세계로 진출하는 것도 하나의 전략이다.

●●● 대재해채권의 발행을 위해서 가장 필요한 것이 자연재해 위험의 예측이다. 통상 보험회사가 대재해채권의 발행을 위해 요구하는 기간은 5년에서 10년 후의 기상이다. 장기적인 기상예측 기술의 발달과 자연재해 예측 기술, 그리고 선진화된 금융기법이 어우러질 때 대재해채권 시장은 유망한 시장이 될 것이다.

예를 들어, 태풍과 홍수, 폭설뿐만이 아닌 해수면 상승이나 극심한 가뭄, 이상기후현상 등에 대한 모델링까지 말이다. 집중호우, 우박, 냉해 등 새로운 형태의 자연재해가 우리 삶에 큰 피해를 주고 있다. 2009년에 우리나라에 가장 많은 피해를 준 기상현상은 태풍이 아닌 냉해였다. 매년 일정한 날씨가 영향을 주는 것이 아니다. 기후가 변화하면서 자연재해의 발생 형태도 더불어 변하고 있는 것이다. 그래서 다양한 기상재해예측 모델이 필요한 것이다.

팁 한 가지를 소개한다. 필자는 기상정보회사인 케이웨더의 예보센터장으로 일하고 있다. 단기예보부터 장기예보까지 예보를 결정하는 일을 한다. 에너지업계나 의류업계에서 요구하는 6개월 장기예보를 만들기 위해 엄청난 자료를 분석한다. 통상 두 달에 걸쳐 작업을 한다. 감사한 것은 필자가 입사한 2009년부터 2013년 여름과 겨울 6개월 장기예보가 다 맞았다는 사실이다. 특히 2012년 강력한 태풍의 내습 예측은 너무나 정확했다. 많은 업계에서 케이웨더 예보를 신뢰하고 고가의 경비를 지출하는 것은 바로 이 때문이다. 날씨회사의 정확한 단기기상예보만으로도 많은 수익을 얻을 수 있는데, 만약 정확한 기상재해예측모델을 만들 수 있다면 금상첨화다. 필자는 우리의 기상기술로 신뢰성 있는 모델을 충분히 만들 수 있다고 생각한다. 이러한 모델을 통해 기후변화로 인해 발생할 가능성이 높은 위험을 정확하게 예측할 수 있다면 재보험이나 대재해채권 산업은 엄청난 대박을 가져올 수 있는 분야다.

06
리스크 헤지의 왕
날씨파생상품

마이클 무어Michael Moore는 〈자본주의: 러브스토리〉라는 다큐멘터리 영화에서 금융위기 이후 위기에 처한 미국을 돌아보며 왜 이 나라가 이렇게 험한 꼴을 겪게 되었을까를 추적한다. 여기서 내린 결론은 재난의 원인이 '금융파생상품'이란 것이었다. 이 다큐멘터리 영화에서 무어는 도대체 '파생상품'이 무엇인지 파헤친다. 그가 내린 결론은 간단하다. 그것은 아무도 설명할 수 없고 또 납득할 만큼 두둔할 수 없는 마법이자 사기라는 것이다. 미국 금융위기를 불러온 서브프라임 모기지 사태subprime mortgage crisis[35]는 은행의 도덕적 해이 탓이 아니었다. 미국 은행들은 신용등급이 낮은 사람에게도 엄청난 대출을 해주었다. 왜냐하면 그에 따르는 위험을 '회피'하게 해줄 수 있는 파생상품이 있었기 때문이다. 이 다큐멘터리 영화를 보고 많은 사람들이 파생상품에 대해 부정적인 생각을 가지게 되었다. 그러나 파생상품 중에 날씨파생상품은 부정적인 요소가 거의 없는 상품이다.

---

35 2008년에 발생한 서브프라임 모기지 사태는 미국의 초대형 모기지론 대부업체들이 파산하면서 시작된, 미국만이 아닌 국제금융시장에 신용 경색을 불러온 연쇄적인 경제위기를 말한다.

2011년 전국을 휩쓴 집중호우와 폭염으로 배추 값이 폭등했다. 한 포기에 1만 6,000원까지 오르면서 김치가 금치라 불렸다. 2013년 여름은 기상조건이 좋았다. 과일과 채소 가격이 폭락했다. 농민들은 날씨가 나빠도 좋아도 걱정이다. 우리나라의 경우 배추 밭떼기가 성행한다. 그런데 2013년처럼 풍년이 들어 배추 값이 폭락하면 유통업자는 계약금을 포기한다. 농민은 앉아서 큰 손해를 보게 된다. 그런데 풍년이 들거나 흉년이 드는 가장 큰 변수는 날씨다. 이런 위험을 헤지하기 위해 나온 상품이 파생상품이다. 다른 나라에서는 수확 이전의 농산물 거래에서 날씨변화 등에 따른 손해 위험을 최소화하기 위한 방법이 강구됐다. 미국 시카고상품거래소CBOT도 그래서 탄생했다. 19세기 중반 CBOT가 선보인 농산물 선물거래는 매매 가격과 인도 시점을 미리 정해놓는 점이 밭떼기와 같다. 차이는 CBOT가 결제 이행을 보증한다는 점이다. 즉, CBOT가 막대한 자금력으로 계약을 보증하는 상품이다. 그렇기에 농민이든 유통업자든 날씨나 작황에 따른 계약 파기의 위험 없이 농산물 거래가 가능하게 된 것이다. 날씨 변동 위험을 헤지하기 위한 농산물 선물거래는 이후 다양한 위험 회피용 금융파생상품의 원형이 됐다.

농산물 거래에서 날씨 위험 회피는 오랫동안 실물 양수·양도를 전제로 한 선물거래에만 의존해왔다. 그러다 1999년 시카고상업거래소CME가 날씨·기후지수를 이용한 선물·옵션상품을 상장했다. 이때부터 날씨 변동 자체가 위험 헤지의 대상이 되는 시대가 시작되었다. 이때 정형적인 현재의 날씨파생상품이 등장한 데는 기후변화도 한몫했다. 기상이변의 심화로 에너지수요 변동성이 증가했다. 에너지산업의 자유화 및 민영화로 경쟁이 심화된 것도 하나의 이유다. 금융공학financial engineering의 발달로 수요 변동 위험회피 수단이 마련된 점도 작용했다. 에너지회사, 재보험사, 투자은행 등이 시장에 참여하면서 날씨파생상품은 본 궤도에 올랐다.

날씨파생상품의 특징은 기업의 매출액 위험으로부터 보호가 가능하다는 점이다. 날씨 위험에 영향을 받는 업종인 에너지, 농업, 제조업, 건설 등에 적용할 수 있다. 특히 보험상품에 비해 저렴하다. 손해사정이 불필요하다. 보험처럼 '전부 아니면 전무'가 아닌 손해의 정도에 따른 보상이 가능하다. 따라서 선진국에서는 신용파생상품 다음으로 가장 많이 성장하고 있는 시장이다.

날씨파생상품을 도입해 대박을 터뜨린 지자체가 있다. 미국 새크라멘토Sacramento 시다. 미국이나 일본 등에서는 지방자치단체에서 독립적으로 전기와 수도를 공급한다. 지자체에 전기공급 시설이 없는 경우 인근 도시에서 비싼 값에 전기를 사와야 한다. 새크라멘토 시의 경우 700메가와트를 생산할 수 있는 수력발전소에 의지하고 있다. 가뭄이 들 경우 전력 생산량은 크게 줄어들 수밖에 없다. 이 경우 모자라는 전력을 인근 도시나 지자체로부터 구입해와야 하는데, 그 비용이 엄청나다. 한정된 지방정부 예산으로 10배 이상의 비싼 전기를 사와 공급하면 시의 재정 적자는 물론 시민들의 세금 부담도 불을 보듯 뻔하다. 이 문제를 해결하기 위해 새크라멘토 시가 도입한 것이 바로 날씨파생상품이다. 세크라멘토 시에서는 가뭄이 발생해 전력 생산량이 줄어들 경우, 보험회사로부터 최고 2,000만 달러까지 보상금을 받기로 한다. 강수량이 적을수록, 전기 가격이 올라갈수록 보상금을 더 받는 조건으로 보험사와 계약을 했다. 이와 반대로 비가 풍족하게 내려 전력 생산량이 늘어날 경우 시는 보험회사에 2,000만 달러까지 보험료를 더 내기로 했다. 이후 새크라멘토 시는 시민들에게 저렴한 비용에 안정적으로 전기를 공급하게 되었다.

투자의 귀재 워렌 버핏Warren Buffett[36]도 날씨파생상품으로 재미를 봤다.

---

36 미국의 5대 갑부로 전설적인 투자의 귀재. 1956년 100달러로 주식투자를 시작해 한때 미국 최고의 갑부 위치까지 올라섰으며, 가치 있는 주식을 발굴해 매입하고 이를 오랫동안 보유하는 것으로 유명하다. 1961년 뎀스터 밀 제조사(Dempster Mill Manufacturing Co.) 회장이 되었으며, 1965년 버크셔 해서웨이 사(Berkshire HathaWay Inc.)를 인수했는데, 1967년 소형 보험회사 2개를 매입하면서 투자지주회사로 변모하게 된다. 버크셔 해서웨이 사는 그 후 블루칩 스탬프(Bluechip Stamp), 시스 캔디(See's Candy), 버펄로 뉴스(Buffalo NeWs), 게이코 보험(Geico Insurance) 등을 인수했다. 워렌 버핏은 뉴욕에서 2,000킬로미터 이상 떨어진 자신의 고향 내브래스카주 오마하를 거의 벗어나지 않지만 주식시장의 흐름을 정확히 꿰뚫는다고 해서 '오마하의 현인(Oracle of Omaha)'이라고도 불린다.

워렌 버핏은 플로리다 주정부와 대규모 허리케인으로 인한 피해가 발생할 때 40억 달러 규모의 주정부 채권을 매입하기로 하는 옵션 계약을 맺었다. 플로리다 주정부는 2005년 카트리나 등 매년 계속되는 허리케인 피해 복구를 위한 자금을 마련하기 위해 채권을 발행해야 했다. 플로리다 주정부는 사기업들과 주택 소유자들에게 판매한 보험만 가지고는 피해 보상액을 마련하기가 어려워지자 채권을 사줄 든든한 매입자를 물색했다. 이들이 찾아낸 사람이 워렌 버핏이다. 버핏은 플로리다 주정부와 허리케인 채권 발행 시 매입을 약속하는 옵션 계약을 2억 2,400만 달러를 받고 맺었다. 플로리다 주정부가 발행하는 채권은 연 이자율 6.5%에 30년 만기다. 그런데 계약한 해에 큰 피해를 줄 것으로 예상됐던 허리케인이 잠잠했다. 허리케인으로 인한 피해가 거의 발생하지 않아 플로리다 주정부가 채권을 발행할 필요가 없어진 것이다. 버핏이 플로리다 주정부와 맺은 옵션 만기가 지나면서 버핏은 옵션 계약 대가로 받은 2억 2,400만 달러를 고스란히 챙겼다. 일종의 날씨파생상품으로 천문학적인 돈을 번 것이다.

우리나라의 경우 날씨파생상품 법률은 제정되어 있으나, 상품이 아직 등장하지 않고 있다. 미래에 날씨파생상품이 유망한 비즈니스가 될 것이라고 보는 이유는 기후변화가 우리가 생각하는 것 이상으로 심할 것으로 예상되기 때문이다. 따라서 많은 기업들은 날씨의 위험으로부터 헤지할 수 있는 날씨파생상품에 투자하게 될 것이다. 극심한 기후변화는 날씨파생상품 개발을 확산시킬 것이다. 증권사와 은행의 경우 날씨파생상품 및 탄소배출권을 통한 상품 개발을, 보험사의 경우 날씨 위험을 담보로 하는 보험상품 개발을 통해 새로운 수익원을 창출할 수 있다.

날씨파생상품에 대해 좋은 글이 있어 소개한다. 2013년 3월 25일《전력경제》에 실린 이승은 한전 경제경영연구원의 글이다.

날씨파생상품이란 날씨 변동성에 기인하는 기업의 재무적 위험을 헤지할 수 있도록 개발된 파생금융상품이다. 이는 주식, 금리, 환율 등의 일반적인 파생상품의 기초자산과는 달리 특정 지역에서 특정 기간 동안 측정 가능한 기온, 강수량, 적설량 등을 지수화하여 기상요소별 선물, 옵션, 스왑상품 등으로 거래된다. 날씨파생상품에 활용되는 기본지수로는 난방지수Heating Degree Day, 냉방지수Cooling Degree Day, 누적평균기온Cumulative Average Temperature 등이 있는데, 이중 난방지수, 냉방지수가 세계적으로 가장 많이 이용된다.

미국, 유럽, 일본 등 선진국에서는 이미 1990년대 후반부터 빠르게 날씨파생상품시장이 성장했다. 1997년 미국은 세계 최초로 에너지산업의 수요 불확실성을 효과적으로 헤지하기 위해 날씨파생상품을 도입했다. 그후 시장 규모가 확대되고 상품 종류가 다양해짐에 따라 2011년 시카고거래소CME에서의 거래 규모는 약 118억 달러로 전 세계에서 가장 큰 시장을 형성했다. 미국 날씨위험관리협회Weather Risk Management Association 조사에 따르면, 2009년 날씨파생상품의 수요층은 전체의 58%가 에너지산업이었으나 2011년 46%로 그 비중이 줄어든 반면, 건설(7%→ 23%)·운송(2%→ 5%)산업 등의 비중이 커지면서 그 수요층의 분포가 다변화되고 있다. 한편 일본은 1998년 아시아 최초로 날씨파생상품을 도입했으며 다양한 영세 수요자들이 참여하고 있어 거래 규모가 미국에 비해 작으며, 소형 날씨상품이 대부분을 차지하고 있다. 특히 기온 관련 파생상품이 전체의 60%, 강우 관련 파생상품이 30%, 기타가 10%로 구성되어 있어 날씨파생상품이 미국에 비해 균형적으로 발달한 것이 특징이다.

최근 지구온난화로 인한 기상이변은 국내외 경제 주체에 대해 예측 불가능한 비용을 야기하는 등 상당한 리스크 요인으로 대두되고 있다. 기상청은 우리나라의 평균기온이 과거 30년 대비 0.2도 상승한 것을 근거로 21세기 말 점차 아열대 기후로 바뀔 것으로 전망하고 있다. 또한 매년 발행하는 소방방재청의 자연재해 피해 규모를 살펴보면 태풍, 호우, 대설, 폭풍, 해일 등으로 인한 연도별 피해 규모가 당해년도 기준으로 2007년 2,500억 원에서 2011년 8,000억 원으로 약 3배 이상 급증했다.

날씨파생상품이 도입됨에 따라 기대되는 효과는 적지 않다. 현재 농작물재해보험에 국한되어 있는 위험관리 수단을 확대하고 국가 차원에서 제도적 기반을 마련한다면, 기업은 자발적인 날씨 위험 관리가 가능해진다. 즉, 기업은 날씨변화로 인한 매출액의 변동 위험을 통제하고 미래 현금 흐름의 변동성을 관리하며 경영상의 리스크를 극복해 기업 활동의 안정성을 도모할 수 있다. 또한 투자자의 입장에서는 신규 투자 파생상품의 등장으로 투자 포트폴리오의 다양성을 확보하여 새로운 투자 기회로 활용할 수 있다.

다행히 우리나라에서도 곧 날씨파생상품이 선보일 것 같다. 2013년 2월 6일《파이낸셜뉴스》는 한국거래소가 파생상품 다변화를 위해 변동성지수, 부동산지수, 날씨기초지수를 개발하고, 선박금융 등 신상품을 도입할 계획이라고 보도했다. 거래소 파생상품 연구센터는 2013년 2월 1일 "미래 신성장 동력을 확보하기 위해 파생상품을 다변화할 필요가 있다"고 밝혔다. 결제 불이행 위험이 있는 장외 파생상품의 단점을 보완하는 방안을 고안해 거래소가 책임지고 결제를 해주는 장내 파생상품 범위를 늘려 미래 성장동력을 확보할 계획이라는 것이다. 날씨파생상품은 기온 급변에 따른 농수산물의 생산성 저하에 가장 유용할 것이다. 이외에도 2014년 봄철 날씨가 따뜻해지면서 벚꽃이 보름 이상 빨리 피었던 사례가 있다. 이럴 때 파생상품을 통해 축제 관계 업체가 직간접적 경제적 손실을 최소화할 수 있는 리스크 관리 수단으로 활용 가능하다. 따라서 우리나라도 날씨 위험 관련 기상통계분석과 냉난방지수 등 파생상품 거래의 기초 자산이 되는 지수 개발 등이 시급하다. 이런 것을 통해 날씨변화로 인한 기업 경영의 리스크 헤지 수단을 마련할 필요가 있는 것이다. 미래의 심각한 기후변화 리스크를 헤지하기 위한 미래의 금융상품은 날씨파생상품인 것이다.

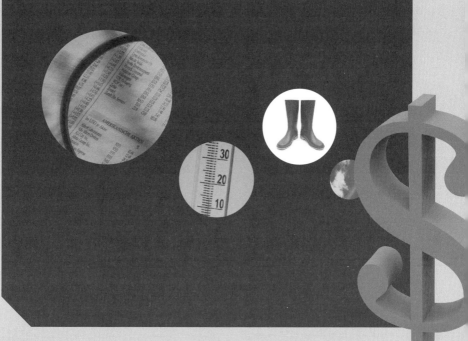

3장

—

날씨를 활용해
대박을 터뜨린
상품과 마케팅

01
날씨에 관한
고정관념을 깨뜨리는
역발상을 하라

"예전에 사업을 했을 때다. 물에 들어가서 사용하는 모든 물놀이 용구를 생산했다. 대만, 일본, 홍콩으로 수출하고 국내에도 판매했다. 수영모자, 물안경, 수영판, 구명조끼 등등 물놀이 용구는 다 손댔다. 어느 해였다. 욕심이 발동했다. 홍콩에서 물안경 전량을 수입했다. 겨울 내내 준비한 물량에 수입 물량까지 더해지면서 물안경은 넘쳐났다. 그런데 이게 웬일이란 말인가! 그해 여름에 냉해가 찾아왔다. 여름이 춥고 태풍이 일찍 왔다. 해수욕장마다 일찍 폐장을 해버렸다. 산더미처럼 쌓인 물안경 재고는 1년을 기다려야 팔 수 있었다. 단지 여름 한 철만 팔리는 물건이니 한숨만 나왔다. 다른 곳에서는 사용할 수 없을까? 문득 최루탄 생각이 났다. 당시에는 대학가에서 데모할 때 최루탄으로 학생들이 고생할 때였다. 최루탄에 가장 취약한 신체 부위가 눈이다. 물안경을 쓰면 괜찮지 않을까? 다른 물안경 회사에 연락했다. 물안경을 사겠다고 하니 덤핑 가격에 넘겼다. 물론 현금도 아니고 1년 후에 결제하겠다는 조건이었다. 대학생에게 물안경을 주어 사용하게 해봤다. 놀라웠다. 최루탄에 아무런 영향도 받지 않는 것이었다. 바로 아르바이트생을 고용했다. 창고에 산더미처럼 쌓여 있던 물안경은 최루탄이 터지는 현장에서 날개 돋친 듯 팔려나갔다. 물안경은 수영할 때만 사용한다는 고정관념을 깨뜨린 역발상의 승리였다."

'소중한 사람들[37]'의 회장 유정옥 씨의 이야기다. 그는 말한다.

"고정관념을 깨라. 사업의 범위를 우리나라에서 전 세계로 넓혀라. 여름 물건에도 겨울 물건을, 겨울에도 얼마든지 여름 물건을 팔 수 있다는 자신감을 가지라."

재미있는 역발상의 예를 살펴보도록 하자. 캠핑 전문가들은 가장 낭만적인 캠핑으로 사계절 중 겨울 캠핑을 꼽는다. 깨끗하고 하얀 눈 속에서 자연의 정취를 맘껏 누릴 수 있기 때문이다. 그러나 아마추어들에게는 꿈같은 이야기다. 전문가와 달리 추위라는 악조건을 이기기 힘들기 때문이다. 여름에 주로 마케팅이 이루어지는 캠핑을 겨울에 상품으로 팔 수는 없을까? '글램핑glamping'이라는 말을 들어보았는가? 'glamorous'와 'camping'을 조합해 만든 신조어다. 북미와 유럽에서 여가 트렌드로 정착한 마케팅이다. 겨울 캠핑을 즐기고 싶지만 비싼 캠핑 장비가 부담스럽다. 이런 사람들을 위해 장비 없이도 캠핑을 즐길 수 있도록 한 것이다. 텐트는 물론 난방기구, 침구류 등 캠핑에 필요한 모든 장비가 갖춰져 있는 신개념 야영이다. 특히 난방기구 등 챙길 것들이 많아지는 겨울철에는 '몸만 오는 캠핑'으로 알려진 글램핑의 인기는 이젠 장난이 아니다. 고기, 채소는 물론 양념, 식기까지 다 준비되어 있다. 모든 게 구비돼 있으니 캠핑을 즐길 시간이 많아져 대환영이다. 최근에는 장비가 좋아지고 안전하게 겨울 캠핑의 분위기를 즐길 수 있는 전문 캠핑장들도 속속 들어서고 있다. 야외 활동을 즐기려는 사람들도 늘고 있다. 이런 것이 매칭되면서 글램핑이 급속히 확산되고 있다. 우리나라 레저업계에서도 서구의 또 다른 캠핑문화인 글램핑 쪽으로 마케팅 방향을 발 빠르게 옮기고 있다고 한다. 꼭

---

37 노숙인들이 새로운 삶의 터전을 찾아 다시 일어설 수 있도록 돕고, 더 이상 노숙자들이 발생하지 않도록 하며, 노인들과 불치병으로 고통받는 사람들이 평안히 안식할 수 있는 쉼터를 운영하는 곳이다.

캠핑장비를 가져야만 캠핑을 할 수 있는 것일까? 겨울에는 캠핑을 한다는 것이 불가능한 것일까? 아니다. 발상의 전환을 하면 새로운 길이 보인다. 머리를 써라. 창조적인 두뇌를……

"마른장마에 긴팔 의류 불티… 왜?"

2013년 7월 1일 《국민일보》 기사 제목이다. 무더운 한여름에 긴팔 옷이 불티나듯 팔릴까? 높은 기온과 강한 자외선으로부터 몸을 보호할 수 있다는 점 때문이다. 의류업체의 발상의 전환이다. 이들이 출시한 긴팔 옷이 백화점에서 불티나게 팔렸다. 롯데백화점에 따르면 무더위에도 불구하고 팔 부위 피부를 보호해주는 긴팔 의류 매출이 크게 늘었다고 한다. 2층의 영캐주얼 브랜드들은 2013년 6월 7부 소매 카디건, 시스루 블라우스, 슬림핏 롱 티셔츠 등 소매가 긴 옷의 매출이 전년보다 35% 신장했다. 아웃도어 브랜드에서 내놓은 기능성 긴팔 의류도 70% 신장했다. 놀라운 대박 아닌가? 여름옷은 짧고 시원해야 한다는 고정관념을 깨뜨린 결과다. 역발상의 승리다. 롯데백화점 잡화 MD팀 K팀장은 "최근에는 레저 활동뿐만 아니라 일상생활에서도 자외선 노출 빈도가 높아 자외선 차단제뿐만 아니라 긴팔 옷 등 기능성이 강화된 다양한 패션 상품들이 인기가 많다"고 말한다. 이와 비슷한 것이 비옷이다. 젊은 사람들은 우산을 쓰려고 하지 거추장스럽게 비옷을 입지 않는다. 이게 상식이다. 그런데 한 우의 제조회사에서는 오히려 앞으로 젊은이들이 더 비옷을 입을 것으로 생각했다. 젊은이들은 노트북과 스마트폰 등 휴대 전자기기를 많이 가지고 다닌다. 이런 전자기기는 빗물이 쥐약이다. 그래서 비에 젖지 않게 하려고 가방까지 덮는 비옷을 선호할 것이라고 예상했다. 결과는 놀라웠다. 오픈마켓 11번가는 2013년 6월에 비옷 판매액을 조사했다. 지난해 같은 기간보다 무려 500%나 증가했다. 우산 매출은 겨우 70% 증가했는데 말이다.

한겨울에 수영복을 팔아라!

이게 말이 되나? 누가 한겨울에 바다나 강으로 수영을 갈까? 그런데 아니다. 2012년 12월부터 2013년 2월까지 우리나라는 기록적인 한파가 닥쳤다. 놀랍게도 계절을 거스른 '역시즌 상품'이 판매 열풍을 일으켰다. 사상 최초로 수영복 매출이 겨울 주력 상품인 스키복 매출을 앞지른 것이다. 물론 몇 년 전부터 이런 조짐은 있었다. 2009년 겨울부터 기온이 급강하해 겨울이 추워지면서 생긴 현상이다. 겨울에 수영복이 팔리는 일 말이다. 이젠 팔리는 정도가 아니라 주력 상품이 되었다. 신세계백화점의 겨울철 수영복 매출 신장률은 2010년에 22.3%였다. 그런데 2012년 겨울에는 거의 150% 이상 증가했다. 대박이었다. 왜 이런 일이 생긴 것일까? 매서운 한파로 동남아 등 따뜻한 나라를 찾는 해외 여행객이 증가했기 때문이다. 여기에 워터 테마파크와 온천 등에서 주말을 보내는 사람들이 늘어난 것도 한몫했다. 기후변화는 우리를 상식 안에서 사고하고 마케팅하게 놔두지 않는다. 누가 여름 상품인 레인부츠를 겨울에 팔 수 있다고 생각했을까? 그런데 아니다. 2012년 겨울은 추운 데다 눈이 많이 내렸다. 레인부츠를 내놓은 업체는 방수에 최적이라고 광고를 했다. 반응은 기대보다 뜨거웠다. 레인부츠 판매 신장률이 여름의 2배 이상 앞지른 것이다. 조금만 발상을 전환하면 기후변화시대에 대박은 내 것이 된다.

직장을 그만둔 친구가 전화를 했다. 조그만 가게를 내려고 하는데 지상 가게의 임대료가 너무 비싸단다. 지하로 가라고 조언했다. "불황-한파에도 끄떡없다… 땅 밑에 꽃피운 '지하경제'"라는 《동아일보》 기사가 생각났기 때문이다. 지하상가의 장점은 무엇일까? 특히 지하철역사 내 상권은 어떨까? 출퇴근 시간대 매출이 급증하고 눈·비 변수에도 고객이 일정하다는 점이다. 날씨 리스크는 없고 오히려 나쁜 날씨에 도움을 받는다. 이 때문에 최근에 지하상가 리모델링이 인기란다. 필자의 조언에 지하철역사 지하상가에 가게를 낸 친구가 계속 함박웃음이다. 기대보다 매상이 많

●●● 2012년 12월부터 2013년 2월까지 우리나라는 기록적인 한파가 닥쳤다. 그런데 놀랍게도 계절을 거스른 '역시즌 상품'이 판매 열풍을 일으켰다. 사상 최초로 수영복 매출이 겨울 주력 상품인 스키복 매출을 앞지른 것이다. 매서운 한파로 동남아 등 따뜻한 나라를 찾는 해외 여행객이 증가했기 때문이다. 조금만 발상을 전환하면 기후변화시대에 대박은 내 것이 된다.

이 오른다는 것이다. 요즘 젊은이들은 지하상가에서 즉흥적인 구매를 많이 한다고 한다. 춥거나 덥거나 비가 오거나 할 때는 지하상가에서 시간을 많이 보내기에 매상도 따라 오른단다. 특히 겨울에 눈이 오면 대박이란다. 교통체증을 염려한 사람들이 지하철로 몰리기 때문이다. 그러다 보니 편의점이나 중저가 화장품가게, 커피전문점 등이 지하 공간으로 밀려든다. 지하 공간 진출에 가장 적극적인 곳은 편의점업계라고 한다. 지상과 달리 아직까지 미개척지가 많다. 환승역의 경우 하루 수만 명의 유동인구가 있다. 미샤와 더페이스샵 등 중저가 화장품 브랜드도 다수의 지하 매장을 운영한다. 퇴근 시간인 오후 6~7시에 매출이 집중적으로 발생한다. 그중 출퇴근길에 가볍게 발라볼 수 있는 색조 화장품이 짱이란다. 테이크아웃 커피전문점도 지하 매장을 늘리고 있다. 미스터피자가 운영하는 머핀·커피전문점 마노핀은 전체 43개 매장 중 33개를 지하철역에 두고 있다. 고유가가 지속되고 이상기후가 많이 나타날수록 지하상가는 더욱 번창할 것이다. 앞으로는 지상상가보다 임대료가 더 높아질지 모르겠다. 그러면 친구가 걱정하겠지만 말이다.

'날씨는 주류회사 영업상무'라고 말한다. 날씨나 계절에 따라 잘 팔리는 술 종류가 정해져 있다는 이야기다. 봄에는 막걸리, 여름에는 맥주, 가을에는 막걸리, 겨울엔 소주가 공식이다. 그러나 최근 우리나라 기후가 급변하면서 이런 공식이 옛날이야기로 변해가고 있다.

2013년 봄은 평년보다 춥고, 비도 덜 내렸다. 막걸리 소비가 줄어들었다. 여름에 접어들면서 중부지방으로는 연일 폭우가 내렸다. 남부지방으로는 폭염이 강타했다. 좁은 나라에서 너무 차이가 나는 기후가 발생한 것이다. 기온이 높아지면서 맥주업계는 신이 났다. 찜통더위와 높은 습도, 우기로 대표되는 아열대성 기후 때문이다. 당초 7, 8월이 '대목'이던 맥주는 무더위가 5월부터 시작되자 매출액이 2배로 껑충 뛰었다. 2013년 6월 사상 처음으로 대형 마트에서 수입맥주 매출이 와인 매출을 뛰어넘었다. 그런데 중부지방으로는 길어진 장마에 기온은 평년 수준이었다. 어떻게 하면 비가 올 때 맥주를 팔 것인가? '청량감'이 최대 장점인 라거 맥주의 아성이 무너졌다. 그러면 진한 풍미의 에일ale[38] 맛을 내는 맥주는 어떨까? 비가 많이 내리는 아일랜드에서 발전한 맥주다. 그저 여름이면 맥주는 잘 팔릴 것이라는 상식을 넘어 오히려 비가 많이 내릴 때 팔릴 수 있는 맥주를 마케팅하는 발상이 신선하지 않은가?

비가 내리면 막걸리는 대박이라는 이야기도 항상 맞는 이야기는 아니다. 2013년 여름 중부지방은 비가 너무 많이 내렸다. 비가 많이 내린 것이 오히려 막걸리 매출을 줄였다. 비가 너무 많이 내리다 보니 막걸리를 먹기보다 집에 가기 바쁘기 때문이다. 여기에 봄과 가을이 짧아지는 것도 매출에 악영향을 준다. 어떻게 해야 할까? 무더운 날 막걸리는 안 팔린다는 고정관념을 버려야 한다. 한 막걸리업계는 슬러시 막걸리를 출시했다. 젊은 이들 사이에서 입소문이 돌았다. 대박은 아니었지만, 매출은 많이 올랐다. 관계자는 가능성을 본 것만으로도 힘이 난다고 말한다.

양모이불로 유명한 회사 대표의 매출 목표가 놀랍다. 아프리카 모든 나라가 양모 이불을 덮게 만들겠다는 것이다. 황당무계해 보인다. 그러나 과연 어떨까? 사고를 고정시키지 마라. 날씨를 보라. 트렌드를 보라. 역발상을 하라. 그러면 돈은 당신의 것이 될 것이다.

---

38 맥주통 위쪽에서 효모를 발표시키는 상면발효 방식으로 만든 맥주를 말한다. 보리로 만든 발효음료라는 뜻의 'alu'가 어원으로 고대 이집트에서 탄생해 현존하는 가장 오래된 맥주 타입으로 알려졌다. 보통 라거 비어(larger beer)보다 더 쓰고 진한 맛이 난다.

02
온도 마케팅으로
대박을 낚아라!

미래창조과학부가 2013년 '2013 DB 매쉬업 공모전'을 열었다. 대상을 받았던 것이 기상 DB와 포털의 검색, 콘텐츠 API[^Application Program Interface]들을 매쉬업[^mashup39]한 앱이었다. 개발자는 수상소감을 통해 "이 앱은 15개가 넘는 DB를 매쉬업하고 빅 데이터를 활용했다. 일기예보를 알려주기만 하는 기존의 날씨 서비스와 달리 이용자의 감성을 파악해 그날에 어울리는 영화, 드라마, 음악, 책 들을 찾아주고 지인에게 선물도 할 수 있도록 했다"고 설명했다. 이용해보니 정말 기가 막혔다. 짱이었다. 날씨를 다른 분야에 연계해 입맛에 딱 맞게 만들 수도 있구나. 와우! 이 앱은 그야말로 대박을 쳤단다.

2013년 여름은 그야말로 폭염이 기승을 부렸다. 남부지방으로는 기록적인 폭염과 열대야 일수를 기록했다.[^40] 기온이 올라가면 사람들이 가장

---

39 업체들이 제공한 웹 서비스나 공개 API를 통해 각종 데이터나 콘텐츠를 받아 각각을 융합하고 변형해 새로운 서비스를 만들어내는 것.

40 기상청이 발간한 「2013 이상기후 보고서」에 따르면, 남부지방과 제주도의 열대야 일수는 각각 18.7일과 52.5일로 1973년 이후 가장 길었다.

먼저 찾는 것은 무엇일까? 더위를 식히기 위해 청량음료를 먼저 찾는다. 대표적인 청량음료인 사이다와 콜라는 더워야 신이 난다. 콜라와 사이다는 기온이 18도가 되면 팔리기 시작한다. 25도가 넘으면 판매량이 급증한다. 특히 25도부터는 1도씩 오를 때마다 콜라는 약 15%, 사이다는 약 10%의 비율로 매출이 큰 폭으로 증가한다. 콜라와 사이다의 운명은 바로 25도에서 결판이 난다. 온도에 따라 판매가 급격히 변하는 온도를 마케팅에서는 '임계온도critical temperature[41]'라고 부른다. 그렇다면 콜라와 사이다의 운명을 가르는 임계온도는 25도가 된다. 콜라와 사이다 업체에서 1도는 무시할 수 없는 큰 차이다.

온도를 마케팅에 활용하는 날씨경영 기법을 '온도 마케팅'이라 부른다. 제품마다 임계온도값을 적극 이용하는 것이다. 일 최고기온이 18도가 되면 청량감을 주는 유리그릇이 팔리기 시작한다. 19도가 되면 반소매 셔츠의 판매량이 늘어난다. 20도가 되면 에어컨이, 24도가 되면 수영복이 성수기를 누린다. 25도가 되면 아이스크림의 판매량이 급증한다. 그런데 아이스크림은 기온이 높아진다고 계속 더 많이 팔리지는 않는다. 30도가 넘으면 지방이 많은 아이스크림 판매는 뚝 떨어진다. 이때부터는 빙수나 셔벗sherbet류의 얼음 아이스크림이 더 잘 팔린다. 2013년 더운 여름 임계온도값을 이용해 대박을 친 상품이 있다. 최근 편의점에서 쉽게 볼 수 있는 1,000원짜리 얼음컵 아이스음료다. 사람들이 30도가 넘으면 얼음을 찾는 데서 힌트를 얻어 얼음컵 아이스음료를 만들었다. 놀랍게도 대박이었다. 세븐일레븐 관계자는 "지난해(2013년) 6월 얼음컵 아이스음료 판매는 전년에 비해 2배가량 증가했다"며 "얼음을 넣어 냉장음료보다 더 시원하게 마실 수 있도록 한 점이 인기 비결"이라고 말한다. 작년 여름이 한창일 때 세븐일레븐에서 하루에 판매되는 얼음컵 아이스음료는 무려 20만 잔에

---

41 사전적 의미의 임계온도는 기체, 액체, 고체상의 상전이 현상에서 나타나는 특이점의 온도를 말하나, 여기서는 각 상품의 특성에 따라 판매량에 영향을 주는 특이점의 기온을 말한다.

●●● 온도를 마케팅에 활용하는 날씨경영 기법을 '온도 마케팅'이라 부른다. 온도에 따라 판매가 급격히 변하는 임계온도를 제품마다 적극 이용하는 것이다.

달했다. 온도를 이용한 날씨경영의 성공 사례로 손색이 없다.

폭염이 닥치면 피서부터 생각난다. 어디 시원한 곳이 없을까? 명나라 왕궁인 여름궁廬陵宮에 양전涼殿이라는 피서 전각이 있었다. 임금이 앉은 자리 뒤에 물레방아 선풍기를 돌리고 전당의 네 구석에 얼음으로 빙산을 깎아 세웠다. 얼음산에 폭포를 내려 쏟아 차가운 얼음 물안개를 방 안에 뿜어댔단다. 얼마나 시원했을까? 양귀비의 오빠 양국충의 피서는 양전을 웃돌았다. 빙병氷屛이라 하는 얼음병풍을 두르고 잔치를 베풀었다.

사치스럽지 않고 돈이 덜 들어가는 이색 피서로 용피선龍皮扇이라는 게 있었다. 당나라 때 왕원보라는 부잣집에서는 삼복에 손님이 오면 가죽부채 하나를 앞에 내어놓았다. 부채에서 시원한 바람이 절로 일어나는데 오래 놓아두면 한기를 느낄 정도였다고 한다. 옷으로 피서하는 방법도 있었다. 양귀비가 가장 즐겨 입고 무더위를 이겨냈다는 옷이 빙잠옷이다. 대설산의 눈 속에서 자라는 누에고치실로 짠 옷으로 너무너무 시원했단다. 우리네 선조들도 무더운 여름을 이기기 위해 최고의 옷을 만들었다. 모시였다. 모시는 살갗에 들러붙지 않고 통풍 공간을 확보해준다. 가는 구멍마다 바람이 솔솔 드나든다. 시원함 외에도 노출미도 짱이다. 〈박타령〉에서는 모시옷으로 새어 들어오는 바람에 뼈마디가 시릴 정도라고 노래한다.

"담양대 땀받이에 한산모시, 고의적삼, 전주죽선은 왼손에 들려라. 군이 죽선 부쳐 무삼 소용이냐. 아흔아홉 발 틈으로 새어드는 바람 아흔아홉 뼈마디가 아리도록 시리는데……."

고전적인 피서법은 사라진 지 오래다. 그래서 2013년 폭염 때 25도를 훌쩍 넘는 열대야가 계속되자 롯데마트에서는 쿨매트가 히트상품 반열에 올랐다. 냉매를 넣어 이불이나 방석대용으로 쓰는 쿨매트 매출은 전년도 8월보다 180% 신장했다. 더위를 식혀주는 효과가 크다는 입소문에 대박을 쳤다. 2013년 여름 마케팅 시장을 뜨겁게 달군 상품이기도 하다.

2009~2012년 겨울의 특징은 평년보다 무서운 혹한이었다. 지구온난화로 기온이 상승한다고 하는데 우리나라는 거꾸로 엄청 추웠다. 추운 날

씨를 이용한 온도 마케팅도 다양하게 등장했다. 추위를 이기기 위한 대박 상품이 온수매트다. 지금까지 전기장판을 사용해왔던 사람들이 전자파로 기피하기 시작했다[42]. 그런데 겨울은 해마다 더 추워졌다. 이때 새로운 상품으로 등장한 것이 온수매트다. 롯데홈쇼핑에서 2013년 9월부터 선보인 온수매트는 방송 3주 만에 65억 원 매출을 달성했다. 2012년보다 무려 2.3배나 매출이 늘어났다. 온수매트는 전기열선 없이 매트 안에 호스를 내장하고 물을 데워 난방하기에 전자파 걱정이 없다는 점이 주효한 것이다. 2011년부터 온수매트를 선보인 귀뚜라미홈시스는 온수매트 시장이 매년 2배씩 성장하고 있으며, 앞으로 기존 전기장판 제품을 대체해나갈 것으로 예상하고 있다고 말한다. 이 회사는 2011년 처음으로 온수매트를 출시한 후 지난해 매출이 약 100% 증가했고 2013년에는 2배 이상 매출이 신장했다고 한다. 온수매트가 대박을 치자 중소기업들도 나섰다. 해주그룹은 무소음 모터를 적용하여 소음을 줄였다. 다이얼 버튼의 온도조절기를 적용해 1도 단위의 온도조절이 가능하게 했다. 심플한 디자인에 소비자 편의를 위한 기능이 어필하면서 이 회사도 지난해에 비해 매출이

---

42 그러나 2013년 11월 20일 방송된 MBC 〈불만제로UP〉에서 단국대 전자파연구실과 함께 시중에 유통 중인 온수매트의 전자파 측정 실험을 한 결과, 측정에 사용한 모든 온수매트에서 전자파가 발생했고, 일부는 전자파 인체보호수치의 5배에 가까운 수치가 나오기도 했다. 매트와 연결된 보일러 모터펌프에서 전자파가 발생했고, 광고 등에서 알려진 '무(無)전자파'는 거짓이었다.

50% 이상 늘어났다.

추위는 의류에도 변화를 가져왔다. 겨울이 길어지면서 환절기 상품들의 매출이 뚝 떨어졌다. 봄가을 패션의 상징이었던 트렌치코트는 매년 매출이 줄어들고 있다. 환절기 외투로 사랑받았던 바람막이 점퍼도 현대백화점에서 최근 5년간 매출이 19.8% 줄어들었다. 환절기용 레깅스도 인기가 시들해졌다. 2008년 비비안이 처음 출시한 7부 길이 레깅스의 매출이 대폭 감소했다. 이에 반해 혹독해지는 겨울철에 대비한 보온용 기모 타이즈와 레깅스는 매년 매출이 크게 늘고 있다. 고가^{高價}인 헤비다운이 최근 몇 년 새 국내에서 '핫 아이템'으로 떠오른 것도 혹한 때문이다. 코오롱스포츠의 발표에 의하면 경량다운 매출은 2008년 대비 34% 줄어들었다.

혹한을 막기에 역부족인 캐시미어 코트는 밀려났다. 지난해 옥션의 캐시미어 코트 매출은 4년 전 대비 65%나 줄었다. 그러나 헤비다운은 추위가 시작된 4년 전에 비해 무려 900% 늘어났다고 한다. 헤비다운을 많이 생산한 업체는 돈을 주워 담은 것이다. 케이웨더 예보를 활용한 제일모직은 그야말로 대박이었다.

4년간 이어진 혹한의 겨울 날씨는 내복시장에도 큰 변화를 가져왔다. 발열내의가 대박을 친 것이다. 일반내의는 이중·삼중으로 원단을 겹쳐 보온효과를 준다. 이에 반해 발열내의는 대부분 흡습발열, 즉 땀과 체온이 섬유와 결합해 열을 내는 방식을 사용한다. 이렇게 만들어낸 열을 섬유 사이의 공기 단열층^{air pocket}에 가둬 온도를 유지한다. 실제 보온효과가 증명되지 않았음에도 정말 엄청나게 팔려나갔다. 특히 일본 의류업계인 유니클로^{uniqlo}의 선전은 대단했다. 유니클로는 몇 해 전부터 발열내의 '히트텍'으로 왕대박을 쳤다. 2008년 18만 장에 불과했던 히트텍 판매는 2009년 75만 장, 2010년 110만 장, 2011년 300만 장으로 급성장하더니 2012년에는 500만 장을 넘었다. 개인적으로 일본 사람들이 밉지만 이들이 날씨를 적극 마케팅에 활용하는 것은 배워야 한다. 발열내의의 인기를 실감할 수 있는 또 다른 좋은 예가 있다. '푸마 히트 웨이브^{heat wave}'는 홈쇼핑 방송시간 1시간 동안 총 주문금액 2억 7,000만 원을 기록했다. 홈쇼핑 사상 최대액수의 내복 판매였다.

내복이 주목받는 것은 3도 정도의 보온 효과가 있기 때문이다. 환경부 실험 결과, 실내온도 19도에서 내복을 입으면 22도로 유지한 것과 같은 피부온도를 보였다. 내복을 입었을 때 따뜻한 이유는 내복 공기층의 단열 효과 때문이다. 옷감 부피의 60~90%를 차지하는 공기는 최고의 천연 단열 재료다. 내복의 공기층뿐만 아니라 옷감과 옷감 사이, 옷감과 피부 사이의 공기층도 보온 효과를 높인다. 전국 1,600만 가구가 난방온도를 1도 낮추면 온실가스인 이산화탄소 배출을 154만 톤이나 줄일 수 있다. 여기에 피부건조증과 감기예방 등에도 도움이 된다고 전문가들은 조언한다. 내복을 입으면 난방비 절감과 건강 증진, 전력난 해소, 온실가스 감축 등 '일석사조一石四鳥'의 효과가 있다. 내복 입기 운동을 대대적으로 벌여야 할 판이다.

유니클로와 푸마의 내복 대박에 국내 업체도 강한 자극을 받았다. 이마트의 SPA브랜드 '데이즈'나 'BYC', '쌍방울', '비비안' 등의 국내 업체들도 발열내의 시장에 합류했다. 데이즈의 경우 보온성과 패션성을 높인 '히트필' 내복을 유니클로 히트텍의 반 가격 정도로 판매한다. 가격으로 경쟁하겠다는 거다. 내복이 두꺼워 불편하다는 것에 착안해 비비안은 부드럽고 가느다란 극세사 원사를 내복에 사용한다. 두께가 얇아 몸에 밀착되는 내복을 출시한 것이다. 더불어 남성용 레깅스 내복은 기존의 기모 소재보다 더 부드럽고 보온성이 높은 '모카기모' 소재를 사용했다. 이런 노력들은 소비자에게는 더 값싸고 좋은 제품으로 돌아오기에 바람직한 일이라는 생각이 든다. 케이웨더에서는 정확한 혹한 예보를 의류업체에 제공해 큰 도움을 준 것이 무척 뿌듯하다.

겨울철에는 추위만 걱정되는 것이 아니다. 난방비 부담도 대단하다. 2013년 겨울 전기요금이 인상되면서 걱정은 더해졌다. 전기요금뿐만 아니라 가스요금 등 에너지사용요금도 계속해서 인상되고 있다. 아내는 난방비 때문에 등골이 휜다는 말을 한다. 한 푼이라도 절약하려는 주부의 마음을 헤아려 2013년 겨울에 빅히트를 친 난방상품이 있다. 전기담요나 전열기, 온풍기가 아니다. 괴물뽁뽁이[43]다. 유리창에 일명 '뽁뽁이'로 불리는 에어캡을 붙이면 실내온도가 3도나 올라간단다. 포장용으로만 사용되던 비닐 상품이 단열의 대명사로 바뀐 것이다. 열손실의 주범은 오래된 주택, 연립, 발코니를 확장한 아파트 등이다. 심한 외풍 때문에 열손실이 심하고 춥다. 그런데 뽁뽁이를 붙이면 확장한 발코니를 마치 원상태로 복구한 것 같은 단열 효과를 볼 수 있다. 한겨울에도 비닐하우스가 영상 20도를 웃도는 것과 비슷한 이치다. 설치도 간편하다. 분무기로 물을 뿌리고 붙이면 반영구적으로 사용할 수 있다. 나라고 가만히 있을 수는 없었다. 당장 괴물뽁뽁이를 사다가 안방의 창과 벽에 붙였다. 효과가 기가 막혔다. 2013년 겨울을 지낸 후 소감은 정말 가격에 비해 난방 효과가 대단하다는 것이다. 괴물뽁뽁이가 대박을 치자 저가형 뽁뽁이에 비해 열차단율이 2배가 높은 단열 전용 뽁뽁이까지 등장했다. 전용 뽁뽁이를 붙이면 공기층이 두껍기 때문에 실내의 더운 공기가 외부의 찬 공기에 열을 덜 빼앗긴다. 단열효과가 더 커지는 것이다. 수많은 중소기업까지 괴물뽁뽁이를 만들어 판매에 나서 정확한 판매량을 알기 어렵다고 한다. 그러나 2013년 겨울 최고의 대박 상품은 단연코 괴물뽁뽁이가 아닐까 한다.

　괴물뽁뽁이만큼은 못하지만 혹한의 겨울 날씨가 만들어낸 대박 상품이 있다. 속옷에 붙이는 핫팩이다. 3년 전만 해도 속옷 위에 붙이는 핫팩은 일본에서 전량 수입해 팔았다. 가격이 서민들이 사용하기에는 만만치 않았다. 그러나 2010년 GL이라는 회사에서 국내 최초로 핫팩을 만들어 냈다. 'Good Life'의 머리글자를 딴 GL에서 출시한 상품은 '하루온(R)팩'이었다. 하루 온종일 따뜻한 지속성과 일회용의 편리성을 겸비한 온팩이었다. 저렴한 가격에다가 일본산 핫팩과 차별화되었다. 이들은 먼저 추위

---

43 통칭 뽁뽁이는 취급주의를 요하는 제품을 박스에 넣어 포장할 때 사용하는 에어캡을 말한다.

에 가장 많이 노출되어 있는 국군 장병을 주목했다. 장병 전용 마트 PX^{Post Exchange}에 핫팩을 유통시킨 것이다. '박상병핫팩'은 전방 육군 장병들에게 제공된 핫팩 이름이었다. '박상병핫팩'은 철책 근무를 하는 병사들에게 그야말로 최고의 지원군이었다. 입소문을 타고 핫팩의 성능이 전파되면서 매출이 급상승했다. 2011년에 약 80억 원의 국내 매출과 수출을 기록했다. 2012년에는 약 160억 원의 매출을 달성했다. 1년 만에 2배의 매출이 이루어진 것이다. '하루온(R)팩'은 롯데마트, 홈플러스, 이마트, 킴스클럽, 농협 등 모든 대형 할인마트와 C&U, GS25, 미니스톱 등 편의점(약 1만 8,000점)에서 판매 1위를 기록했다. 겨울 혹한이 핫팩의 대박을 가져온 것이다. 추위라는 트렌드에 과감한 투자로 대박을 터뜨린 GL에 박수를 보낸다.

03
장마에도
대박은 있다

2013년은 유난히 장마가 긴 해였다. 중부지방에서는 무려 49일간 이어졌다. 최근 30년 동안의 장마 통계를 보면 평균 장마 기간은 31~32일이었다. 그동안 최장 장마 기록은 1998년의 47일이었다. 그런데 2013년, 이전까지의 관측 기록이 깨져버렸다. 집집마다 난리가 났다. 바로 습기 때문이었다. 집 안 곳곳이 축축해져 곰팡이가 끼었다. 빨래도 마르지 않았다. 에어컨과 선풍기를 돌려도 큰 효과가 없었다. '물먹는 하마'를 옷장에 넣어두던 시절은 이미 지났다. 곰팡이 냄새를 없애느라 식초나 락스로 도배를 해도 효과는 별로였다. 이때 나타난 구원투수가 제습기다. 2013년 여름장마에 제습기 없이는 실내 습기에 당해낼 재간이 없었다. 제습기 효능에 관해 입소문이 퍼졌다. 제습기와 선풍기만 잘 쓰면 습기 제거뿐만 아니라 에어컨보다 낫다는 것도 판매에 날개를 달았다. 제습기가 여름 시장을 강타했다.

CJ오쇼핑의 경우는 7월 1일부터 1주일 동안 제습기 방송 때마다 3,000대씩 판매했다. 모 회사 제습기는 주문 액수가 10억 원에 달했을 정도로 인기를 끌었다. CJ오쇼핑 관계자는 "이 제품은 전년 대비 판매액이 67%

나 늘어났다"고 밝혔다. 6월 1일부터 23일까지 이마트의 제습기 판매량은 작년 같은 기간 대비 965.3% 급증했다. 평년보다 한 달가량 빨리 장마가 시작될 것으로 기상청에서 예보했기 때문이다. 습한 여름을 미리 대비하려는 수요가 몰렸다. 10년 전 필자가 지하실 습기를 제거하기 위해 제습기를 구매하려 할 때 난감했던 기억이 떠올랐다. 당시 제습기는 국산 제품이 거의 없었고 대부분 일본 제품이었다. 어쩔 수 없이 일본 제품을 사고 찝찝했던 기억이 있다. 왜 우리나라 가전제품회사는 제습기를 만들지 않을까? 앞으로 기후변화로 인해 습기는 엄청 증가할 텐데……. 미래를 보는 안목이 내게 있었던 것이다.

위닉스가 2000년 국내에서 첫 제습기를 출시했다. 2000년대 초반에는 연간 판매량이 1만~2만 대 정도였다. 2008년에는 3만 대, 2009년 4만 대를 넘는 수준이었다. 그러다가 2010년 8만 대로 판매량이 2배 이상 껑충 뛰었다. 2011년 14만 대, 2012년 50만 대로 급증했다. 2013년에는 140만 대가 넘었다. 금액으로는 4,000억 원이 넘었다. 기후변화가 시장 판도를 바꾼 것이다. 한반도의 여름철 날씨가 점점 아열대 기후처럼 습해지면서 제습기 수요가 폭증한 것이다. 왕대박이었다.

업체들은 제습기의 단순한 기능에 다양한 기능을 더해 판매를 부추겼다. LG전자의 인기 제습기는 10리터 용량으로 최대 41제곱미터(약 12평)까지 커버가 되도록 만들었다. 거실 건조는 물론 신발이나 의류 건조 기능도 있다. 위닉스는 각종 세균이나 바이러스, 곰팡이 발생을 막는 제습기를 내놨다. 코웨이가 선보인 제품은 15리터 대용량으로 유해물질을 걸러주는 2단계 필터 시스템을 부착했다. 위니아만도는 공기청정 기능과 제습 기능을 결합한 '에어워셔'를 내놓았다. 동양매직은 결로結露[44] 현상을 방지하는 제품을 내놓았다. 겨울에도 쓸 수 있게 만든 것이다. 쿠쿠전자도 제습기 시장에 뛰어들었다. '에너지 효율 1등급'과 정수기 냉각 노하우를 적

---

[44] 집 안과 밖의 온도 차이로 창문 등에 물방울이 맺히는 현상.

용한 '터보 제습 기능'을 앞세웠다. 터보 제습 기능은 20여 분 만에 습도를 원하는 수준으로 조절해준다고 한다. 기업들의 노력에 힘입어서일까? 졸지에 제습기가 국민가전으로 떠올랐다. 습도가 높은 장마를 활용한 마케팅으로 대박이 난 상품이 바로 제습기다.

2013년 긴 장마가 만들어낸 대박 상품이 신발이다. 한 업계에서 사람들에게 여름신발 선호도를 조사했다. 보트슈즈(27%)가 1위, 샌들(18%)이 2위, 로퍼(16%)가 3위를 차지했다. 샌들은 여성들에게 인기가 좋고, 보트슈즈는 남성들에게 인기몰이를 했다. 그런데 두 신발의 공통점은 맨발 착용이 가능하다는 점이다. 이것이 2013년의 덥고 습한 날씨가 만들어낸 풍속도다.

크록스crocs는 장마와 태풍 등이 심해지는 요즘 기상 여건을 전제로 소비자들이 선호하는 신발을 알아보았다. 그리고 남성들이 여름철에 선호하는 기존 제품과도 차별화된 보트슈즈를 출시했다. 재질은 가죽이 아닌 고무와 비슷한 '크로슬라이트croslite45'를 사용했다. 보트슈즈는 원래 함상의 갑판에서 밑창이 미끄러지는 것을 방지하기 위해 만든 신발이다. 습기가 높아진 한반도 여름철에는 딱이다. 날씨변화를 고려한 새로운 신발을 판매하기 시작한 크록스는 2013년에만 매출이 전년보다 50% 이상 늘었다. 출퇴근 등 일상에서도 신을 수 있다. 물놀이 신발로도 유용하다는 점이 소비자에게 어필했다. 크로슬라이트 재질을 사용하면 미끄럽지 않고, 물과 땀에 강하다. 사람들은 너무 좋아했다. 신발에 구멍이 뚫려 있어 비 오는 날 신어도 물이 금방 빠진다. 더운 날에는 바람이 잘 통한다. 세련된 디자인에 값도 싸고 실용성이 높다. 크록스는 이 제품을 4만~7만 원 정도로 상대적으로 저렴하게 출시했다. 대박이었다.

---

45 크록스만의 독자적인 기술로 개발한 밀폐기포 합성수지. 항균 및 악취 방지 기능이 있으며, 세척이 간편하고, 초경량에 편안한 착화감으로 맨발로 서 있을 때보다 근육의 피로를 62.6% 줄여주는 인체공학적 기능을 인정받았다. 또한 SolesUnited 프로그램을 통하여 재활용까지 가능한 환경친화적 소재다.

장마가 길어지고 습도가 높아지는 아열대 기후로 바뀌어가면서 패션업계에서는 스포츠용품인 아쿠아 슈즈를 많이 출시하고 있다. 날씨변화에 적응하려는 노력이라 할 수 있다. 아쿠아 슈즈는 물 빠짐 기능과 통풍성을 극대화시켜 착용감이 좋은 것이 특징이다. 계곡과 물놀이용으로도 찾는 소비자가 많아졌기 때문이다. 장마가 만든 또 다른 풍경이 있다. 겨울도 아닌데 한여름에 부츠를 신는 여성이 늘었다는 거다. 주인공은 레인부츠다. 여성들이 종아리에 물이 튀는 것을 막아주는 레인부츠를 신기 시작한 것이다. 레인부츠 전문브랜드 H사의 6월 백화점 매출은 지난해 같은 기간보다 80%나 늘어났단다. 날씨변화가 신발시장의 트렌드와 판도를 바꾸고 있다.

2011년 장마 대박 상품이 차수막이다. 차수막이란 홍수로 비가 범람할 때 빌딩이나 주택으로 물이 들어오지 못하도록 만든 기기다. 기후변화가 극심해지면서 예전에는 상상하지도 못했던 차수막 같은 제품이 나온 것이다. DMC라는 회사가 차수막 사업에 뛰어든 계기가 재미있다. 강남에 있는 모 빌딩에서 문의가 들어왔다고 한다. 비가 많이 오면 지하주차장이 물에 잠겨서 배수펌프를 작동해도 역부족이었다고 한다. 그래서 지하주차장 입구에 물을 차단하는 설비가 필요하다며 이것을 만들어줄 수 있느냐고 물었다. 그래서 차수막을 만들게 되었고, 이것이 2011년 강남 물난리 때 이 빌딩에 물이 안 들어오게 막는 큰 역할을 했던 것이다. 수많은 빌딩들이 지하실에 물이 차면서 많은 배상금을 물었는데, 차수막을 설치한 빌딩은 물 한 방울도 들어오지 않았단다. 이 이야기는 누리꾼들 사이에서 널리 퍼져 이 회사는 어느 날 갑자기 유명한 회사가 되어버렸다. DMC코리아는 앞으로 심각해지는 기후변화로 인해 집중호우가 더 자주 발생할 것으로 예상하고 차수막을 좀 더 적극적으로 홍보하고 사업을 확장할 계획을 가지고 있다고 한다. 다양한 재해에 대처하기 위해 여러 종류의 차수막을 개발하고 있는데, 2011년 차수막이 효과를 보면서 주문도 많이 늘고 있다고 한다. 이 회사의 예측처럼 우리나라의 호우 빈도와 강수량은 실

●●● 장마가 만든 또 다른 풍경이 있다. 겨울도 아닌데 한여름에 부츠를 신는 여성이 늘었다는 거다. 주인공은 레인부츠다. 여성들이 종아리에 물이 튀는 것을 막아주는 레인부츠를 신기 시작한 것이다. 날씨변화가 신발시장의 트렌드와 판도를 바꾸고 있다.

제 증가하고 있다. 차수막이 설치된 빌딩 주변의 건물주들이 그 위력을 보고 주문을 해 주문이 밀려든다면서 너무 좋단다. DMC코리아는 차수막 하나로 대박을 쳤다.

"처음에 저희들은 극심한 기후변화로 빙하가 녹아서 육지의 일부가 수면 아래로 가라앉는다고 할 때 대처할 수 있는 방법이 무엇이 있는가를 놓고 많이 토의했습니다. 인간으로 인해 환경재해가 닥친다면 우리 인간의 힘으로 이를 극복해야 한다고 생각합니다. 그래서 친환경사업으로 소형 배터리 지게차, 쓰레기 처리용 컨테이너, 리프트, 친환경 설비 등을 개발하는 데 투자하고 있습니다. 차수막도 이 일환으로 개발하게 되었습니다."

이 회사 관계자의 말처럼 이들은 기후변화에 대한 선견이 있었던 것이다. 결국 차수막 대박은 기상이변을 새로운 사업 기회로 본 선견에서 비롯된 것이다. 앞으로 장마는 더 강해질 것이다. 더 많은 홍수가 발생할 것이다. 미래 날씨를 바라보는 선견의 대박 가능성이 어느 때보다도 높은 시대다.

"날씨를 잘 이용하면 자장면도 대박이지요"

예전에 한 중국집 주인의 기발한 날씨경영이 화제에 오른 적이 있다. 비가 온다는 방송이 나오면 중국집 주인은 인력시장에서 주방 요리사와 배달 아르바이트생을 고용한다고 한다. 비가 오면 직장인들이 사무실 밖으로 나와 식사를 하지 않고 안에서 시켜먹는 경우가 많다. 거기에다 비가 오면 면 종류의 음식을 많이 찾는다. 주문이 오면 가장 빠른 시간 안에 정확하게 배달해주었다. 그랬더니 다음부터는 이 중국집만 찾더란다. 중국집 주인은 장마철이면 신난다. 장맛비가 대박이기 때문이다. 장마철 중국집의 사장은 바로 '비'다.

장마철 날씨를 잘 활용해 매출액을 크게 올린 조그만 김밥집이 있다. 봉달이 명품김밥전문점이다. 김밥집 사장 김봉자 씨는 소상공인으로서는 독특하게 제7회 대한민국 기상정보대상[46]에서 은상을 수상했다. 대기업도 받기 힘든 상을 어떻게 받게 되었을까? 그녀가 대전 둔산동에서 조그만 김밥집을 개업했을 때 소망이 있었다. 하루 예상판매액을 20만 원으로 책정하여 김밥 재료를 준비했다. 그런데 폭염이나 장마 등의 날씨변화로 인해 주문 취소 등으로 일 매출이 10만 원을 밑돌았다. 장마철에는 음식이 쉽게 부패한다. 어쩔 수 없이 남은 재료를 모두 폐기처분하면서 경영에 어려움을 겪게 되었다. 어떻게 해야 살아남을까?

이때 김봉자 씨는 날씨정보를 파악하여 그날그날 식재료를 준비하는 전략을 세웠다. 장마철이나 비가 올 때는 사전 주문 취소를 최소화했다. 시금치는 상하기 쉬운 식재료로서 변질 위험이 크다. 장마철에는 오이, 부추 등으로 대체하여 김밥을 만들었다. 장마철 사람들이 기름기 있는 음식을 많이 찾는다는 걸 알고 나서 집중적으로 기름기 있는 김밥을 주로 만들었다. 족발김밥과 참치김밥, 치즈김밥은 비 오는 날 특히 많이 팔린다. 매장을 방문하는 고객들에게는 2시간 이내에 반드시 먹도록 안내했다. 습한 날에는 재료를 볶는 시간을 늘려 열을 가함으로써 상하는 것을 방지했다. 항균 성분이 함유된 매실 엑기스와 과일식초를 첨가했다. 장마철에는 특히 식재료를 철저하게 냉장 보관함으로써 식중독 사고 방지에 만전을 기했다. 날씨를 이용한 재료 수급, 조리, 판매는 당장 눈으로 나타났다. 입소문이 나면서 나들이철 매출액이 평소 1,000만 원에서 3,000만 원 이상으로 3배 넘게 오른 것이다. 그야말로 대박이었다. 봉달이 명품김밥전문점 김봉자 사장은 기후변화가 경제의 패러다임을 바꾸는 메가트렌드라는 것을 몰랐을 수도 있다. 그러나 작은 김밥집도 날씨경영을 하면 대박이 날 수 있다는 것을 우리에게 보여주었다.

---

46 기상청과 한국기상산업진흥원이 주관하여 기상정보를 기업경영에 효율적으로 활용하거나 국내 기상산업 발전에 기여한 개인 또는 기업(단체)를 발굴·포상하여 사기를 진작하고, 기상산업 신사업·정책개발 아이디어 공모를 통해 기상산업의 중요성에 대한 인식 확산과 위상을 제고하고자 마련한 상이다. 2013년부터 '대한민국 기상산업대상'으로 명칭이 바뀌었다.

"족발도 날씨와 관련이 있다고?"

장충동왕족발은 전국 물류 네트워크 시스템을 갖춘 160여 개 가맹점을 운영하는 회사다. 이들도 날씨경영인증을 받았다. 어떻게 족발집에서 날씨경영인증을 받게 되었을까? 족발의 생명은 신선도다. 이들은 날씨정보를 활용하여 생산, 배달, 판매에 활용한다. 특히 상하기 가장 쉬운 장마철에는 배송에 각별히 신경을 쓴다. 족발 배달 차량의 온도를 날씨예보를 통해 조절하는 것이다. 장충동왕족발은 직접 냉장 시스템이 갖추어진 차량으로 주 3회 각 가맹점에 제품을 배송하고 있다. GPS 추적장치를 달아 배송 시 차량 위치, 냉장 온도를 실시간 본사에서 확인할 수 있다. 가장 적합한 온도로 가맹점에 제품을 전달하고 가맹점에서도 철저한 온도 관리로 고객에게 안전하고 맛있고 신선한 제품을 공급한다. 이외에도 족발을 날씨에 따라 다양한 상품으로 선보이는 노력도 한다. 여름철에는 시원한 냉채족발을 출시했더니 반응이 너무 좋더란다.

조그만 중국집이나 김밥집이나 더 큰 족발회사도 날씨경영을 했더니 대박이라는 대답을 한다. 습도 높고 우중충한 장마철에 매상이 안 오른다고 한탄하지 마라. 머리를 쓰면 오히려 장마철이 대박 기회가 높은 때다.

04
웨비 대박이라니?

2013년 날씨 관련 대박 상품이 '웨비게이션weavigation'이다. 웨비게이션이 란 '웨더weather(날씨)'와 '내비게이션navigation'의 합성어다. 길안내와 함께 운 전자가 가고자 하는 경로와 목적지의 날씨정보를 알려주는 서비스다. 웨 비게이션 서비스는 기상청이 KBS, 현대엠엔소프트와 함께 개발해 2013 년 2월부터 제공하기 시작했다.

날씨가 나쁠 때 교통사고 발생률은 늘어난다. 비나 눈이 올 때의 교통사 고 발생률은 흐린 날에 비해 22%, 맑은 날에 비해 무려 40%나 증가한다. 날씨가 운전자의 안전에 매우 중요한 요소라는 증거다. 최근에 내비게이 션은 운전자에게 없어서는 안 될 필수품이 되었다. 기상청은 여기에 주목 했다. 날씨도 제공해주면서 교통안전에 도움이 되는 것이 웨비게이션이 라는 것을 말이다.

"출발지인 충주는 맑은 날씨입니다. 목적지인 청주까지 소요시간은 1시 간 10분입니다. 경로상 날씨는 좋으나 도착예정시각 청주엔 강한 소나기 가 오겠습니다."

웨비게이션 화면에는 현재 날씨, 1시간 단위 예보, 기상특보, 위성·레이더 영상 등이 제공된다. 운전자들은 이를 통해 운전하는 지역의 날씨를 쉽게 파악할 수 있다. 물론 가고자 하는 목적지 날씨까지도 말이다. 호우 지역이나 번개가 치는 지역을 피해 갈 수 있는 경로 탐색 기능도 있다.

똑똑한 웨비게이션을 이용하면 도움을 받는 곳이 의외로 많다. 먼저 손해보험회사다. 날씨가 나쁠 때 교통사고는 증가한다. 피해 증가는 당장 보험회사의 수익 악화를 가져온다. 이때 위험 기상을 미리 알려 운전자가 주의해 사고가 줄어들면 보험사는 손해율을 줄일 수 있다. 메리츠화재가 나쁜 기상을 고객에게 SMS로 알려주었더니 사고율이 10% 정도 줄어든 것이 좋은 예다. 교통 분야에도 큰 도움이 될 것이다. 최근 교통방송이 뜨는 것은 사람들이 교통에 관한 정보에 관심이 많기 때문이다. 웨비게이션을 통해 지역별 기상 상태와 도로 상황을 운전자들에게 미리 전달해줄 수 있다. 데이터 축적을 통해 도로 건설이나 교통량 예측에도 이용할 수 있다. 조금 더 스마트해지면 고속철이나 지하철에 적용시킬 수도 있다. 날씨에 따라 배차 간격을 조정하거나 열차의 속도를 조절하는 것이다.

마지막으로 '스마트폰 및 IT' 분야다. 내비게이션이 아닌 스마트폰 앱이나 태블릿 PC 등으로 웨비게이션을 이용해 도움을 받으므로 활용도가 높아질 수 있다. 심각해지는 기후변화나 이상기후는 운전자들에게 더 많은 날씨정보를 필요로 하게 만든다. 즉, 웨비게이션이 새로운 기상산업의 블루오션으로 떠오르고 있다는 말이다.

2013년 여름 서울시가 사람들에게 시원한 서비스를 시작했다. 심야 전용 시내버스를 열대야로 잠 못 드는 사람들을 위해 '여름밤 나들이 코스'로 운행한 것이다. 이 버스는 자정부터 새벽 5시까지 도심 곳곳을 누빈다. 원래는 막차를 놓친 시민들의 귀가를 돕는 게 목적이었다. 그러나 유별나게 무더워 열대야가 계속되면서 야간 투어 코스로 개발해 시민들에게 큰 호응을 얻은 것이다. 날씨가 만든 새로운 풍속도라 할 수 있다. 서울시는 돈도 벌고 시민들에게 낭만과 여유를 제공하는 두 마리 토끼를 잡았다. 그런데 서울시에서 고민한 것은 날씨였다. 2013년 여름은 아열대성 기후의 특징인 스콜^{squall}성 소나기^{47}가 자주 내렸다. 전혀 예측하지 못한 시간과 장소에 강한 소나기가 자주 내리면 문제가 생긴다. 정시 운행에도 차질이 생기고 시민들이 소나기를 흠뻑 맞게 되기도 한다. 이에 서울시는 스마트폰용 '오늘의 출퇴근' 애플리케이션을 활용했다. 예컨대 출발지역을 서울 강남으로, 종착지역을 남대문으로 경로를 설정하면 실시간 날씨와 함께 예보가 제공된다.

"현재 강남은 날씨가 좋으나 남대문 지역은 30분 후에 소나기가 옵니다."

정말 똑똑하고 스마트한 기상 캐스터라고 할 수 있다. 공공 데이터를 활용한 이 앱은 대중교통정보는 서울시, 날씨정보는 기상청에서 각각 제공받아 사용하고 있다. 이 앱을 개발한 개인 사업자의 날씨경영에 대한 열정과 노력은 대단하다고 한다. 2013년 5월 서비스를 시작한 이후 한 달 만에 1만 건의 다운로드를 달성할 정도로 대박을 쳤다고 한다. 역시 날씨는 돈벌어주는 좋은 효자인 것 같다.

기상청의 성공적인 웨비게이션 론칭에 자극을 받아서일까? 서울시가 야심찬 작품을 내놓았다. 앞으로 10년간의 서울시 지능형 교통체계^{ITS,} Intelligence Transportation System 청사진을 발표한 것이다. 지능형 교통체계란 버스, 철도, 승용차, 자전거, 도보 등 이동수단에 날씨를 포함한 첨단 정보를 결합해 시민들에게 편의와 안전을 제공하겠다는 것이다. 예를 들어, 시민들은 도로 상황뿐만 아니라 날씨의 변화에도 가장 편리하고 빠른 교통편을 제공받을 수 있다는 것이다. 가령 새벽에 폭설이 내렸다면 출근을 준비하는 시민들은 휴대전화로 '지능형 통합 최단경로 서비스'를 제공받는다. 승용차를 이용할 때 소요되는 시간과 지하철이나 버스를 이용할 때 걸리는 시간 등을 비교해 출근 방법을 선택할 수 있게 해주는 것이다. 서울시의 ITS 기본계획은 기존의 차량이동 중심 체계를 사람 중심으로 재편하겠다는 특징이 있다. '안전, 편리, 신속, 친환경'의 네 가지 가치를 키워드

---

47 열대지방에서 대류에 의하여 나타나는 세찬 소나기로 강풍, 천둥, 번개 따위를 수반하는 경우가 많다.

로 최첨단 교통환경을 구현하겠다는 것이다. 물론 날씨는 필수적으로 들어간다. ITS 시스템은 차량 내비게이션처럼 '보행·자전거 경로 안내 서비스'도 구현한다. 일반적인 보행로뿐 아니라 지하보도, 상가 등 지하 공간도 제공한다. 실시간 보행혼잡지역 정보 등을 연계해 좁은 골목길부터 지하도, 엘리베이터 운행 현황까지 아우르는 정말 스마트한 시스템이다. 여기에 약자까지 배려하고 있다. 장애인 등 교통약자는 무선주파수인식RFID, Radio Frequency Identification[48] 단말기로 가장 가까운 지하철 엘리베이터나 횡단보도, 저상버스 도착 정보를 확인할 수 있다. 버스나 지하철 운전자 역시 교통약자의 접근을 미리 인지할 수 있다고 한다. '지능형 교통안전 시스템'이 구축되면 사고를 유발할 수 있는 도로 상황을 미리 운전자에게 경고해 사고를 예방할 수도 있다. 서울시는 2022년까지 ITS기본계획을 바탕으로 서울시 교통 시스템의 세부 계획을 수립해나갈 계획이라고 한다. 빨리 이 시스템이 시작했으면 좋겠다.

육지에서는 웨비게이션, 바다에서는 이내비게이션

해양수산부는 차세대 선박운항체계인 '한국형 이내비게이션e-navigation'을 구축한다고 발표했다. 2015년부터 5년간 2,100억 원을 투입해 최고의 정보를 제공한다는 것이다. 이내비게이션은 기존의 선박운항·조선기술에 정보통신기술ICT을 접목한 것이다. 이를 통해 날씨 등 해양정보를 선박에 전달해주는 시스템이다.

2013년 포항 앞바다에서 8,000톤급 화물선 청루호가 침몰했다. 정박 중 내려놓은 닻이 강한 바람과 파도에 끌리면서 발생했다. 통상 강풍과 높은 파도로 배가 해안가로 움직여도 배 안의 선원들은 이를 알아채기 어렵

---

48 극소형 칩에 상품정보를 저장하고 안테나를 달아 무선으로 데이터를 송신하는 장치. 일명 '전자태그'로 불린다.

다. 알았다고 하더라도 엔진에 재시동을 걸려면 최소 1시간이 걸린다. 이상기상 발생으로 대형 선박이 무대책으로 침몰한 청루호 사고는 앞으로는 더 자주 발생할 가능성이 높다.

이에 정부가 해양 사고를 사전에 방지하고 물류비용을 줄이기 위해 차세대 선박운항체계 구축에 나선 것이다. 이내비게이션이 장착돼 있다면 침몰 사고를 막을 수 있다. 이내비게이션은 사람이 없어도 배가 정박했던 위치에서 조금만 움직여도 바로 경보를 울린다. 그뿐만 아니라 자체적으로 신속히 대응한다. 이내비게이션이 구축되면 항해사의 업무 부담이 크게 줄어들고, 이로 인해 운항 미숙이나 과실에 의한 해양 사고가 줄어드는 이점이 있다. 뿐만 아니라 선박운항정보를 육상과 실시간으로 공유해 신속한 입·출항 수속, 하역 준비 등을 할 수 있다. 특히 최신 항로 및 기상정보가 선박에 제공되면 그때그때 최적의 항로를 선택해 운항할 수 있다. 물류비용이 크게 줄어들 수 있는 것이다. 국제해사기구IMO, International Maritime Organization도 이런 사고를 줄이기 위해 2006년 이내비게이션 도입을 결정했다. 모든 나라는 2018년부터 이내비게이션을 시행하라는 것이다. 해양수산부는 이내비게이션 분야가 2018년 이후 앞으로 10년간 1,200조 원대 시장 규모로 성장할 것으로 전망하고 있다. 이것이 국제해사기구의 규제를 이용해 우리가 세계시장을 선점해야 하는 이유다. 우리나라 세계 최고 수준의 조선·해운·ICT 기술력을 이용해 최고의 이내비게이션을 이루어내자. 그러면 세계의 많은 돈이 우리나라로 쏟아져 들어오게 될 것이다.

●●● 이상기상 발생으로 대형 선박이 무대책으로 침몰하는 사고는 앞으로 더 자주 발생할 가
능성이 높다. 이내비게이션은 기존의 선박운항·조선기술에 정보통신기술(ICT)을 접목한 것으로,
날씨 등 해양정보를 선박에 전달해주는 시스템이다. 이내비게이션을 장착하면 항해사의 업무
부담이 크게 줄어들고, 운항 미숙이나 과실에 의한 해양 사고가 줄어드는 이점이 있다. 특히 최
신 항로 및 기상정보가 선박에 제공되면 그때그때 최적의 항로를 선택해 운항할 수 있다. 물류비
용이 크게 줄어들 수 있는 것이다.

"엔텔스, 헬스케어 · 날씨정보로 사물인터넷 주도"

2014년 2월 13일 《매일경제》 기사 제목이다.

최근 '사물인터넷^{IoT, Internet of Things}49'이 정보기술^{IT}의 새로운 패러다임으로 떠오르고 있다. 이중 대표적인 사물인터넷 회사가 엔텔스^{nTels}다. 이 회사는 사물인터넷 트렌드를 이면에서 주도하고 있는 강소기업으로 알려져 있다. 2000년 설립 이후 모바일 솔루션 분야 강자로 군림해온 저력 있는 회사다. 기술을 발판 삼아 M2M^{Machine To Machine}(사물 간 통신), 그리고 이어지는 사물인터넷 시대를 이끌어나가고 있다.

이 회사의 대표적인 실적은 참으로 놀랍다. 무선인터넷 데이터 사용량에 따라 요금을 부과하는 과금 솔루션을 개발했다. 이 솔루션 시스템을 SK텔레콤과 KT, LG유플러스 등 대형 이동통신 3사에 모두 공급하면서 많은 돈을 벌었다. 이어 도래한 롱텀에볼루션^{LTE}은 이들에게는 새로운 기회였다. 유튜브^{youtube} 등 동영상 사용으로 과도한 데이터 통신에 트래픽이 걸렸을 때 이를 분산하는 솔루션을 개발한 것이다. 요금제에 따라 데이터 대역폭을 할당하거나, 동영상 화질 등을 낮춰 트래픽을 분산하는 기술로, 이것도 SK텔레콤에 팔았다.

놀라운 기술력은 여기서 그치지 않는다. 법무부의 성범죄자 위치추적을 위한 전자발찌에 사용되는 소프트웨어도 엔텔스에서 개발했다. 발찌와 서버를 연결해 위치정보를 실시간으로 받는 방식이다. 더 나아가 웨어러블 기기를 통해 신체정보를 전송하는 헬스케어 분야까지 발을 뻗고 있다.

그런데 필자에게 가장 와 닿은 것은 기상청에 공급한 M2M 솔루션이다. 오지나 낙도^{落島}에 설치된 센서를 통해 각종 기상정보를 수집 · 분석해 기

---

49 인터넷을 기반으로 모든 사물을 연결하여 사람과 사물, 사물과 사물 간의 정보를 상호 소통하는 지능형 기술 및 서비스를 말한다.

●●● 최근 '사물인터넷(IoT, Internet of Things)'이 정보기술의 새로운 패러다임으로 떠오르고 있다. 이중 대표적인 사물인터넷 회사가 엔텔스다. 사물인터넷 트렌드를 이면에서 주도하고 있는 강소기업인 엔텔스는 통신사 기지국을 활용해 도심 기상을 세밀한 지역 단위로 쪼개 알려주는 기상 관련 M2M 기술을 개발 중이다.

상청에 전달하는 것인데, 이것은 기상예보를 하는 사람에게는 정말 유용한 자료다. 이들은 통신사 기지국을 활용해 도심 기상을 세밀한 지역 단위로 쪼개 알려주는 기상 관련 M2M 기술을 개발 중이다. 이런 기술이 성공하면 대기업과 사업화를 할 예정이란다. 이 회사의 대표인 S씨는 "M2M이 확산되고 수많은 센서 간 연결을 통해 자연스럽게 활용되면 그게 바로 사물인터넷"이라며 "2~3년 내 IT 환경은 큰 변화를 맞게 될 것"이라고 전망하고 있다. 이 회사의 규모는 작지만 매출액이 600억 원에 이를 정도로 이 분야에서는 강소기업이다. 미래를 먼저 바라보고 창의적 사고를 하라. 웨비 대박, 이내비게이션, 사물인터넷 대박은 남의 일이 아닌 내 것이 될 것이다.

05
날씨정보,
피부에 양보하세요!

2013년은 기상이변의 연속이었다. 기록적인 중부지방의 장마, 남부지방의 최장 폭염, 제주도의 기록적인 열대야. 우리나라 최초의 초열대야가 강릉에서 발생하기도 했다. 기상이변으로 개인의 건강에도 많은 영향을 미쳤다. 그러나 사회·경제적 손실의 급증은 더 큰 피해였다. 실제로 국내 중소기업의 경우, 기상이변으로 인한 직접적인 피해액이 1,200억 원에 달한다고 한다.

그러나 기업들에게 날씨를 이용한 경영에 관심을 가지게 한 긍정적인 면도 있었다. 기업경영의 위험 요소를 효율적으로 관리하고자 하는 산업계의 증가하는 수요가 커졌다. 이에 최근에는 매년 '기상이변 대응 경영 세미나'가 기업 임직원, 관련 단체, 연구소, 학생, 일반인 등을 대상으로 열리고 있다. 세미나에서는 최근 기후 특성과 국내외 기상이변의 동향을 분석한다. 기후변화가 우리 경제에 미칠 수 있는 영향을 예측한다. 기상예측을 바탕으로 한 선진 날씨경영의 성공 사례와 미래 대응전략을 소개해준다. 최근의 변덕스러운 날씨는 기업들로 하여금 새롭고 창의적인 마케팅을 요구하고 있다. 특히 날씨에 가장 민감한 영향을 받는 화장품업계는 새로운 마케팅을 펴는 등 발 빠르게 움직이고 있다.

피부 트러블이 가장 심한 여름이 되면 여성들은 피부 관리에 비상이 걸린다. 여름이면 찾아오는 불볕더위와 자외선, 잦은 비로 생기는 높은 습도는 누구도 피해갈 수 없다. 이 때문에 화장품업체들은 사람의 피부 연구뿐만 아니라 날씨에 대한 연구도 게을리하지 않는다. 그 결과 '미인과 날씨는 찰떡궁합'이란 말까지 생겨났다. 피부 미인의 비결이 '날씨경영'에 있다는 점을 강조한 말이다. 날씨경영을 잘 하면 화장품업체는 매출이 늘어나고, 여성들은 피부 미인이 된다는 뜻이다.

우리나라의 대표적 화장품업체인 태평양의 날씨경영을 잠깐 살펴보자. 매출을 올리기 위해 태평양화장품은 고객들의 불만을 분석했다. 그 결과 고객 불만의 원인이 날씨변화에 있다는 것을 발견했다. 자체 연구팀에서 분석한 계절별, 월별 피부변화에 관한 연구 결과도 같았다. 피부가 계절에 따른 날씨변화와 깊은 관련이 있다는 것이다. 고객 상담 결과, 여성들의 불만은 봄철에는 피부 건조였다. 여름에는 피부의 기름과 땀띠와 습진이 주요 불만이었다. 가을에는 서늘하고 차가운 바람으로 인해 수분량이 적어져 쉽게 거칠어진다는 것이었다. 겨울에는 바람이 가을보다 더 차고 건조하기 때문에 피부 건조가 더 심해진다는 것이었다. 하얗게 쌓인 눈에 반사된 강렬한 자외선도 문제다. 우리나라의 기후는 사람이 살기에 좋다. 그러나 피부 건강에는 좋지 않은 조건이다. 최근에는 미세먼지 등 대기오염, 과다한 냉난방 등도 피부에 부담을 가중시키는 요인이다.

태평양화장품은 피부노화를 가져오는 3대 적으로 '자외선과 건조, 오존[50]'을 꼽으면서 아름다운 피부를 지키려면 날씨변화에 맞춰 화장품을 적절

---

50 오존은 직접적인 접촉이 일어나는 피부와 호흡기에 피해를 주어 피부질환 및 호흡기 손상을 유발한다. 오존은 그 화학적 성질로 인해 강력한 산화제로 작용하여 피부에 있는 피지와 세포막 구성 성분인 지질에 있는 불포화지방산과 반응을 일으키고 이 과정에서 생긴 라디칼은 여러 가지 산화작용을 일으키게 된다. 피부에서의 비타민 C와 E의 파괴를 유도하고 지질의 과산화를 일으켜 산화적 스트레스를 초래하여 피부노화를 촉진하고 결국 피부질환을 유발할 가능성이 크다고 한다. 김창수 외, 「오존에 의한 피부손상 확인 및 이를 방어하는 피부 외용제 소재의 탐색」, 2004.

●●● 태평양화장품은 피부노화를 가져오는 3대 적으로 '자외선과 건조, 오존'을
꼽으면서 아름다운 피부를 지키려면 날씨변화에 맞춰 화장품을 적절히 이용해야
한다고 했다. 피부에 영향을 미치는 날씨를 고려하여 고객 스스로 피부를 관리할
수 있는 미용 시스템인 '피부예보'를 개발했다.

히 이용해야 한다고 했다. 피부에 영향을 미치는 날씨를 고려하여 고객 스스로 피부를 관리할 수 있는 미용 시스템인 '피부예보'를 개발했다. 피부예보는 날씨정보와 대기오염 상황에 따라 피부의 상태를 건조지수, 번들거림지수, 자극지수, 오염지수, 민감지수로 세분화했다. 일반 여성들이 이해하기 쉽도록 지수화하여 오늘과 내일, 한 주간의 미용정보를 제공하고 있다. 또한 6년 동안 수집한 기후통계자료 정보를 바탕으로 앱을 개발했다. 앱 '피부예보++'날씨는 소비자로부터 엄청난 반응을 얻었다. 소비자들이 출시 3주 만에 1만 건이 넘게 내려받은 것이다.

크리니크 코리아란 화장품회사는 '피부예보'라는 날씨경영 기법을 쓰고 있다. 이들은 30여 년 동안 날씨와 자외선, 대기오염, 환경과 피부손상과의 상관관계 등을 연구했다. 이 결과를 바탕으로 '피부예보'라는 애플리케이션을 내놓은 것이다. 이 앱에는 GPS 정보를 기점으로 현재 있는 곳의 날씨 및 온도정보가 들어 있다. 피부에 나쁜 영향을 주는 자외선·습도·공기오염지수 등도 담겨 있다. 또 각각의 날씨 요소별 지수에 맞춰 '스킨케어 어드바이스'도 함께 제공된다. 예를 들어보자. 자외선지수는 심하지 않지만 사무실 창가에서 근무하는 경우 창을 통해 들어오는 자외선만으로도 피부 손상이 예상된다. 이럴 경우 자외선 차단제를 꼭 챙기라는 팁을 제공하는 거다. 2011년 3월 초에 아이폰 앱스토어를 통해 전 세계 소비자들을 대상으로 앱을 론칭했다. 놀랍게도 한국 소비자들의 반응이 가장 뜨거웠다고 한다. 1주일 동안 전 세계적으로 약 3만 건이 다운로드되었다. 그중 90%인 약 2만 7,000건이 한국 아이폰 앱스토어에서 이루어진 것이다. 한국 여성들의 피부에 대한 관심도를 알려주는 좋은 예다. '피부예보' 앱 출시는 그야말로 대박이었다. 그 덕분에 자외선 차단제가 2012년 7~8월 2달 동안 전년 동기간 대비 300%나 증가했다. 완전 대박이었다. 최근 봄철의 불청객이라는 황사 말고도 계절을 가리지 않는 미세먼지가 피부에 큰 트러블 요인이 되고 있다. '피부예보' 앱이 최근에 더 뜨고 있는 것은 바로 이 때문이다. 글로벌 화장품 판매를 꿈꾸는 이 회사의 앱 날씨정보는 전 세계 4만 2,000여 곳에서 사용하는 것으로도 유명하다.

이들 회사보다는 덜 공격적이지만 자외선과 기온, 습도 등 날씨에 따른 피부 관리 포인트를 매일 알려주는 회사도 있다. '피부날씨지수SKI'라는 서비스를 제공하는 것이다. 2013년 중부지방에 여름철 폭염과 잦은 비가 영향을 주었다. 대기 중에 습도가 높아지면 여드름 균이 서식하기 좋은 환경이 된다. 여기에 초점을 맞춰 여드름용 맞춤형 화장품을 공급해 대박을 치기도 했다. 이런 날씨는 여름철 피부를 식혀주는 '쿨링 화장품'을 뜨게 만들었다. 반면, 로션 제품은 수요가 줄어들었다. 무더위에 피부가 답답하게 느껴지는 '겹쳐 바르기'를 지양하는 동남아 여성들의 피부 관리 트렌드로 우리나라 여성들도 변화해가고 있는 것이다. 최근 기후변화가 심해지면서 피부 스트레스가 높아지고 있다. 예를 들어 모공의 늘어짐이나 피지가 증가하기도 한다. 중소형 화장품 회사는 틈새에 해당하는 이런 맞춤 화장품 공급을 통해 대형 화장품 회사에 대응하는 전략을 사용하기도 한다. 날씨변화에 따라 자신의 피부 특성에 맞는 화장품을 적당량 사용할 수 있는 지혜가 담긴 피부예보를 이용해보자. 미인이 되기도 하지만 화장품의 오남용도 막을 수 있지 않을까?

계속되는 폭염과 긴 장마는 여성들의 소품에도 변화를 가져왔다. 2013년 여름 평년보다 열흘 빨리 오존주의보[51]가 서울 지역에 내려졌다. 불볕 더위가 예상되자 '아줌마 패션'으로 외면받던 양산이 화려하게 부활했다. 강한 자외선을 선크림과 선글라스만으로는 차단할 수 없기 때문이다. 아줌마들뿐만 아니라 피부에 큰 관심을 갖는 20대 여대생들도 양산을 구입하고 있다. 이에 힘입어 신세계백화점의 5월 양산 매출은 전년 동기와 비

---

51 오존 농도의 정도에 따라 생활 행동의 제한을 권고하는 제도. 오존 농도가 1시간 평균 0.12ppm 이상일 때 발령되며, 불쾌한 냄새를 시작으로 기침과 눈의 자극, 숨찬 증상, 두통과 숨가쁨, 시력 장애를 유발한다. 대류권의 오존은 광화학 반응에 의해 발생하기 때문에 일조량이 많은 여름철에 농도가 가장 높게 나타나고, 하루 중에는 오후 2~5시 사이에 가장 높게 나타난다. 특히 자동차 통행량이 많은 도시 지역과 휘발성 유기화합물을 많이 사용하는 지역에서 더 높게 나타나는데, 연간 평균 오염도의 변화보다는 단기간 고농도일 경우에 인체에 나쁜 영향을 미친다.

교해 22.5% 늘었다고 한다.

패션업체인 FUBU는 스마트폰 앱을 통해 오늘의 날씨와 어울리는 패션 스타일을 알려주고 있다. 젊은 층을 주 타깃으로 공략하는 마케팅 전략이다. 'FUBU Street Clock'이라는 이름의 이 앱에는 현재 시간과 날씨, 그리고 오늘의 날씨와 어울리는 젊은 패션스타일을 알려준다. 패션에 민감하고 스트릿 패션을 선호하는 젊은 세대에게 어필하는 앱이다. 날씨에 어울리는 스타일을 매치시켜놓았다. 화면 상단의 지역날씨와 연계시킨 하단의 스타일 픽이 그날의 코디를 도와준다. 여성들의 지갑을 열게 하려는 기업들의 노력이 놀라울 정도로 창의적이고 세련되지 않은가?

"겨울철 미세먼지 관련 화장품 인기"

2014년 1월 28일《아주경제》기사 제목이다. 2013년 11월부터 2014년 2월까지 중국발 미세먼지가 극성을 부렸다. 중국발 미세먼지가 건강에 해로운 것은 중금속과 화학물질이 많이 함유되어 있기 때문이다. 특히 초미세먼지의 경우 피부를 직접 뚫고 들어오기 때문에 더 해롭다. 중국발 미세먼지로 피부 트러블을 호소하는 사람들이 증가하면서 관련 화장품 시장이 대박을 맞았다. CNP차앤박화장품이 최근 출시한 '미세먼지 전용 뷰티 키트'는 출시 10일 만에 판매량이 50%를 돌파했다. 이 제품은 외출 전 피부에 바르는 비비크림과 집에 돌아왔을 때 피부를 닦아내는 젤 형태의 클렌징 제품, 거품 형태의 각질 제거 클렌징 제품 등 총 3종으로 구성됐다. CNP차앤박화장품 관계자는 "중국발 미세먼지로부터 피부를 어떻게 보호해야 하는지에 대한 소비자들 문의가 계속 이어져 아예 전용 제품을 기획하게 됐다"며 "이슈에 빠르게 대응하기 위해 종전까지 없었던 황사 뷰티 카테고리를 새로 만들었다"고 전했다. 시대의 흐름에 민감하게 반응해 제품을 출시하면서 예상보다 큰 매출을 기록했다면서 연방 웃는다.

스킨톡이 최근 출시한 '스킨톡 DD 크림'도 일명 '스모그 크림'으로 불리며 뜨고 있다. 화장품 원료사인 프랑스 세데르마^{Sederma} 사의 OSMOPUR 성분을 사용해 만들었다고 한다. 황사와 미세먼지와 같은 유해성분으로부터 피부를 보호해주는 기능이 있다고 한다. 이 회사 관계자는 "한국뿐 아니라 황사와 미세먼지 농도가 몇 배나 심한 중국에서도 반응이 좋다"고 말한다. 정말 그렇다. 우리나라 미세먼지 농도가 세제곱미터당 120마이크로그램^{μg} 정도일 때 중국의 경우는 무려 800 이상 수치가 올라간다. 건강에 해로운 정도가 아니라 생명까지도 위협할 정도다. 이렇게 심각한 지역에 수출을 한다면 엄청난 수입을 올릴 수 있을 것이다.

"숭어가 뛰면 망둥이도 뛴다"는 말이 있다. 미세먼지로 인해 클렌징 기기도 특수란다. 아모레퍼시픽 헤라가 2012년 출시한 진동 클렌징 기기 '바이오소닉 클렌징 인핸서'는 최근 매출이 49% 늘었다. 로레알코리아 클라리 소닉의 진동기기도 출시 3개월 만에 강남권 주요 백화점 화장품 매출 6위에 올랐다고 한다. 두 브랜드 모두 최근 중금속 미세먼지에 대한 사람들의 공포가 수요를 만들어냈다는 것이다. 앞으로 중국발 미세먼지는 더 심해질 것이다. 그렇다면 기존에 없던 카테고리와 새로운 뷰티 트렌드가 생겨나야만 한다. 누가 더 미세먼지나 날씨변화에 적합한 제품을 만드느냐의 싸움이 될 것이다. 미세먼지 공포 시대에 어느 화장품이 대박이 날지 이것이 문제로다.

06
주식 투자
제대로 하려면
날씨부터 알아야 한다

"주식시장, 오늘의 날씨는 어떻습니까?"

주포분석원[52]이 2014년 3월 17일 올린 글의 제목이다.

"주식시장엔 계절뿐 아니라 나날이 변화하는 날씨가 있다. 시장이 궂은 날도 있고 화창한 날도 있다. 이 날씨를 잘 살펴보고서 매수, 매도 타이밍을 잡아야 한다."

주식시장에서 날씨가 이젠 그 어느 것보다도 중요한 변수가 되었다는 것이다. 브라질 고원에 가뭄이 들거나 홍수가 나면 스타벅스 주식이 뛴다는 말이 있다. 라니냐로 동남아에 많은 비가 내리면 세계적인 타이어회사의 주가가 뛴다. 콘돔제약회사의 주식도 덩달아 뛴다. 칠레에 강한 지진이 발생하면 세계적인 동銅 관련 주식이 폭등한다. 바로 날씨가 주식의 가격에 크게 영향을 주는 예라고 할 수 있다.

---

52 매집분석전문가, 기업분석전문가 등 각 분야의 전문가들이 매일매일 종목을 분석하여 투자에 적합한 종목을 선정하고 추천해주는 웹사이트.(http://jupo.kr)

●●● 주식시장에서 날씨는 그 어느 것보다도 중요한 변수가 되었다. 브라질 고원에 가뭄이 들거나 홍수가 나면 스타벅스 주식이 뛴다. 또 라니냐로 동남아에 많은 비가 내리면 세계적인 타이어회사의 주가가 뛰고 이와 함께 콘돔제약회사의 주식도 덩달아 뛴다. 칠레에 강한 지진이 발생하면 세계적인 동(銅) 관련 주식이 폭등한다. 바로 날씨가 주가에 큰 영향을 미치고 있는 것이다.

"맑은 날에 주식을 사면 돈을 법니다"

미국 경제학자인 사운더스Saunders는 미국 주식시장에서 주가가 날씨의 영향을 받고 있다고 주장한다. 그가 구름이 하늘을 덮은 양cloud cover을 분석했더니, 구름의 양이 적은 맑은 날의 수익률이 날이 흐릴 때보다 높았다는 것이다. 그는 이런 현상을 날씨 효과weather effect라고 불렀다.

이런 효과가 우리나라에서도 동일하게 나타날까? 김규영 조선대 교수, 남주하 서강대 경제학과 교수와 김상봉 SK경영경제연구소 연구위원도 비슷한 연구 결과를 발표했다.[53] 이들의 연구도 날씨가 나빠질 때 주식거래량도 줄어들고 수익률도 떨어지더라는 것이다. 장경천과 김연권(2007)은 구름의 양에다가 온도 변수를 추가했다. 이들 연구에서도 KOSDAQ 지수의 경우 맑고 기온이 높은 날의 수익률이 높았다.

햇빛이 주가에 영향을 준다면 달은 어떨까? 미국 미시간 대학의 캐시 유안Kathy Yuan 교수의 논문에서는 달의 모양에 따라 수익률이 달라졌다고 한다. 보름달일 때 주식수익률이 초승달 때보다 10% 가까이 낮았다. 같은 대학의 디체프Dichev와 제인스Janes의 연구 결과는 더 큰 차이를 보였다. 초승달이 뜰 때가 보름달이 뜰 때 투자하는 것보다 2배에 가까운 이익이 발생했다는 것이다. 주가가 날씨에 민감하다 보니 뉴욕의 월가Wall Street에서는 기업의 매출전망분석을 할 때 날씨 요소를 반드시 분석한다. 특히 월가를 좌우하는 큰손들은 기상전문가의 예상 날씨정보를 투자에 철저히 활용한다. 그들은 구름의 양, 기온, 햇빛의 양, 달의 모양까지 분석한다.

주식 투자자들은 주가의 움직임에 민감하다. 우리나라는 사계절이 뚜렷하다. 그렇다 보니 계절이나 기후변화가 주식시장에 미치는 영향이 크다. 어떤 주식들은 날씨의 변화에 민감하게 반응한다. 이런 주식을 날씨

---

53 「날씨가 주가수익률 변동성과 주식거래량에 미치는 효과 분석」이라는 연구보고서를 내놓았는데, 연구 주제는 '화창한 날씨가 주식시장에 어떤 영향을 미치는가'였다.

테마주라고 부른다. 그렇다면 우리나라 증시에서 날씨변화에 따라 어떤 주식이 등락할까? 증권업계에 따르면 해마다 계절이 바뀔 때면 계절주가 들썩인다. 봄에는 황사철 마스크와 공기청정기업체들의 주식이 뛴다. 여름 장마철엔 비료와 방역 관련주 등의 주가가 오르는 경우가 많다. 폭염이 지속되면 복날 특수에 대한 기대감으로 육계 관련주의 주가가 크게 오른다. 맥주와 아이스크림 업체도 날씨가 더울수록 주목받는다. 하지만 계절주는 특정 시기에만 '반짝'하다가 투자자들의 관심권 밖으로 멀어지는 경우가 많다. 매년 불어오는 황사가 마스크 업체의 성장으로 이어질 가능성이 크지 않기 때문이다. 여름철에 맥주가 잘 팔린다 해도 한해 전체를 놓고 보면 매출 변화가 크지 않다. 그래서 계절주들은 잠깐 주식이 오르다가 다시 원위치하는 경우가 많다. 그러나 주가가 반짝 오르는 틈새만 잘 읽어도 엄청난 수익률을 올릴 수 있다.

2012년 여름은 기록적인 폭염이 기승을 부렸다. 2012년 8월 6일 《머니투데이》에 실린 기사 제목을 보자.

"폭염 수혜주 'HOT', LG전자 에어컨 판매 2주 새 300%↑, 빙그레 빙과류 지난해보다 15%↑, GS25 등 편의점 맥주 매출 36%↑"

폭염으로 가전제품, 빙과류, 맥주가 대박을 쳤다는 것이다. 기사를 보면 재미있다.

"버티다 버티다 에어컨 샀는데 밀려서 광복절에나 설치해줄 수 있다고 하네요. 멘붕입니다."

에어컨, 선풍기, 빙과류 등 여름 관련 업체가 18년 만의 폭염 특수를 누리고 있다. 경기 둔화에 허덕이던 업계에선 없어서 못 판다는 말이 나온다. 8월이면 이미 가을 신상품을 준비할 때라는 기존 매뉴얼이 무색할 정도다. 관련 업계에 따르면 삼성전자는 7월 에어컨 판매량이 지난 6월보다 4배 늘었다. LG전자도 최근 2주 동안 에어컨 판매량이 기존보다 300% 넘게 늘었다. 가전유통업체 하이마트는 에어컨 판매 신기록을 세웠다. 지난달 29일 하루 동안 에어컨 1만 4,775대를 팔았다. 롯데마트에선 지난달 18~31일 선풍기 매출이 지난해 같은 기간보다 70% 늘었다. 가전업계 관계자는 "이달 중순까지 찜통더위가 계속될 것이라는 예보가 나오면서 8월 들어서도 판매량이 줄지 않고 있다"며 "예년 같으면 8월은 생산을 멈추고 재고 소진에 집중해야 하는 기간인데 올해는 추가 생산까지 했다"고 전했다. 빙과·주류업계에서도 무더위가 효자 역할을 톡톡히 하고 있다. 빙그레의 지난달 빙과류 매출은 지난해 같은 기간보다 15% 늘었다. 빙그레 관계자는 "전체 매출에서 40%를 차지하는 빙과류가 날개 돋친 듯이 팔리고 있다"며 "3교대 24시간으로 쉴 새 없이 찍어내는 중"이라고 말했다. 맥주 판매량도 급증세다. 편의점업체 BGF리테일(옛 보광훼미리마트)에 따르면 지난달 맥주 매출은 지난해 같은 기간보다 36% 늘었다. GS25에서도 맥주 판매량이 27% 증가했다. 맥주업계에서는 하이트진로의 맥주 출고가 5.93% 인상 효과 등이 겹치면서 실적 개선세가 두드러질 것으로 기대하고 있다.

폭염은 기능성 의류업체와 편의점, 패스트푸드점 등 유통업계가 불황으로부터 벗어나게 해주는 역할을 했다. 아웃도어업체의 여름철 매출은 2011년보다 최대 65%까지 늘어났다. K2는 냉감 소재 제품 판매가 지난해 같은 기간보다 50% 늘었다고 밝혔다. K2코리아가 판매하는 아이더 역시 지난달 냉감 소재 의류 판매량이 65%가량 증가했다.

실적이 좋다 보니 주가는 오른다. 빙그레 주가는 2012년 5월 중순 이후 50% 가까이 올랐다. 2012년 7월 25일 장중 9만 1,700원으로 사상 최고가도 경신했다. 전기소비가 늘면서 전력 관련주도 활짝 웃는다. 한국전력이 6월부터 8% 올랐고 누리텔레콤(63%), 옴니시스템(29%) 등 스마트그리드Smart Grid[54]주도 강세를 보였다. 폭염예보가 나오면 이런 주식들을 사면 대박이다.

2011년 세계 곡물시장이 요동을 쳤다. 세계적인 가뭄과 홍수, 태풍 등이 이어졌기 때문이다. 이로 인해 세계 식량 생산이 감소했다. 러시아는 식량 수출 금지를 선언했다. 세계 시장에서 식량 가격이 폭등했다. 블룸버그 통신은 기후변화로 인한 식량 감산, 가격 폭등이 재스민 혁명^{Jasmine} $^{Revolution\,55}$을 불렀다고 말할 정도였다.

식량 가격이 폭등하면서 수입 곡물을 원료로 밀가루, 과자, 라면, 두부를 만드는 CJ제일제당, 삼양제넥스, 대상, 오리온, 농심 등의 주가가 줄줄이 약세를 보였다. CJ제일제당이 13.9% 밀렸고, 삼양제넥스는 5.3% 하락했다. 원재료비가 오르면서 실적 부진 우려가 커졌기 때문이다. 그러나 재미있게도 식량 가격이 오르면서 원재료비의 부담이 커져 주가가 떨어지다가 어느 시점에 이르면 다시 반등한다는 것이다. 과거 사례를 보면 곡물 가격이 급등하면 4~6개월 뒤 원가 압박이 본격화하는 시점에 주가가 바닥을 다진다고 한다. 그리고 제품 가격 인상이 발표되는 시점에 본격적인 주가 회복 국면이 진행된다고 한다. 날씨만 잘 알면 주식투자에 성공할 확률이 높다.

계절주는 반짝하는 경우가 많다고 이야기했다. 그런데 워낙 수요가 증가해 실적이 좋아지면 지속적인 상승을 한다. 대표적인 것이 위닉스의 주가다. 2013년 여름 중부지방에 사상 최장의 장마가 이어졌다. 최근 한반도가 아열대 기후^{56}로 변하면서 집 안에는 습기로 가득 찼다. 제습기가 생활필수품으로 부상하면서 위닉스의 주가가 뛰기 시작한 것이다. 증시 전문가들은 제습기 판매가 급증하면서 국내 제습기 시장 점유율 1위인 위닉스가 가장 큰 수혜를 받을 것으로 전망했다. 위닉스는 2012년 국내 제

---

54 기존의 전력망에 정보기술(IT)을 접목하여 전력 공급자와 소비자가 양방향으로 실시간 정보를 교환함으로써 에너지 효율을 최적화하는 차세대 지능형 전력망이다.

55 23년간 독재를 해오던 튀니지의 벤 알리(Zine El-Abidine Ben Ali) 정권에 반대해 2010년 12월 시작된 튀니지의 민주화 혁명이다.

56 기상청이 발표한 「1981~2010년 국내 10개 지점의 계절 지속 기간 분석 결과」에 따르면 국내 일평균기온 20도, 일 최고기온 25도를 넘는 여름이 1980년대에 비해 최대 10일 이상 길어졌다. 현재의 추세가 지속될 경우 21세기 말에는 남한 전 지역이 아열대 기후로 변할 것으로 예측한다.

습기 시장에서 50%에 달하는 점유율을 나타냈다. HMC투자증권은 제습기 판매 호조에 힘입어 2013년 위닉스의 매출과 영업이익이 전년 대비 각각 6.9%, 107.6% 늘어난 1,500억 원, 67억 원에 이를 것으로 추정하고 있다. 그리고 제습기 시장은 보급률이 낮아 미래가 밝다는 점도 주가 상승에 보탬이 되었다. 강신우 HMC투자증권 연구원이 "국내 가구당 제습기 보급률은 아직 7% 정도에 불과하다"며 "2000년대 초반 10% 수준이던 김치냉장고 보급률이 90%에 달하는 것처럼 제습기 시장도 급속히 확대될 것"이라고 전망한 것도 이러한 이유 때문이다.

2013년 8월 14일 《이데일리》의 기사를 보자.

"돈까지 빨아들인 제습기… 사상 최대 실적, 위닉스 순이익 896% 급증, 주가도 올 들어 155% 올라, 국내 보급률 12% 불과, 내년에도 가파른 성장 기대"

워낙 위닉스의 주가가 오르다 보니 "제습기 말고 제습기 회사 주식을 샀더라면…"이라는 농담마저 나오는 실정이라고 한다.

"숭어가 뛰면 망둥이도 뛴다?"

코웨이도 제습기 성장에 힘입어 2분기 매출액과 영업이익이 분기사상 최대 실적을 기록했다. 신일산업과 리홈쿠첸 등도 높은 기대감 속에 주가 역시 고공행진이다. 신일산업은 제습기 신제품 6종을 내놓은 뒤 판매가 크게 늘었다. 리홈쿠첸 역시 중국인의 밥솥 수요 증가와 함께 제습기 판매가 추가적인 모멘텀으로 작용하며 주가가 2배 이상 뛰었다. 이처럼 우리나라 기후변화로 주가가 크게 오른 대표적인 업체는 제습기 관련 업체라고 할 수 있다.

2013년 가을부터 2014년 봄까지 주가가 가장 많이 오른 주식은 미세먼지 관련주다. 중국발 스모그가 기승을 부리면서 공기청정기업체인 코웨이와 위닉스가 '방긋' 웃은 것이다. 아울러 대기오염 관련 중국 기업인 크리에이트 과학기술(마스크 제작), 장수위에 의료기기(의료용 공기청정기 제작)의 주가는 연초 대비 평균 44.1%나 상승했다. 중국 내 관련 기업의 주가는 누적된 오염 문제가 이슈화된 2013년 9월 말 이후 가파른 상승세를 보이고 있다. 중국이 대기오염 완화를 위해 향후 수년 동안 대기오염에 1조 7,000억 위안(약 300조 원)을 투자하기로 결정한 것도 호재로 작용했다. 스모그 관련 물품 수요가 단기적으로 끝나지 않을 것이라는 전망 때문이다.

세계적인 폭염과 가뭄은 식량 흉년을 가져왔지만, 농산물 펀드를 풍년으로 만들었다. 2013년 7월까지 10여 개 농산물 펀드의 평균수익률은 15%에 달했다. 이 기간 국내 주식형 펀드의 수익률(-0.20%)은 본전을 밑돌았다. 개별 상품으로는 '삼성KODEX콩선물(H)특별자산상장지수투자신탁'이 수익률 41.43%였다. '미래에셋TIGER농산물선물특별자산상장지수투자신탁'과 '신한BNPP애그리컬처인덱스플러스증권자투자신탁', '미래에셋로저스농산물지수특별자산투자신탁'도 각각 27.55%, 18.96%, 11.39%의 수익률을 냈다. 세계 식량 사정이 더 악화될 것이라는 전망이 나오면서 농산물 펀드는 급등했다. 무려 한 달 사이에 '우리애그리컬처인덱스플러스특별자산투자신탁'(16.49%), '미래에셋TIGER농산물선물특별자산상장지수투자신탁'(15.58%), '삼성KODEX콩선물(H)특별자산상장지수투자신탁'(13.99%), '신한BNPP애그리컬처인덱스플러스증권자투자신탁'(13.61%) 등이 10%가 넘는 수익률을 기록했다. 필자는 많은 기업체에 날씨경영 특강을 한다. 어느 증권회사에서 강의를 했을 때다. 강의를 마치고 내려오는데 그 회사의 임원이 다가와 말을 건넸다.

"강의하신 것처럼 정말 날씨가 주가에 큰 영향을 줍니다. 저는 날씨정보를 이용해 주식을 사고파는데 날씨정보가 틀리지 않았을 경우에는 손해 본 적이 없습니다. 나만의 노하우지만 정말 놀랍습니다. 다만 날씨예보의 정확도가 떨어진다는 점이 아쉽기는 하지만요."

그래서 우리 케이웨더 예보팀의 날씨정보를 활용하라고 조언했다. 날씨예보 정확도야 '케이웨더 예보센터' 하면 알아주지 않는가?

4장

미래 기후변화시대의
유망비즈니스

01
기상컨설턴트업은
최고의 미래 산업

런던올림픽이 한창일 때다. 2012년 8월 2일 《중앙일보》 1면에 날씨 기사가 실렸다. 필자 평생 주요 일간지 1면에 날씨 기사가 가장 큰 제목으로 올라온 것은 이때 처음 보았다.

"날씨경영 못 하면 GDP 10% 날린다"는 제하에 이상기후가 기업의 매출을 좌우한다는 내용이 실렸다. 당시 여름 폭염이 극심해 많은 산업계가 폭염 대응에 비상이 걸렸을 때였다. 기사 내용 중 한국기상산업진흥원장 박광준 씨의 인터뷰도 실렸다.

"이상기후로 인한 국내 피해액은 2009년의 경우 106조 원으로 추산되었다."

결국 날씨경영을 못 하면 엄청난 손해를 볼 수밖에 없다는 것이다.

유엔 산하 국제재해경감전략기구ISDR, International Strategy for Disaster Reduction 의 보고서는 충격적인 전망을 내놨다. 날씨급변으로 전 세계 국내총생산GDP의 3분의 1이 감소하고 경제적 손실액은 최소 25조 달러에 달할 거라는 것이다. 날씨변화에 대응하지 못하면 직접적인 천문학적 피해가 발생한다는 것이다. 지구온난화로 인한 극심한 기후변화는 경제뿐 아니라 문화,

●●● 유엔 산하 국제재해경감전략기구(ISDR)의 보고서는 날씨급변으로 전 세계 국내총생산 (GDP)의 3분의 1이 감소하고 경제적 손실액은 최소 25조 달러에 달할 것이라는 충격적인 전망을 내놨다. 날씨변화에 대응하지 못하면 직접적인 천문학적 피해가 발생한다는 것이다. 지구온 난화로 인한 극심한 기후변화는 경제뿐 아니라 문화, 정치에까지 큰 영향을 미치고 있다. 이 이 야기는 이제 기후변화가 국가만이 아니라 개인의 삶에도 엄청난 영향을 준다는 것이다. 기후변 화는 지금까지 살아왔던 패러다임을 바꾸는 거대한 흐름인 것이다.

정치에까지 큰 영향을 미치고 있다. 이 이야기는 이제 기후변화가 국가만이 아니라 개인의 삶에도 엄청난 영향을 준다는 것이다. 지금까지 살아왔던 패러다임을 바꾸는 거대한 흐름인 것이다.

기업들은 투자나 마케팅을 하기 위해 매번 의사결정을 해야 한다. 불확실성을 최소화하기 위해 많은 시간과 비용을 투자한다. 모든 정보를 수집해 경영전략을 수립하는 데 이용한다. 불확실성으로 인한 손해를 줄이기 위한 노력인 것이다. 그런데 문제는 많은 기업의 의사결정 과정이 상당히 경직되어 있다는 것이다. 그러다 보니 리스크 예상에도 신속히 대처하기 어렵다. 리스크 중 가장 예측하기 어렵고 많은 손실을 가져오는 것이 날씨다. 불가항력적인 면도 있고 예측이 어려운 면도 있다. 그러다 보니 날씨가 경영에 큰 리스크로 작용하는 것이다.

2000년대 들어 전 지구적으로 기상이변이 많이 발생하고 있다. 그러다 보니 날씨로 인한 리스크를 최소화하기 위해 찾기 시작한 것이 기상컨설턴트[57]업이다. 기상컨설턴트들은 날씨가 기업경영에 미치는 위험요소를 분석한다. 그 결과를 중장기 예보에 적용해 날씨위험관리 전략을 제공해준다. 1997년 민간예보사업제도가 시행되면서 기상컨설턴트라는 직업이 처음 등장했다. 그러나 기상컨설턴트업이 자리를 잡기 시작한 것은 몇 년밖에 되지 않는다. 기업들이 날씨에 대한 정확한 예측과 위험요소 예측이 가능하다면 손실을 최소화할 수 있다고 생각하면서부터다. 케이웨더의 경우 2010년과 2012년의 한파, 2012년의 폭염, 2013년의 긴 장마 때 기상컨설팅 의뢰를 가장 많이 받았다.

기상컨설턴트들은 민간기상회사에 속해 있다. 이들은 자신들이 보유한 기상정보를 활용해 위험요인을 분석한다. 그리고 대비책을 마련해 예상

---

57 날씨요인이 기업경영에 미치는 위험요소들을 각종 기상정보를 통해 분석하고 그 결과를 중장기 예보에 활용해 날씨위험관리 전략을 제공해주는 사람들이다. 선진국과 비교할 때 많이 알려져 있지 않은 직업 중 하나로 경제의 불확실성과 맞물려 이들의 수요는 계속해서 높아질 것으로 기대된다.

하지 못한 날씨 충격으로부터 기업을 보호한다. 이런 기상컨설턴트들의 활동이 경제 전체적으로는 침체의 폭을 낮춰주는 효과가 있다고 전문가들은 말한다. 즉, 경기 변동business fluctuation[58]의 진폭을 줄이는 역할도 한다는 것이다. 단기적인 경기 변동이 모여 장기적인 경제성장을 가능하게 만든다. 따라서 상승과 침체의 진폭이 크지 않을수록 보다 안정적인 경제성장을 이뤄낼 수 있다. 기상컨설턴트의 역할이 상당하다.

최근 IT기술 발달로 대두된 '빅데이터big data'로 기상컨설턴트의 성장 가능성은 확실히 커졌다. 빅데이터란 엄청난 양의 데이터 집합을 의미하는 것이 아니라 효과적으로 처리하고 분석해 가치를 생성할 수 있는 데이터를 의미한다. 기상산업에서도 빅데이터를 이용한 컨설팅이 활발해지고 있다. 장기간의 날씨정보와 기업의 판매정보를 분석해 유의미한 관계들을 발굴해내는 것이다. 기업들은 이것을 경영전략 수립에 적극적으로 활용하게 된다. 하나의 예를 들어보자. 전 세계 유전자조작농산물GMO 시장의 90%를 장악한 회사가 몬산토Monsanto[59]다. 이 회사가 빅데이터 업체인 '클라이밋코퍼레이션The Climate Corporation'이라는 회사를 거의 1조 원에 가까운 돈을 들여 사들였다. 클라이밋은 농경지의 기후·작물 데이터를 분석하고 이를 토대로 농업 종사자들에게 관련 상품을 판매하는 업체다. 이들은 기후 상황 시뮬레이션 때 사용하는 데이터 값이 5조에 달할 정도로 정밀함을 자랑한다. 몬산토가 거액을 배팅한 것은 이 회사의 빅데이터 날씨 분석과 예측능력을 인정했기 때문이다. 즉, 날씨예측과 리스크 헤지 예측이 가능하다면 조그만 회사라도 1조 원이 아깝지 않다는 말이다.

기상정보를 활용해 이익을 올리는 일은 이젠 낯설지 않다. 편의점에선 온도 변화에 따라 상품의 진열 순서를 바꾸고 발주 품목을 조절해 재고를 최소화한다. 눈비가 많이 내리면서 야외골프장 수요 감소를 예측한다. 이

---

58 실질 국내총생산(GDP)이 장기 추세선을 중심으로 상승과 하락을 반복하는 현상을 의미한다.
59 종자 개발, 생명공학기술 개발 등의 농업 솔루션을 제공하는 다국적 농업기업.

결과로 실내골프장 규모를 늘려 이익을 높인 사례도 있다. 날씨에 따라 교통 상황의 보고 빈도를 달리한다. 모니터링 비용은 줄이면서도 교통사고를 낮춘 사례도 있다. 날씨정보를 이용하지 않아 쪽박을 찬 경우도 있다. 2014년 1월과 2월 겨울의류가 재고로 남은 사례, 스키장 오픈 및 폐장 시점을 잘못 예측하여 손해를 본 경우도 있다.

일본 기업은 날씨를 마케팅에 적극적으로 이용한다. 일본 기업 유니클로는 의류판매에 기상컨설턴트를 적극적으로 활용해 대박을 올리는 대표적 기업이다. 일본의 프랭클린 저팬은 기업 컨설턴트를 하다가 최근 낙뢰사고가 빈번하다는 점에 착안했다. 이들은 자체적으로 새로운 비즈니스 영역에 진출했다. 일본 전역 29곳에 전자파 센서를 설치해 낙뢰정보를 수집한다. 그런 다음 필요한 기업과 소비자에게 낙뢰 발생 가능성이 있는 지역의 예측정보를 보내주고 있다. 또 낙뢰증명서를 발행하는 서비스도 제공하고 있다. 낙뢰 피해를 입은 개인이나 회사가 손해보험회사에 청구할 때 프랭클린 저팬이 인증해주는 것이다. 우리나라도 최근에는 낙뢰로 인한 피해를 감소시키기 위한 컨설턴트의 매출이 급상승하고 있다. 기후변화에 따른 기상컨설턴트가 얼마나 중요한가를 알려주는 대목이다.

독일에서는 산업의 80%가 날씨로부터 직간접적인 영향을 받는다고 한다. 특히 건설, 유통, 에너지, 패션, 레저, 제조업 등은 날씨의 영향을 많이 받는다. 각 업종마다 필요로 하는 컨설팅은 다르다. 예를 들면, 건설업의 경우는 초단기예보를 활용하여 작업 유무를 결정한다. 유통업의 경우는 제품이 제일 잘 팔리는 시점의 기온대를 찾아 다양한 날씨 프로모션을 진행한다. 의류업의 경우는 시즌 타이밍 분석을 통해 생산량을 조절한다. 에너지의 경우는 정확한 수요 예측을 통해 비용을 줄이고 매출을 늘린다.

어떤 사람들은 이런 기상자료를 기상청의 자료를 이용하면 안 되냐고 묻는다. 그러나 기업이 필요로 하는 정보는 기상청의 정보로는 한계가 있다. 기상청이 제공하는 기상정보는 국민의 생활과 안전에 관련된 생활기상정보다. 하지만 기업들이 필요로 하는 정보는 매출 또는 비용과 직결된 산업기상정보다. 따라서 기상청이 제공하지 않는 다양한 산업기상정보를 통해 날씨위험을 분석하고 이를 토대로 다양한 날씨경영 기법을 제공하는 점이 다르다고 할 수 있다.

민간기상업체는 우선 기상청으로부터 관측 데이터와 예측정보를 받기는 하지만, 자체적으로 관측망을 구축하고 있다. 자체 슈퍼컴퓨터를 이용한 예측정보를 전문예보관들이 생산하여 고객에게 제공한다. 해외 기상의 경우는 해외 민간기상업체에서 돈을 주고 정보를 사서 필요한 기업에 판매한다. 예를 들어, 여행사에 제공되는 세계 날씨 등이 이에 해당한다. 여기에서 한 단계 더 나아간 것이 기상컨설턴트다. 기상위험을 분석하고 대비책을 마련하는 것이다. 그러다 보니 기상컨설턴트들은 주로 경영·경제학과 통계학 전공자들로 구성된다. 기상학 전공자들만으로는 빅데이터 시대의 정량적인 분석에 한계가 있기 때문이다. 정확한 분석을 위해서는 데이터를 다룰 수 있는 상경계열 전공자들이 반드시 필요한 분야다. 따라서 기상컨설턴트업에서는 기상학 전공자, 예보자, 경영학이나 회계학 전공자 등이 같이 분석하고 보고서를 만든다.

기상컨설턴트들이 받는 스트레스는 크다. 날씨라는 것은 100% 예측이 불가능하다. 기상컨설턴트들

●●● 일본의 프랭클린 저팬은 기업 컨설턴트를 하다가 최근 낙뢰 사고가 빈번하다는 점에 착안하여 자체적으로 새로운 비즈니스 영역에 진출했다. 일본 전역 29곳에 전자파 센서를 설치해 낙뢰정보를 수집한 다음 필요한 기업과 소비자에게 낙뢰 발생 가능성이 있는 지역의 예측정보를 보내주는 것이다. 또 낙뢰증명서를 발행하는 서비스도 제공하고 있다. 낙뢰 피해를 입은 개인이나 회사가 손해보험회사에 청구할 때 프랭클린 저팬이 인증해주는 것이다.

이 최선을 다해 고객의 날씨위험을 진단하고 솔루션을 제공해도 예상이 빗나갈 수 있기 때문이다. 특히 기상컨설팅에서 중장기 예보는 매우 중요하다. 그러나 기상예보는 기간이 길면 길수록 정확도는 떨어진다. 따라서 예측정보에 대한 정확도를 높이기 위해 다양한 예측 모델을 개발하고 선진 기술을 도입하는 등 고객의 경영 이익을 위해 최상의 방법을 동원해야 한다. 다행히도 케이웨더 예보센터에서는 독자적인 예보가 가능해진 2010년 여름부터 2013년 겨울까지 여덟 번의 여름과 겨울 예보를 정확하게 맞혔다. 많은 기업들이 고맙다는 말을 해오면 가슴이 뿌듯해진다. 고객들의 신뢰와 컨설턴트 의뢰가 늘어나는 것이 얼마나 즐거운지 모른다.

기상컨설턴트가 되고자 한다면 자연, 특히 날씨에 대한 끊임없는 탐구정신과 애정이 필요하다. 아울러 통계학적 계산을 신속·정확하게 처리할 수 있는 수리능력, 분석자료를 설명할 수 있는 의사소통능력 또한 필수적으로 필요하다. 아울러 기상정보를 제공하는 것에 그치지 않고 날씨에 따른 솔루션도 함께 제안하기 때문에 마케팅이나 경영, 응용통계 등의 지식, 다양한 산업에 대한 이해능력이 요구된다. 기상이 사회에 미치는 영향을 알기 위해서는 사회학적인 시야도 필요하다. 앞으로는 응용 기상전문가들이 많이 나올 것으로 예상되므로 기상 분야를 의학, 공학 등과 접목시켜 활용하는 데 필요한 능력까지 갖춘다면 금상첨화가 될 것이다.

미래에 유망한 비즈니스로 기상컨설팅 산업이 있다고 말했다. 그렇다면 이곳에서 일하는 직업인으로서 기상컨설턴트는 어떨까? 2011년 코엑스에서 열린 미래직업박람회에서 10년 뒤 유망 직업으로 기상컨설턴트를 꼽았다. CNN에서는 기상컨설턴트를 '2012년 비전 있는 직업'으로 선정했다. 기상이변이 잦아질수록 더욱 뜨는 분야가 기상컨설턴트라는 것이다. 기상 선진국이라 할 수 있는 미국, 일본의 경우 기상컨설턴트들이 많게는 3,000명 이상 활동하고 있다. 억대의 급여를 받는 등 고부가가치를 창출하는 고난도의 전문 직업인으로 인정받는다. 우리나라에서는 기상컨설턴트는 아직 생소한 직업으로, 민간기상예보업체나 기업에서 자문가로 활약하고 있는 컨설턴트는 수십 명에 그치고 있다. 지구온난화가 가속화되면서 세계 곳곳에서 기상이변이 속출하고 있으며, 경제의 불확실성과 맞물려 기상컨설턴트의 수요는 지속적으로 높아질 것으로 기대된다. 따라서 기상컨설턴트는 앞으로 기업들이 필요로 하는 블루오션형 유망 직업이 될 것이다.

케이웨더 기상컨설턴트팀은 최근 빈번해지고 있는 집중호우나 한파, 이상기온 등 기후변화로 인한 기업들의 피해가 급증하고 있는 것에 주목하고 있다. 일회성이 아닌 중장기적 관점에서 기상컨설팅을 서비스하고 있다. 또한 분기 또는 요청 시마다 다양한 분석과 예측정보를 기업에게 제공하고 있다. 기업경영에 날씨를 접목시킨 것이 날씨경영이다. 기후변화가 심해지면서 날씨경영을 도입하는 기업들이 많아지고 있다. 또 전문적인 날씨위험관리와 기상예측을 위해 기상컨설턴트와 예보관을 채용하는 기업들도 늘고 있다. 최근에는 기업들이 날씨경영인증제를 통해 경영에 날씨를 핵심 요소로 인식하고 있는 것도 반가운 일이다. 기상컨설턴트업이 국가 경제에 중요한 역할을 담당하는 미래에 유망한 비즈니스가 될 거라고 필자는 확신한다.

02
기후변화 덕에
뜨는 건강산업

유엔 정부간기후변화위원회IPCC와 세계보건기구WHO, World Health Organization는 심각한 기후변화로 인해 인류의 건강이 위협받을 것이라고 말한다. 기후변화의 가장 큰 요소는 기온이다. 기온이 급격하게 상승하고 있다.

2013년 9월 27일 IPCC 5차 보고서에서는 세기말이면 전 지구적으로 기온이 4.2도 상승할 것이라고 예상했다. 환경부와 국가기후변화적응센터는 「신新시나리오를 반영한 기후변화 영향 평가」 보고서에서 우리나라가 아열대성 기후로 변하면 감염성 질환, 알레르기 질환이 늘고, 폭염 때문에 만성질환이 심해져 노약층 사망이 늘 수 있다고 밝혔다. 폭염 빈도가 증가하면서 건강에 가장 큰 영향을 줄 수 있다는 것이다. 보건복지부는 여름철의 이상 고온 때문에 발생하는 사망자 수는 2020년 1,783명, 2030년 4,820명으로 늘 것으로 예상하고 있다. 고려대 대학원 식품자원경제학과 이나영 씨는 석사학위 논문 「기후변화로 인한 취약 계층의 사망률 변화 분석과 사회적 비용 추정」에서 2000~2011년까지 12년간 서울의 여름철(6~8월) 기후변화에 따른 취약 계층 사망률을 분석했다. 이 씨의 논문에 따르면, 폭염과 관계없이 평년 기후에도 사망할 것으로 예상되는 서울의 65세 이상 호흡기관 및 심혈관계 질환자는 2015년 3,156명, 2030년 6,047명, 2050년 8,572명에 이른다. 하지만 이 씨는 여름철 폭염이 심해지면 최대 약 3,700명이 더 사망할 것으로 예상했다. 매개곤충과 미생물 등이 증가하면서 감염성 질병이 만연하게 되는 것이다. 다음 표는 모기의 경우 기후요인에 따라 모기나 병원균, 쥐 등이 어떻게 영향을 주는가를 나타내고 있다.

기후요인에 따른 감염성 질병 매개체의 변화

기후요인	모기	병원균	척추동물(쥐)
기온 증가	• 생존력 감소 • 일부 병원체의 생존력 변화 • 개체 수 증가 • 사람과 접촉 증가	• 부화율 증가 • 전이계절 증가 • 분포 증가	• 따뜻한 겨울은 쥐의 생존에 유리
강수량 감소	• 더러운 물이 고여 모기가 알을 낳을 곳이 증가 • 지속된 가뭄으로 달팽이 수 감소	• 영향 없음	• 먹이의 감소로 개체 수 감소 • 사람 주변으로 이동하여 접촉 기회 증가
강수량 증가	• 개체 수 증가 • 습도 증가로 인한 생존력 증가 • 홍수에 의한 서식지 제거 기능	• 직접적 영향에 대한 증거 없음 • 일부 자료에 의하면 말라리아 병원균이 습도와 관계가 있음	• 먹이의 증가로 개체 수 증가 가능성이 있음
홍수	• 홍수는 매개체의 서식지와 전이에 변화를 초래	• 영향 없음	• 동물의 배설물에 오염될 수 있음
해수면 상승	• 홍수가 소금물에서 알을 낳는 모기가 많아지는 것에 영향을 줌	• 영향 없음	• 영향 없음

세 번째는 기후변화로 인한 대기조성 변화로 환경성 질병이 발생한다는 점이다. 최근 우리나라에 가장 많은 영향을 주고 있는 것이 미세먼지다. 기후변화와 산업환경의 변화로 매년 급속히 농도가 증가하고 있다. 초미세먼지는 입자가 매우 작기 때문에 몸의 모든 정화기관을 통과해서 몸속 깊은 곳까지 침투해 기관지 끝에 달린 폐포에 달라붙을 수가 있다. 각종 기관지염이나 폐렴 등의 폐질환을 유발시키기 때문에 위험성이 아주 높다. 경기개발연구원은 2013년 수도권 미세먼지로 연간 약 80만 명의 폐질환 환자가 발생하며, 이로 인한 사회적 비용이 연간 12조 3,000억 원으로 추정된다고 밝혔다. 산성눈[60]의 경우도 마찬가지다. 우리나라에 내리는 눈 가운데 황산염과 질산염, 암모니아 등 유해물질이 섞여 있다. 눈에서 이런 물질이 차지하는 비중은 약 30% 수준이다. 열대 곤충의 증가나 꽃가루로 인한 감염, 알레르기성 질환이 급증하는 것도 하나의 형태다. 아열대성 기후로 변하면 현재 열대지방에 서식하는 곤충 분포 지역이 늘어난다. 그러면 곤충 매개 감염병이 늘어날 수 있다. 대표적인 것이 말라리아, 쓰쓰가무시병, 뎅기열 등이다. 비염, 아토피 피부염 등 알레르기 질환도 증가할 수 있다. 집먼지 진드기나 곰팡이균이 잘 번식하기 때문이다. 화초의 개화 기간이 늘어나 꽃가루 등에 노출되는 기간이 증가한다. 오재원 한양대 구리병원 교수는 "특히 온실가스 등이 늘어남에 따라 꽃가루 독성이 세지는 경향이 있다"고 말한다.

　　마지막으로 기후변화로 우울, 불안 및 외상성 스트레스장애 등 정신질환도 많이 발생한다.

　　"기온이 상승하면 범죄율 증가해."

　　캘리포니아대학교 버클리 캠퍼스 연구팀이 폭력적 범죄와 관련한 약 60편의 논문을 분석한 결과다. 폭동, 제국 붕괴, 전쟁 등 폭력과 관련이 있는 역사적 사건들은 더운 열기와 관련이 있다. 기온이 상승하는 날씨에 집

---

[60] 비정상적으로 높은 농도의 황산 및 질산을 함유한 눈.

단 갈등이 14% 상승하고 성폭행을 포함한 개인적 폭력 범죄가 4% 증가한다는 것이다. 범죄분석가 찰리 란스포드는 "겨울이면 총격전 사고 발생률이 여름의 절반으로 떨어진다"며 "따뜻한 봄 날씨가 시작되면 살인사건과 총격사건이 다시 증가하기 시작한다"고 말한다. 햇빛이 뜨거워지기 시작하는 늦봄에 살인을 비롯한 범죄율이 가장 높다. 해가 길고 날씨가 따뜻해 늦은 시간까지 거리에 나와 있는 사람이 증가하면서 범죄 기회 역시 증가하는 것이 하나의 이유일 것으로 추정되고 있다. 자살 역시 늦봄과 초여름에 많이 일어난다. 기온의 변화가 심해질수록 이런 현상은 더 만연할 것이다.

기후변화로 인한 사람들의 건강 문제는 웰빙과 환경 분야의 발전으로 이어질 것이다. 미래의 비즈니스에서 건강과 환경 부분이 가장 성장할 것이라고 예상하는 것도 이 때문이다. 기후변화는 미래의 유망한 비즈니스를 만들어낸다. 어떤 비즈니스가 뜰까? 폭염에 대비한 건강산업이 앞에 설 것이다. 폴 제인 필저Paul Zane Pilzer의 『웰니스 혁명The Wellness Revolution』에서는 건강산업 시장을 연 3조 달러 규모로 보고 있다. 선진국의 의료 부문 지출이 획기적으로 증가하면서 미국의 경우 GDP의 7분의 1에 이르렀다. 소득이 높아질수록 규모가 커지는 대표 산업이 건강산업이다. 최근 건강산업은 건강의 유지 및 관리와 관련된 사업이 확장되고 있다. 이는 기후변화와도 관련이 있다. 건강산업계에서는 먼저 질병의 관리 대상을 파악한다. 병의 빈도를 분석하고, 사망률이나 활동제한 일수를 고려한다. 기후변화와 현대 질병인 고혈압이나 과체중, 고혈당과 고지혈 등을 매칭해 관리한다. 상시적인 측정 기술이 필요하기에 다양한 형태의 센서로 몸의 상태를 측정할 수 있어야 한다. 변기에 바이오센서를 넣어 건강을 관리하는 방법이 좋은 예다. 하니웰honeyWell은 가정 내 센서로 노인의 움직임을 관찰하여 알츠하이머 등 질병의 징후를 파악하여 관리하고 있다. 상시적인 측정기술로 휴대폰을 이용하는 방법이 사용되기도 한다. 독일의 바이오컴포트BioComfort와 비타폰Vitaphone 사는 몸 상태를 모니터링한 후 생체 신호를 원격 전송하는 방법을 사용한다. 원격 건강관리법으로 연 600억 유로의 진료비 절감이 가능하다고 한다. 최근에 나온 모바일 헬스케어도 좋은 비즈니스다. 휴대폰에 내장된 카메라에 있는 화상통화 기능을 사용하여 원격 의료 상담 및 진료를 하는 것이다. 휴대폰 센서로 우리 몸의 정보를 측정해 관리하는 방법도 있다. 모바일 혈당 관리 같은 것이 좋은 예다. 인터넷 의료사업도 유망 분야가 될 것 같다. 기후변화로 질병이 만연하면서 가계 의료비 부담은 날로 증가하고 있다. 2006년에 미국 가계 의료비 지출은 2조 1,000억 달러였는데, 2017년에는 4조 2,000억 달러로 증가할 것이라고 한다. 미국은 의료비가 너무 비싸다. 그래서 의료비 지출을 절감할 수 있는 e헬스사업이 유망할 것이라는 거다.

기후변화로 인해 대박 가능성이 높은 것이 메디투어[61]다. 선진국뿐 아니라 태국, 필리핀 등에서도 메디투어를 위해 엄청난 투자를 하고 있다. 인도에서는 2009년에 인도 최초의 헬스호텔이 개장되었다. 이 호텔에서는 모든 성형, 주름수술, 의료수술이 가능하다. 메디투어 바람은 일본과 독일에도 불었다. 이들 나라의 부유한 고령자들은 6개월~1년간 호화유람선을 탄다. 유람선 내에서 아주 위험한 암수술을 하거나 일상적인 성형수술까지 한다. 메디투어는 여행과 함께 건강을 추구하려는 부자들에게 엄청난 인기를 끌고 있다. 북미 유럽인들은 코스타리카, 엘살바도르, 과테말라, 아르헨티나, 멕시코를 가장 선호하는 것으로 드러났다. 이들 국가는 성형이나 치과비용이 선진국에 비해 반값 정도도 안 된다. 고령 인구는 장기간 요양을 요하는 무릎연골, 엉덩이뼈, 척추부상, 심장 수술 등을 이런 나라들에서 원하는 것으로 드러났다. 많은 보험회사가 메디투어를 받을 수 있는 상품을 개발하고 있는 것을 눈여겨봐야 한다.

---

61 개인이 자신의 거주지를 벗어나 다른 지방이나 외국으로 이동하여 현지의 의료기관이나 요양기관, 휴양기관 등을 통해 본인의 질병을 치료하거나 건강의 유지, 회복, 증진 등의 활동을 하는 것으로, 본인의 건강상태에 따라 현지에서의 요양, 관광, 쇼핑, 문화체험 등의 활동을 겸하는 것을 의미한다.

●●● 선진국의 의료 부문 지출이 획기적으로 증가하면서 미국의 경우 GDP의 7분의 1에 이르렀다. 소득이 높아질수록 규모가 커지는 대표 산업이 건강산업이다. 최근 건강산업은 건강의 유지 및 관리와 관련된 사업이 확장되고 있는데, 이는 기후변화와도 관련이 있다. 건강산업계에서는 기후변화와 현대 질병인 고혈압이나 과체중, 고혈당과 고지혈 등을 매칭해 관리한다.

기후변화로 우리가 경험해보지 못한 바이러스가 생겨나고 있다. 그리고 일반적인 바이러스에도 인류는 취약함을 보인다. 이것에 착안한 바이오 테러 대응 산업도 미래 유망 비즈니스가 될 것으로 보인다. 폭탄 테러나 비행기 테러보다 미래에는 바이러스 테러가 발생할 것으로 예상되기 때문이다. 바이오센서나 일반적인 백신으로 면역성을 강화시켜주는 시스템 개발이 대박이 될 것이다. 백신은 건물에 소화기가 비치되듯 전 세계의 모든 국가에 배포될 것이다. 최근 SARS나 조류독감으로 세계적인 백신 업체가 돈방석에 올라앉은 것을 보면 이 시장이 얼마나 유망한지 알 수가 있다.

다음으로는 기후변화로 인해 증가하는 해충과 전염병을 막을 수 있는 방법이다. 세계보건기구는 해충과의 전쟁에서 승리하기 위해 획기적인 대처법을 장려하고 있다. 이런 노력으로 새로운 유형의 유전자조작GM 곤충이 탄생했다.[62] 영국의 바이오테크놀로지 기업인 옥시텍Oxitec은 뎅기열 벡터를 억제하는 GM모기를 개발했다.

"온난화로 돈 벌자, 일본 해충 제거 약으로 뜬다."

일본의 후마킬라Fumakilla 회사는 초여름부터 극성을 부리는 신종 외래 해충을 없애는 약을 개발하여 히트를 쳤다. 살충제 전문회사 후마킬라는 신종 변이해충 전용 살충제로 새 시장을 개척한 사례다. 평균기온 상승으로 도쿄 도심이 아열대기후로 변해가면서 신종 변이해충이 등장했다. 오키나와등무늬벌레, 변이 바퀴벌레, 아르헨티나 개미, 열대생식지네 등이다. 기온이 올라가면서 해충의 생존 기간도 늘어났다. 후마킬라는 맞춤형 살충제를 만들어 성공했다. 미래 기후변화는 웰빙 및 건강 분야에 돈을 팍팍 밀어줄 것이다.

---

62 곤충 유전체에 삽입되는 유전자를 형질전환 유전자(transgene)라고 하는데, 과학자들은 유전자가 포함된 DNA를 곤충 알에 주입시켜 복합 병렬된 형질전환 유전자를 갖는 곤충을 만들고 이것을 GM 곤충이라 한다.

"소득 수준이 높은 사람은 춥거나 더울수록 행복지수가 높고, 소득 수준이 낮은 사람은 섭씨 20도 부근의 온화한 날씨에 행복감을 더 느낀다."

- 에버트 반 블리트(네덜란드의 사회심리학자)

03
미래의 대세는
친환경 건축이다

"제주도는 생태도시, 친환경도시가 되어야 합니다."

2013년 9월 25일 제주 칼 호텔에서 평화섬 정책 세미나가 열렸다. 제주도는 세계 환경수도를 목표로 여러 사업을 추진 중이다. 이중 제주도가 '에코 디자인'[63]의 중요성을 이해해야 한다는 주장이 나왔다. 제주 발전전략의 큰 틀 속에서 추진해야 한다는 것이다. 김태일 제주대 건축학부 교수는 "생태학적 패러다임 전환 속에서 에코 디자인이 미래 사회 도시 경쟁력으로 이어지는 중요한 부분으로 자리 잡아 갈 것으로 예상된다"며 "제주가 이를 실현하기 위해서는 단기적으로는 건축적 레벨에서의 추진, 장기적으로는 도시적 레벨에서의 추진 전략이 구체화돼야 한다"고 강조하고, 이를 위해 구체적 로드맵 작성의 필요성을 역설했다. 아울러 적극적인 행정적 금융지원을 강조하고 세부계획도 제시했다. 2013년 여름 제주도는 열대야의 극기록을 갱신했다. 그러다 보니 냉방에너지의 과부하가 자주 발생했다. 이것에 대한 해결 방법으로 차양과 미늘판 설치 및 고반사율

---

63 자연에 동화된 환경 창조를 돕는 공간 디자인.

●●● 기후변화에 적응하고 살기 좋은 환경을 만들기 위해서는 에코 디자인이 절대적으로 필요하다. 지구온난화로 인한 기후변화가 건축 분야에도 많은 변화를 가져올 것으로 전망된다. 높은 기온과 많은 강수량은 우선적으로 주거환경의 변화를 불러온다. 보다 청량하고 안전한 지역, 보다 시원하고 깨끗한 주택으로 소비자의 관심이 옮겨갈 것이기 때문이다.

재료 사용, 자연환기를 최대한 발생시키기 위한 단면 계획의 중요성을 제시했다. 한 마디로 기후변화에 적응하고 살기 좋은 환경을 만들기 위해서는 에코 디자인이 절대적으로 필요하다는 것이다. 지구온난화로 인한 기후변화가 건축 분야에도 많은 변화를 가져올 것으로 전망하고 있기 때문이다. 높은 기온과 많은 강수량은 우선적으로 주거환경의 변화를 불러온다. 보다 청량하고 안전한 지역, 보다 시원하고 깨끗한 주택으로 소비자의 관심이 옮겨갈 것이기 때문이다. 예를 들어 고지대에 부유층 동네가 형성될 것이라는 전망도 이 때문이다. 이 이야기는 미래 건축의 컨셉이 자연과 어울리는 친환경이라고 말한다.

'꿈의 도시'는 어디일까? 아부다비의 '마스다르 시티Masdar city'다. 아랍에미리트연방UAE 정부는 수도인 아부다비 외곽 지역에 여의도 면적(8.4제곱킬로미터)보다 약간 작은 7제곱킬로미터 규모로 세계 최대 탄소제로 도시인 '마스다르 시티'를 만들고 있다. 2008년 5월 9일부터 공사가 시작된 이 사업은 약 220억 달러가 투입되어 2016년경에 완공될 예정이다. 아부다비 인근 사막에 있는 이 도시에는 약 5만 명이 거주하고 1,500여 개의 기업체가 입주할 예정이란다.

마스다르의 가장 큰 특징은 도시 운영에 필요한 모든 동력을 태양열, 풍력 등 청정에너지에만 의존하는 100% 친환경도시로 개발된다는 점이다. 대중교통수단으로는 배터리로 움직이는 무인 전기자동차가 사용된다. 기존 도시에 비해 에너지를 75% 정도 덜 사용하게 된다. 그런데 필자의 눈길을 끈 대목이 있다. 자연 통풍이 잘 되도록 건물과 길, 녹지를 배치한다는 것이다. 사막의 한가운데 세우는 도시라 냉방에너지가 상상 이상으로 필요하다. 이것을 녹지배치, 녹지지붕, 시원한 바람길로 많은 부분을 해결하겠다는 것이다.

마스다르 이야기를 들으며 우리 조상들의 지혜가 생각난 것은 웬일일까?

"천년의 시간이 바람으로 불어와 마음의 문을 두드립니다"라는 컨셉으로 2013 대장경세계문화축전이 가을에 해인사에서 열렸다. 늦둥이와 함께 만난 해인사는 나에게 감격과 자랑스러움으로 다가왔다. 열대지방 사람들의 지적 수준이 낮아진 것은 날씨 때문이라는 말을 한다. 높은 습도와 기온으로 책을 오래 보관할 수 없어 구전으로 문화를 전할 수밖에 없었기에 고차원적인 사상이나 과학이 전해질 수 없었고, 그래서 후진국으로 남을 수밖에 없었다는 것이다. 반면, 우리나라가 세계적으로 문화 수준과 지적 수준이 높은 것은 책이나 경판 등의 보존이 좋아 사상이나 과학이 잘 전달되었기 때문이다. 대표적인 사례가 합천 해인사에 보관되어 있는 팔만대장경[64]이다. 팔만대장경을 보관하고 있는 장경판전이 세계인의 주목을 받는 것은 760여 년이 지나도록 나무로 된 경판을 온전히 보관해온 비밀 때문이다.

현재 대장경을 보관하고 있는 장경판전은 조선 초기 성종 19년인 1488년에 건립됐다. 놀라운 것은 당시 지은 장경판전 건물이 최적의 환기와 온도로 경판의 변형과 부식을 방지하는 데 성공했다는 것이다. 현대 건축가들도 보고 놀랄 정도라고 한다. 건물 위치, 건물 배치와 좌향, 판가板架 구조, 경판 배열 등에서 통풍이 잘 되고 적당한 일조량, 목판 보존에 최적의 조건인 항온·항습 상태를 유지하도록 돼 있다는 것이다. 경판의 부패와 부식을 막으려면 내부에서 발생하는 습기와 외부에서 들어오는 햇빛을 최대한 억제해야 한다. 이를 위해 하지와 동지의 태양 고도는 물론 여름과 겨울 햇빛을 받는 시간도 계산했다고 건축가들은 말한다. 법보전까지 풍속을 유지해 전달될 수 있도록 의도적으로 살창 크기를 조절했는데, 이 기술이 기가 막힌다. 바람길을 과학적으로 이용한 것이다. 건물 바닥도 숯가루가 포함된 맨 흙바닥으로 두고 천장도 빗반자 등으로 한 것 역시 습기가 바닥과 지붕 밑에서 조절이 되도록 하기 위한 것으로 추정된다. 여기에다 경판 자체도 뒤틀림이나 굽음을 막으려고 양쪽에 나무 마구리를 끼우고 다시 마구리와 경판을 금속 장석으로 연결했다. 조상들의 슬기가 엿보

---

64 국보 제32호. 몽골이 고려를 침입하자 부처의 힘으로 몽골군을 물리치기 위해 만든 대장경.

이는 대목이다. 이런 놀라운 과학적 기술이 적용되었기에 팔만대장경이나 대장경을 보존하는 장경판전이 유네스코 세계문화유산으로 등재되지 않았나 싶다.

한옥에 바람길을 만들어 사시사철 통풍이 잘 되도록 한 것도 조상들의 지혜다. 한옥이 여름에 시원한 이유는 '마당' 때문이다. 한옥 마당은 일반적으로 본채에 둘러싸인 상태에서 배토나 황토가 깔려 있다. 태양열에 의해 금세 데워지지만, 이 덕분에 바람길이 만들어진다. 외부의 바람이 집 안으로 불어오게 되는 비결이다. 마당이 뜨거워지면 마당에 있는 공기도 함께 데워져 위로 올라간다. 더운 공기가 위로 올라가면서 비는 공간을 외부에서 바람이 들어와 채운다. 놀라운 기상 원리를 활용한 것이다. 한여름에도 한옥 대청마루에 앉아 있으면 에어컨이 필요 없을 정도로 시원한 것은 이 때문이다.

예전 외국에서도 냉방을 위해 자연 방법을 활용했다. 그리스와 로마의 저택에서 집 가운데 정원은 태양열을 받아들이는 역할만 했던 것이 아니다. 정원에는 보통 '임플루비움impluvium'이라는 사각형 빗물받이 겸 연못을 만들어둔다. 비열이 큰 물이 집 안 온도를 일정하게 유지해주는 역할을 했다. 가운데 정원을 온도 조절에 활용했던 것은 남부 유럽이 중심이었다. 스페인의 알람브라Alhambra 궁전이 대표적이다. 가운데 정원에는 큰 연못이 있고 이곳으로부터 사방으로 수로가 뻗어나와 방 안쪽까지 물이 흘러든다. 효과적인 냉각장치 역할을 하는 것이다. 물을 이용한 냉각방식은 놀라운 효율을 보인다. 한여름에 전형적인 지중해식 정원은 길거리보다 온도가 9도나 낮다. 스페인의 세비야Sevilla 대학에서는 이런 기술을 활용했다. 시원한 공기를 능동적으로 건물 내부로 끌어들이는 냉각기법을 개발한 것이다. 이 기법을 말라가Malaga 호텔에 적용하자, 에너지가 절반으로 줄어드는 놀라운 성과가 있었다고 한다.

우리나라 한옥이 수평적인 공기의 흐름을 이용했다면, 이슬람 사원은 수직적인 공기 흐름을 활용했다. 이슬람의 술레이마니에 사원Suleymaniye Mosque

에는 수직적인 환기 시스템이 설치되어 있다. 건축가 시난^{Sinan}의 작품으로 출입구 위의 작은 공간으로 내부의 후덥지근하고 탁한 공기를 빼낸다. 그리고 바닥에 둔 관으로 외부의 신선한 공기를 끌어들이는 방식이다.

사실 공기 흐름을 이용한 냉각의 진수는 인간이 아닌 흰개미에게서 볼 수 있다. 흰개미는 개미탑의 구멍들을 여닫으면서 공기의 흐름을 조절함으로써 집 내부의 온도를 일정하게 유지한다. 짐바브웨 출신의 건축가 믹 피어스^{Mick Pearce}는 흰개미의 환기 시스템을 모방하여 최초의 대규모 자연 냉방 건물인 이스트게이트 쇼핑몰^{Eastgate Shopping Mall}을 건설했다. 효과는 놀라웠다. 에어컨 없이도 실내 온도가 24도 정도로 유지된 것이다. 간단한 시스템 덕분에 이스트게이트 쇼핑몰은 같은 규모의 건물의 10%에 불과한 전력만을 사용한다고 한다.

바람길을 이용한 한옥에 도전장을 내민 것이 도시형 친환경 주택인 '패시브 하우스^{passive house}'[65]다. '수동적^{passive}인 집'이란 뜻의 패시브 하우스는 친환경 단열 공법을 통해 에너지 사용을 최소화한 주택이다. 많은 빛을 받아들여 집을 데운 후, 그 열을 가능한 한 적게 내보내는 원리를 사용한 것이다. 단열을 위한 삼중유리, 바닥, 지붕, 벽, 창틀까지 단열재가 사용된다. 유리 사이에는 공기보다 열전도율이 낮고 결로 현상을 방지할 수 있는 아르곤^{Ar}, 크세논^{Xe}이 주입된다. 이에 대응되는 액티브 하우스^{active house}[66]가 있다. 최근에는 패시브 하우스와 액티브 하우스를 결합해 에너지 효율은 최대로 높이고 필요한 에너지는 건물에서 자체 생산하여 외부에서 유입되는 에너지가 없는 '제로에너지 하우스'[67]로 발전하고 있다. 지열과 잠열

---

65 패시브 하우스란 단열성능을 높여 에너지 낭비를 최소화한 건축물로, 패시브 하우스의 난방용 에너지는 연간 15킬로와트시/제곱미터를 넘지 않게 설계된다.

66 태양광, 지열, 풍력, 바이오가스 등의 각종 신재생 에너지를 자체적으로 만들어 외부로부터 공급되는 에너지의 사용을 적극적으로 줄이고자 하는 건축물을 의미한다. 예를 들면 태양열을 이용하여 난방이나 온수를 얻을 수 있게 한 것도 액티브 하우스 건축물의 일종이다.

67 제로에너지 하우스는 에너지 소비와 생산의 수준만 제로로 맞추는 것이 아니다. 신재생 에너지를 통해 사용량을 초과하는 에너지를 생산하여 건물을 지을 때 사용하게 되는 에너지 소비까지도 상쇄하여 총 에너지를 0 또는 +로 유지하고자 하는 것이다.

●●● 짐바브웨 출신의 건축가 믹 피어스는 흰개미의 환기 시스템을 모방하여 최초의 대규모 자연냉방 건물인 이스트 게이트 쇼핑몰을 건설했다. 에어컨 없이도 실내 온도가 24도 정도로 유지되고, 간단한 시스템 덕분에 같은 규모의 건물의 10%에 불과한 전력만을 사용한다고 한다.

을 이용해 에어컨을 사용한 것처럼 실내를 시원하게 만들어주는 기법도 있다. 지하 2미터 깊이에 묻어 집 내부로 연결한 '쿨 튜브cool tube' 시스템이 좋은 예다.

경복궁에는 물난리가 나지 않는다?

경복궁 내부로 유입되는 물은 향원지(후원연못)와 경회루 연못 등에서 일시 저장된다. 넘치는 물은 내부 수로인 금천을 통해 청계천으로 유입된다. 경복궁 근정전 앞에 얇고 넓적하게 뜬 돌인 박석薄石을 깐 것은 이유가 있다. 비가 올 때 물 흡수율을 높이기 위해서다. 2012년 11월 27일 국토해양부와 국토연구원 국가도시방재연구센터는 '도시방재 관련 전문가 세미나'를 열었다. 심우배 국가도시방재연구센터장은 "선조들은 경복궁, 창덕궁, 안동 하회마을 등 주요 시설을 설치하면서 집중호우에 따른 침수에 대비하기 위해 계획적으로 수로, 저류지 등을 다단계로 설치했다"며 "이를 통해 수량과 유속을 통제함으로써 오랜 기간 동안 반복적인 홍수에도 시설물들이 안전하게 견딜 수 있도록 했다"고 주장했다. 조상들의 지혜를 잘만 이용하면 큰돈 들이지 않고 도시의 기후변화에 대응할 수 있다는 이야기다.

미국에서는 똑똑한 빌딩인 스마트 빌딩 기술[68]로 기후변화에 대응하고 있다. 텍사스 인스트루먼트는 댈러스 인근에 에너지 절약형 친환경 반도체 사업장을 스마트빌딩 기술로 건설했다. 건축비가 기존 빌딩보다 30%가 줄어들면서 무려 2억 2,000만 달러를 절감할 수 있었다고 한다. 빌딩 관리에도 엄청난 비용 절감이 예상된다니 부럽기만 하다.

기후변화로 가장 유망한 비즈니스는 건축이다. 건축으로 대박을 치려

---

68 빌딩과 에너지 관리 시스템, 미터측정기술, 환경 센서, 조명조절 시스템, 에너지 최적화 시스템, 커뮤니케이션 네트워크 등으로 구성되어 있다.

면 패러다임 전환이 절대적으로 필요하다. 다른 기술보다 앞서는 신기술을 개발해야 한다. 정부는 부처 간 이기적 행태에 머물지 말고, 건설사들이 제로건축 신기술에 투자하도록 도와주어야 한다. 그렇게 된다면 건축 신기술인 '태양광 발전, 풍력 발전 등의 자연 에너지 이용 활성화', '자연광, 자연 통풍 등을 활용한 조명 및 공기 조절 시스템', '빙축열 공기조절 시스템', '옥상 녹화 공법', '벽면 녹화 공법', '지붕 살수 시스템' 등과 같은 최고 기술은 우리나라 것이 되지 않겠는가? 미래 세계의 가장 비싼 빌딩들은 자연스럽게 우리나라 건설사들의 차지가 될 것이고, 이는 또 다른 성장 동력이 되지 않겠는가?

04
기후변화시대에
유망한 농업 비즈니스

"기후변화에 대처할 능력이 없는 가난한 나라에서는 이미 기후전쟁이 발발했다. 이미 기후난민의 숫자는 2억 5,000만 명을 넘어섰다. 2050년에 이르면 현재의 10배에 해당하는 난민이 발생할 것이다."

- 하랄트 벨처, 『기후전쟁』

"기후변화는 일상생활을 넘어 경제·산업은 물론 지역 및 국제 안보와도 직접적으로 연관돼 있다. 앞으로 기후변화가 극단주의와 테러리즘의 촉매제가 될 것이다."

- 미 국방부 싱크탱크 CNA 보고서

지구온난화로 인한 기후변화는 전쟁, 기아, 테러의 세계로 지구촌을 휘몰아가고 있다.

"기온 2도 오를 때 집단분쟁 50% 늘었다."

미국 버클리 대학이 발표한 '기후변화와 폭력' 연구보고서에 나오는 말이다. 이 연구팀은 지난 수백 년 동안 세계에서 벌어진 공격, 성폭력, 살인,

분쟁, 내전 등과 관련한 사례를 연구했는데, 놀랍게도 기온 및 강수량 변화가 폭력과 깊은 상관성을 지닌다는 결론을 내렸다. 예를 들어 온도가 2도 오를 때마다 개인 간 범죄는 15% 더 많이 발생하고, 집단 분쟁은 지역에 따라 50% 넘게 늘었다는 것이다. 이들은 "기후변화가 폭력을 증가시키는 메커니즘은 농작물 생산 감소 등 경제적 변화라고 할 수 있다"고 주장한다. 하나의 사례로 아프리카 지역에서 온도가 조금만 올라도 식량 생산이 줄어들며, 기온 상승이 계속된다면 앞으로 20년 동안 분쟁이 50% 넘게 늘 거라는 것이다.

기후변화로 인한 전쟁의 원인으로 식량 감산을 꼽은 것은 추위로 인한 영향에서도 마찬가지다. 데이비드 장 홍콩대 교수는 대규모 전쟁의 근본 원인은 기후변화라고 주장했다. 그는 중국과 유럽의 전쟁과 기후상관관계를 조사했다. 소빙하기의 추운 날씨는 식량 부족으로 이어져 농업이 쇠퇴하고 경제 위기로 진전되면서 전쟁이 발발하고 이민이 증가하더라는 것이다. 그는 대표적인 예로 30년 전쟁[69]을 꼽았다.

급속한 기후변화로 빙하가 예상보다 빨리 녹고 있다. 히말라야 산맥에 쌓인 빙하가 사라지면 빙하의 물로 살아가는 네팔, 부탄, 인도, 파키스탄은 혼돈과 전쟁에 빠져들 확률이 높다. 물 부족과 식량 감산으로 인한 폭동과 국내 갈등이 인도와 남아프리카, 인도네시아를 붕괴시킬 것이라고 미래학자들이 보는 것도 무리는 아니다.

미래 기후변화시대에 유망한 농업 분야 비즈니스는 무엇일까?

2011년 미국 항공우주국NASA의 홈페이지에 '배고픈 지구를 위한 과학'이란 제목으로 짧은 동영상이 실렸다. 첫 장면은 빈 그릇과 숟가락인데, 과자 상자에서 지구가 나와 그릇에 담긴다. 지구 주변에는 인공위성 3대가 빙글빙글 돌고 있다. 무슨 이야기를 하고 싶은 것일까?

---

69 1618~1648년 독일을 무대로 신교(프로테스탄트)와 구교(가톨릭) 간에 벌어진 종교전쟁.

세계는 애그플레이션agflation[70]의 공포에 시달리고 있다. 곡식 값이 오르고 있기 때문이다. 먹을 사람은 많은데, 식량은 부족하다. 곡식을 식량 대신 바이오에탄올을 만드는 재료로 이용하면서 생겨난 현상이다. 여기에 기후변화로 식량이 감산하는 것도 큰 이유다. NASA의 메시지는 이렇게 어려운 시기에 로켓을 연구하는 우주과학자도 식량 문제 해결에 나설 수 있다는 것이다.

NASA가 2011년 6월 초 발표한 '광합성 지도'에 해답이 있다. 광합성 지도는 식물이 광합성을 할 때 내는 불그스름한 빛을 측정해 지도로 만든 것이다. 이것을 보면 전 세계에 있는 식물의 광합성을 알 수 있다. 광합성이 얼마나 활발한지 알면 식량 생산도 예상할 수 있다는 것에 바탕을 두었다. 예를 들어 옥수수 농장에서 광합성한 양이 평소보다 적다는 관측이 나왔다. 이 정보는 인공위성을 통해 농부에게 전달된다. 농부가 광합성이 적게 일어난 지역을 파악한다. 가물거나 새로운 해충이 나타났다는 걸 빨리 알게 되는 것이다. 그러면 대책을 빨리 세울 수 있다. 인공위성이 식물의 광합성까지 정확하게 알려주면 갑작스러운 식량 위기를 맞을 위험은 줄어들 것이다.

"그린란드에서 온대성 작물 키운다"

2013년 4월 1일 《국민일보》 기사 제목이다. 그린란드는 216만 제곱킬로미터가 넘는 광대한 면적에도 불구하고 인구는 5만 7,000명 정도에 불과하다. 그런데 세계 최대의 섬으로 전체 면적의 85%가 얼음으로 덮여 있는 그린란드에서 지구온난화로 농경이 가능한 지역이 늘고 있다고 한다. 최근 그린란드에는 감자, 토마토, 피망, 심지어 딸기 같은 온대지역에서

---

70 농업(agriculture)과 인플레이션(inflation)의 합성어로, 농산물 가격 급등으로 일반 물가가 상승하는 현상을 뜻하는 신조어다.

●●● 세계 최대의 섬으로 전체 면적의 85％가 얼음으로 덮여 있는 그린란드에서 지구온난화로 농경이 가능한 지역이 늘고 있다고 한다. 최근 그린란드에는 감자, 토마토, 피망, 심지어 딸기같은 온대지역에서나 재배가 가능한 농작물이 자라고 있다.

나 재배가 가능한 농작물이 자라고 있다. 수도 누크의 슈퍼마켓에는 그린란드에서 생산된 싱싱한 채소를 판매한다. 감자의 경우 2012년 생산량이 2008년에 비해 배가 늘어나 100톤에 달했다. 채소 생산량도 지난해에 비해 거의 배나 늘어날 것으로 그린란드 정부는 전망하고 있다. 기후변화에 대처하는 유망한 비즈니스가 농업임을 깨달은 그린란드 정부의 노력이 결실을 맺은 좋은 예다.

기후변화에 유망한 농업 비즈니스로 종자 개발이 있다. 비에 강한 수박과 단호박 종자, 당도를 높인 방울토마토 종자 등을 개발하는 것이다. 전남 광주의 한 단호박 재배 농가는 껍질 색깔이 오렌지 빛인 일명 '오렌지 단호박'을 개발했다. 일본 종자를 한국 기후에 맞춰 개량해 생산한 이 제품은 기존 초록색 단호박에 비해 과육이 두껍고 당도가 높은 게 특징이다. 오렌지 단호박 재배에 나선 것은 여름 장마가 올 때마다 당도 유지로 속앓이를 해왔기 때문이다. 비로 당도가 떨어지면서 판매가 저조해지자 종자를 바꾼 것이다. 결과는 대박이었다. 비가 많이 와도 당도가 유지되고 병충해에도 강했기 때문이다. 이마트가 판매하고 있는 '씨 없는 고당도 흑피수박'도 이런 과정을 거쳐 탄생한 품종이다. 기존 수박이 여름의 강한 비를 버티지 못하자, 이마트는 2009년 세계적 종묘種苗회사인 누넴Nunhems 사에 한국 토양과 기후에

●●● 신품종 '대추방울토마토'는 2009년 이마트에서 연간 매출이 4억 원에 불과했으나, 2012년에는 100억 원의 매출을 기록하며 25배나 매출 규모가 커졌다. 비가 많이 내리면서 당도가 떨어지자 과감히 품종 개량에 나선 결과다. 품종 개발이 기후변화시대에 유망한 비즈니스가 될 것이라는 것을 잘 보여주는 예다.

맞는 수박 종묘를 개발해줄 것을 제의했다. 네덜란드 수박 종자를 개량해 품종 개발에 성공했다. 그리고 2012년부터 함안, 부여, 논산 등 농가에서 80만 통을 계약해 재배했다. 반응도 너무 좋고 수익도 대박이었다고 한다. 품종 개발이 유망한 비즈니스가 될 것이라는 것을 잘 보여주는 예다. 신품종 '대추방울토마토'가 대박을 친 것도 같은 맥락이다. 대추방울토마토는 2009년 이마트에서 연간 매출이 4억 원에 불과했으나, 2012년에는 100억 원의 매출을 기록하며 25배나 매출 규모가 커졌다. 비가 많이 내리면서 당도가 떨어지자 과감히 품종 개량에 나선 결과다. 폭우의 영향을 덜 받는 황토감자 재배를 확대하는 것도 좋은 예다. 품종 개발이 기후변화 시대에 유망한 비즈니스가 될 것이라는 것을 잘 보여주는 예다.

2014년 초 북미 대륙에 기록적인 한파와 함께 폭설이 내렸다. 2013년 여름은 기록적인 폭염과 가뭄이 발생했다. 북미산 오렌지, 체리, 레몬 등의 가격이 크게 오른 이유다. 지난해보다 무려 20% 이상 가격이 올랐다. 여름철 대표 수입 과일인 체리는 고온으로 생산량이 전년보다 30%가량 줄었다. 역시 가격이 전년보다 20~30% 올랐다. 레몬도 물량이 40%가량 줄면서 지난해보다 35.5% 상승했다. 견과류의 상황도 크게 다르지 않다. 아몬드와 호두는 작황 부진으로 생산량이 급감했다. 덕분에 아몬드 수입 가격은 파운드당 3.9달러로 전년의 2.8달러보다 40%가량 상승했다. 호두 수입가도 20% 이상 올랐다. 미래의 농업 비즈니스에 유통이 포함된 것은 이 때문이다. 어느 지역에 어떤 기상현상이 발생할 것인가를 미리 예측할 수 있다면 피해를 크게 줄일 수 있다. 선물시장에서 저가로 미리 구입하거나 수입을 대체할 새로운 산지 개발에 나설 수 있기 때문이다. 예를 들어보자. 오렌지의 경우 미국 캘리포니아산(12월~5월)과 생육과 출하 시기가 비슷하면서도 10%가량 저렴한 스페인산 오렌지를 들여오는 방법이 있다. 자몽의 경우에는 이스라엘산을 들여오고, 미국산 호두 가격이 오르면 칠레의 호두를 들여온다. 미래의 기후변화에 대처하는 비즈니스의 좋은 예다.

농림축산식품부(이하 농식품부)의 이상기후지수[71] 개발도 미래의 기후변화에 대비하는 비즈니스가 아닐까 한다. 2013년 여름 중부지방으로 장마가 약 50일간 지속되면서 농식품부가 '이상기후지수'를 만들기로 한 것이다. 농식품부는 이상기후지수 발표를 통해 농작물 재배에 도움을 줄 수 있다고 생각한다. 뿐만 아니라 일반인들도 생활에 활용할 수 있을 것으로 기대하고 있다. 농식품부 관계자의 말에 따르면 "예상하지 못하는 이상기후가 나타나면서 피해가 급증하고 있다. 피해 농수산물 복구비용은 2009년 1,071억 원에서 2011년 4,413억 원으로 올랐다. 2013년에는 2조 1,800억 원으로 급증했다." 이상기후의 정도를 객관적인 점수로 보여주는 이상기후지수에 대한 연구에 착수한 이유다. 이상기후지수가 최종 완성되면 지역별·시간대별 예보가 가능해지고, 농민뿐 아니라 일반인들도 생활에 이용할 수 있다.

미국의 파머스 마켓Farmers Market 같은 비즈니스도 미래 기후에 대비한 좋은 예다. 미국에서는 농가와 지역주민을 연결해주는 파머스 마켓이 대박이다. 1994년 1,755개였던 파머스 마켓이 2012년에는 7,864개로 늘었다. 평균적으로 매주 1회씩 열리던 장이 2회로, 일반적으로 연간 6개월가량이던 파머스 마켓 개장 기간이 8개월 이상으로 늘었다. 대도시 주변에는 연중 개설되는 파머스 마켓도 있다. 2011년 기준 미국에서 13억 달러가량의 거래가 이뤄졌다. 파머스 마켓의 인기는 신선하고 건강에 좋은 농산물을 구입하고 싶다는 소비자의 욕구가 가장 크다. 소득을 높이려는 농민들의 이해가 맞아떨어졌다.

미국 정부의 적극적인 지원 정책도 시너지 효과를 가져왔다. 미 농무부는 전국에 산재한 파머스 마켓 관련 정보를 한곳에서 찾아볼 수 있는 웹

---

71 이상기후는 기온이나 강수량 등이 정상적인 상태를 벗어난 것을 뜻한다. 따라서 이상기후지수는 폭염, 태풍, 장마, 대설, 우박, 한파, 수온 등의 기후 요소가 평년 평균에서 얼마나 벗어났는지를 종합해 심각도를 표시하게 된다. 예를 들어 0~100점으로 지수를 발표한다면 100점은 실제 일어날 수 없을 정도의 심한 이상기후이고, 0점은 평년의 기후와 동일한 상황을 뜻한다.

사이트를 구축해 운영하고, 파머스 마켓 활성화를 위해 다양한 지원 사업도 전개한다. 연간 1,000만 달러가량의 재원을 투입한다. 저소득층, 임산부, 영유아, 노인들이 파머스 마켓을 통해 지역에서 생산된 신선한 농산물을 구입할 수 있도록 도와준다. 파머스 마켓에 대한 지속적 연구와 기술지원, 규격 및 등급 표준화 개선 활동 등을 통해 사후 관리에도 만전을 기한다. 이러한 미국 정부의 노력은 파머스 마켓이 가족과 함께 행복한 시간을 보낼 수 있는 살거리, 먹거리, 볼거리가 있는 소통의 장場으로 자리매김했다. 이를 본 우리나라에서도 파머스 마켓에 대한 관심이 커지고 있다. 파머스 마켓을 적극 육성해야 한다는 데 모두 공감하고 있다. 기후변화에 대비한 미래 유망 비즈니스에 파머스 마켓이 선도 역할을 담당할 수 있다는 생각 때문이다. 박근혜 정부가 농업 분야를 최우선 정책 과제로 삼고 파머스 마켓 등 직거래 활성화 추진 계획을 가장 먼저 발표한 이유도 이 때문이리라.

이와 함께 기후변화시대에 유망한 농업 비즈니스가 친환경 유기농이다. 다음은 2013년 12월 11일 온케이웨더의 기사 내용이다.

"경기 침체에도 유기농 식품 시장 '쑥쑥' 5조 원 육박."

어느 새인가 친환경 식품이 우리 생활 깊숙이 들어왔다. 대형 마트에서나 볼 수 있던 유기농 상품을 이제는 작은 슈퍼에서도 쉽게 찾을 수 있다. 게다가 최근에는 동네마다 하나씩 유기농 전문 마트가 생겨나고 있다. 이렇듯 친근해진 유기농 식품은 이제 트렌드를 이루며 제법 큰 시장으로 자리 잡았다. 건강한 웰빙 먹거리와 식탁 안전을 위해 비싸고 번거롭더라도 친환경·유기농 제품을 구입하려는 소비자가 증가하는 추세다. 경기 침체에도 불구하고 친환경 농산물 시장은 해마다 성장하고 있다. 농림수산식품부에 따르면 지난해 국내 친환경 농산물 시장 규모는 3조 9,876억 원으로, 이는 2000년 이후 10배 이상 성장한 규모다. 친환경 유기농 식품 시장 규모는 매년 꾸준히 성장하고 있다. 2006년 1조 3,000

억 원에서 2009년엔 3조 7,000억 원, 지난해엔 4조 원에 달하고 있다.

미래 기후변화로 인한 식품의 신뢰 저하는 친환경 식품에 대한 소비자의 인식과 니즈를 높일 것이다. 친환경 유기농 제품의 매출이 지속적으로 성장할 것이라는 증거다. 유기농 전문점 이용자가 크게 증가하는 것도 이때문이다. 풀무원에서 운영하는 친환경 식품 전문 매장인 올가홀푸드와 대상그룹의 초록마을에서는 생산자와 생산이력이 투명한 '친환경농산물 인증' 채소를 판매하고 있다. 풀무원은 최소 15년 이상 친환경 농법을 고수해온 생산자들을 '올가 마이스터'로 선정했다. 이들이 기른 농산물들을 생산자의 얼굴과 연락처를 포장지 전면에 내세운 채 판매하고 있다. 일반 제품보다 비싼 가격에도 불구하고 꾸준히 매출이 늘고 있다. 2012년에는 713억 원의 매출을 올렸다. 대상그룹 계열의 유기농 전문 식자재 회사인 초록마을도 이에 동참한다. 331개 매장과 온라인 쇼핑몰을 통해 친환경 인증 농산물과 가공식품, 천연원료로 만든 생활용품 등 약 2,500가지 상품을 판매하고 있다. 초록마을은 매년 30%가 넘는 성장률을 기록하고 있다. 초록마을의 2012년 매출 목표가 2,000억 원에 이를 정도로 친환경 유기농은 미래의 대안이라고 생각한다.

기후변화에 대비하는 기업들의 노력도 좋은 예다.

"우리는 아무 걱정이 없습니다. 가뭄예보를 이용해 미리 밀을 사놓았거든요."

밀가루 제조업체인 D사의 자랑이다. D사는 2012년 미국 중부지방이 최악의 가뭄이 들 것이라는 예보에 선물시장에서 밀을 다량으로 확보했다. 2012년 밀 등의 식량 가격은 세계적으로 급등했다. 날씨정보를 이용한 덕분에 앉아서 대박을 터뜨린 것이다. 2008년 금융 위기 이후 5년간 평가된 자산수익률에서 옥수수 선물 가격이 144% 상승했다. 가장 수익률이 높을 것이라던 금 가격마저 제쳤다. 이젠 기후변화에 민감한 식량 투자가 최고라는 이야기다. 식량 메이저들은 싼 값에 식량을 확보하기 위해 물불을 가리지 않는다. 식량 생산지의 수확 예상을 위해 인공위성까지 띄운다.

지구온난화로 인한 기후변화는 농업 트렌드를 바꾼다. 예를 들어보자. "브라질 고원에 비가 많이 내리면 스타벅스 주식을 사라."

최고 제품인 브라질 커피의 생산량이 비로 감산되면 커피 가격이 오른다. 볼리비아에 비가 많이 내리면 마약 가격이 폭등한다. 마약 생산량이 급감하기 때문이다. 엘니뇨로 인도와 인도차이나 국가들에 가뭄이 들면 쌀 가격은 폭등한다. 러시아와 호주에 라니냐로 폭염과 가뭄이 들면 밀가루 가격이 오르고, 엘니뇨가 발생하면 대두 가격이 폭등한다. 인도네시아에 많은 비가 내리면 팜 오일Palm Oil(야자유)[72] 값이 대폭 오른다. 식량기업들은 한곳의 생산만 쳐다보고 있다가는 날씨변화로 죽을 쑬 수가 있다. 식품 공급의 다변화가 날씨변화에 대응하는 가장 좋은 방법이다. 세계적인 팜 오일 생산업체인 윌마 인터내셔널Wilmar International 사는 안정적인 팜 오일을 공급받기 위해 아프리카에 야자수 농장을 대대적으로 만들고 있다. 불안정한 날씨로 생산량이 줄고 있는 말레이시아나 인도네시아만을 쳐다만 보고 있을 수 없기 때문이다. 일본의 미쓰비시Mitsubishi 상사는 브라질의 커피농장 경영에 직접 참여했다. 고급 커피 소비는 급증하는데, 기후변화로 생산량이 줄어들기 때문이다. 미쓰비시는 몇 년 내에 중국과 인도 시장의 성장으로 고급 커피의 가격이 폭등할 것으로 예상하고 있다.

기후변화가 심각할수록 식품 가격은 폭등할 것이다. 세계적인 글로벌 강기업들이 식품시장 진출에 열을 올리는 이유는 이 때문이다. 모든 식품을 외국에서 들여와야 되는 우리나라는 어떻게 대비해야 하는 것일까? 정부와 기업과 국민이 머리를 맞대고 심각하게 고민해야 한다. 위기는 기회다. 정확한 분석과 대책 마련이 이루어진다면 기후변화시대에 가장 유망한 비즈니스는 바로 농업 분야다. 누구든 먹지 않고는 못 살기 때문이다.

---

72 아프리카 야자수의 과육에서 얻는 야자유는 매우 높은 포화지방을 함유한 몇 안 되는 식물유 중 하나로, 정제된 야자유는 매우 약한 색을 띤다.

●●● 2008년 금융 위기 이후 5년간 평가된 자산수익률에서 옥수수 선물 가격이 144% 상승했다. 가장 수익률이 높을 것이라던 금 가격마저 제쳤다. 이젠 기후변화에 민감한 식량 투자가 최고라는 이야기다. 식량 메이저들은 싼 값에 식량을 확보하기 위해 물불을 가리지 않는다. 식량 생산지의 수확 예상을 위해 인공위성까지 띄운다. 지구온난화로 인한 기후변화는 농업 트렌드를 바꾸고 있다.

05
미세먼지가
돈 벌어준다?

"매일 마스크 쓰고 살 수 없다."

《파이낸셜 타임스》는 외국인들이 '에어포칼립스airpocalypse'[73] 상태인 베이징을 떠나고 있다고 보도했다. 2014년 1월 초 베이징의 미세먼지농도는 세제곱미터당 993마이크로그램㎍을 기록했다. 세계보건기구WHO 권고기준인 세제곱미터당 25마이크로그램의 약 40배에 달했다. 건강에 치명적인 수치다. 그런데 문제는 미세먼지가 중국뿐 아니라 우리나라에도 심각한 영향을 미친다는 점이다.

미세먼지가 건강에 미치는 영향은 정말 심각하다. 한국환경정책·평가연구원KEI이 연구를 해봤다. 서울 지역 초미세먼지 일 평균농도가 10마이크로그램/세제곱미터 증가하면 사망발생위험이 0.44% 증가한다. 65세 이상 고령자가 심혈관 질환으로 사망할 위험은 1.75% 늘어난다. 이화여대 병원이 임신부 1,500명을 4년에 걸쳐 조사했다. 미세먼지농도가 세

---

73 공기(air)와 종말(apocalypse)을 합친 신조어로, 서구 언론매체들이 베이징의 심각한 대기오염 상태를 빗대어 만들어낸 말이다.

제곱미터당 10마이크로그램 상승할 경우, 기형아를 출산할 확률이 최대 16%나 높아진다. 저체중아 출산율과 조산·사산율도 각각 7%와 8%씩 증가했다. 순천향대학병원 연구에서는 초미세먼지가 혈관을 타고 들어가서 뇌에서는 치매, 심장에서는 동맥경화증을 유발한다고 한다.

우리나라 연구만 그런 것이 아니다. 미국 남캘리포니아 대학이 아동 1,700명을 조사해봤다. 미세먼지농도가 높은 지역에서 태어난 아이들이 '폐 기능 장애'를 겪을 가능성이 5배가량 높았다. 덴마크 암학회 연구센터의 라쇼우-니엘센 박사팀은 미세먼지가 폐암에 영향을 미친다고 말한다. 초미세먼지 농도가 5마이크로그램/세제곱미터 상승할 때마다 폐암 발생 위험은 18% 증가했다. 일반 미세먼지가 10마이크로그램/세제곱미터 상승할 때마다 폐암 발생 위험은 22% 증가했다고 한다. 네덜란드 위트레흐트 대학의 롭 비렌 박사팀은 초미세먼지 농도가 5마이크로그램/세제곱미터 증가할 때마다 조기사망 확률이 7%씩 커진다는 연구 결과를 발표했다. 놀라운 것은 미세먼지가 뇌와 관련이 있다는 것이다. 미세먼지농도가 높은 곳에 사는 사람일수록 뇌 인지 기능의 퇴화 속도가 빨라져 치매환자가 증가하더라는 것이다.

베이징의 미세먼지농도가 세제곱미터당 993마이크로그램을 기록했던 날, TV 화면을 통해 본 베이징은 10미터 밖도 채 보이지 않았다. 중국 사람들은 저런 곳에서 어떻게 살까? 중국 스모그가 심했던 다음날 위성영상을 보았다. 중국발 스모그가 우리나라로 이동해오는 모습이 보였다. 그런데 다음날, 중국의 환경 고위 공무원이 한국 미세먼지에 중국발 스모그의 영향은 없다고 하는 것이었다. 중국의 이런 뻔뻔함은 이번만이 아니다. 2013년 12월 6일 중국의 《환구시보環球時報》는 "한국과 일본이 '중국에 스모그 침입을 당했다면서 중국발 스모그를 자극적으로 보도하고 있다"고 비판했던 적이 있다. 한 술 더 떠 신화통신은 "서울에 나타난 스모그의 발생 원인은 인구 밀도가 높고 대량의 디젤 자동차, 분진 때문"이라고 보도했다. 한국의 미세먼지농도가 높은 것은 한국 탓이라는 것이다.

최근 미국의 환경보호국장인 맥카시McCarthy 국장이 중국의 주장에 일침을 가했다. 맥카시 국장은 중국의 대기오염이 미국에도 피해를 준다고 지적했다. 중국이 배출한 오염물질이 바람을 타고 미국 서해안으로 날라와 하천과 계곡물에 침전되고 있다는 것이다. 미국까지 날라가 영향을 줄 정도라면 우리나라는 말할 필요도 없다. 지정학적으로나 기상학적으로 직접적인 피해를 받을 수밖에 없는 것이다.

중국의 시진핑習近平 주석은 돈을 풀어 2014년에도 7.5% 경제성장을 지키겠다고 전국인민대표대회全國人民代表大會74에서 밝혔다. 재정적자를 12.5% 늘려서라도 소비 증가를 유도하겠다는 것이다. 어떻게 해서라도 경제성장을 계속해야만 하는 나라가 중국이다. 그렇다면 중국인들의 생활수준은 급격히 향상될 것이다. 생활수준이 높아질수록 물 소비나 난방 소비, 자동차 보유 대수가 급격히 증가하고, 산업 활동이 기하급수적으로 늘어난다. 이와 더불어 해가 갈수록 중국의 스모그는 더욱 심각해질 것이다. 그렇다면 우리나라의 피해도 더 커질 것이다. 중국발 스모그가 아니더라도 우리나라는 OECD 국가 중 대기오염도가 상위권에 속한다. 그렇다면 서울은 몇 년 지나지 않아 베이징 다음으로 대기의 질이 가장 나쁜 도시가 될 가능성이 있다. 미세먼지를 '은밀한 살인자'라고 부르는 것은 그 피해가 정말 심각하기 때문이다. 당장 눈에 피가 보이지 않고 상처가 나지 않아서 그렇지 건강에 미치는 위험은 심각함을 넘어선다.

2013년 12월부터 올 봄까지 미세먼지가 극성을 부리면서 마케팅에도 많은 변화를 가져왔다. 미세먼지로 인해 대박을 터뜨린 상품들이 많이 있다. 먼저 마스크다. 미세먼지가 극성을 부렸던 2014년 2월에 온라인 쇼핑 사이트인 'G마켓'은 황사용 마스크가 날개 돋친 듯 팔려나갔다고 한다. 1주일간 판매량이 전년 동기 대비 481%나 급증했다. 황사마스크뿐 아니라 방진마스크 판매량도 298% 증가했다. 미세먼지농도가 높아지면 황사

---

74 중화인민공화국의 최고 의사결정기관이자 집행기관이다.

마스크 판매가 늘어나는 것은 상식이다. 그렇다면 혹시 어떤 상품이 또 빛을 볼까? 아무래도 공기가 나빠지는 거니까 공기청정기나 호흡기 계통의 물품 판매가 증가하지 않을까? 맞다. 미세먼지 때문에 대박을 친 상품이 공기청정기다. 공기청정기의 경우 고가임에도 롯데마트에서는 엄청나게 팔렸다. 무려 지난해에 비해 55.8%의 매출 신장이 이루어진 것이다. 호흡기 관련 상품도 많이 팔렸다. 옥션에서 발표한 자료를 보니까 콧물흡입기와 콧구멍에 끼워 사용하는 소형 필터 '노스크', 콧속 깊은 곳에 들어간 먼지를 제거해주는 세정제 '코크린'도 최근 수요가 급격히 늘었다. 덩달아 손 세정제 및 소독제 역시 30%대의 매출 신장세를 보였다. 이외에 가글 용품 판매도 눈에 띄게 늘었다고 한다. 가장 많은 매출 신장세를 보인 제품이 에어워셔다. 공기정화에다가 가습 효과까지 있는 제품이다. 에어워셔는 필터가 넓으면 넓을수록 건조하고 오염된 공기를 접촉하는 면적이 넓어진다. 따라서 미세먼지를 상대적으로 더 잘 잡아주고 가습력과 공기 청정 능력이 높아진다. 롯데마트에서는 전년 대비 무려 98.1%의 매출이 늘었다. 특이한 제품으로는 에어테이머가 있다. 휴대용 공기청정기로 목걸이 형태로 착용한다. 휴대가 용이한 음이온 발생 공기청정기다. 음이온 방출구를 통해 1cc당 200만 개 이상의 음이온을 방출해 공기를 효과적으로 정화시켜준다고 선전한다. 필자도 하나 사서 사용 중인데, 효과는 아직 잘 못 느끼고 있다. 미국 필터스트림 사에서 개발해 전 세계 20개 국가에서 판매되고 있다. 국제적 분석·검사·인증기관인 인터텍INTERTEK에서 효과를 검증받았다고 한다.

약간 예상 밖이기는 하지만, 스카프와 머플러의 기능을 동시에 갖춘 '멀티프'의 매출이 엄청 늘었다. 원래 멀티프는 쌀쌀한 날씨에 아웃도어 활동을 할 때 방한용으로 사용하는 제품이다. 미세먼지로부터 피부를 직접 보호해줄 수 있다는 소문 때문에 전년 대비 158% 이상의 매출 신장세를 보였다고 한다. 피부에 신경을 쓰는 여성들이 가만히 있을 리가 없다. 미세먼지 제거에 도움을 준다는 점을 내세운 리리코스의 '트리플 트리트먼트'

화장품의 경우 미세먼지가 극성을 부릴 때 평소보다 매출액이 38% 늘었다고 한다.

숭어가 뛰면 망둥이도 뛴다던가? 미세먼지로 공기청정기가 대박을 치니까 주식도 같이 오른다. 중국발 미세먼지가 국내에 유입되면서 관련주들이 동반상승한 것이다.《조선비즈》2013년 11월 6일자 보도를 보자.

코스닥 지수가 강보합세를 보이고 있다. 6일 오전 9시 23분 현재 코스닥 지수는 전날에 비해 0.01% 오른 528.76을 기록하고 있다. 기관이 67억 원을 순매도하고 있고, 개인과 외국인이 각각 82억 원, 2억 원을 순매수 중이다. 테마별로는 중국발 스모그의 영향으로 수도권 지역의 미세먼지 농도가 높아지고 있다는 소식에 관련주들이 들썩이는 모습이다. 섬유 소재로 마스크 등을 제조하는 웰크론(065950)이 5%가량 오르고 있고, 공기청정기를 생산하는 솔고바이오(043100), 안광학 제품을 생산하는 휴비츠(065510)도 강세다.

보도처럼 공기청정기 제조업체인 위닉스의 주가가 상승하니 웰크론과 솔고바이오, 휴비츠 등의 주가도 오름세를 보였다. 웰크론은 섬유 소재 극세사를 이용해 청소용품이나 마스크를 제조하는 업체다. 솔고바이오는 공기청정기와 음이온 제품 등을 만들어 판매하는 회사다. 휴비츠는 안광학 의료기기 전문 업체다. 이들 업체의 주가가 상승한다는 것은 무엇을 뜻할까?

미세먼지 공포는 생활 풍속도마저 바꿨다.《서울경제》의 2013년 12월 6일 보도를 보자.

"야외활동 기피 유동인구 감소… 음식배달·헬스장 이용 늘고, 황사마스크 불타나게 팔려… 길거리 상점은 매출 '뚝뚝'"
피트니스를 이용하는 김정열(31, 대전 둔산동) 씨는 지난 5일 퇴근 뒤 운동을 하러 갔다 북적대는 사람들을 보고 깜짝 놀랐다. 평소에는 많아야 7~8명 정도였는데 이날은 미세먼지가 워낙 심했던 탓인지 20명 넘는 사람들이 운동을 하고 있었다. 김씨는 "줄곧 대전시청 주변 산책로나 갑천 등 바깥에서 운동하던 사람들이 미세먼지 때문에 안으로 몰려들었다"며 "무료로 운영하기 때문에 날씨가 궂은 날 이용자가 크게 는다"고 말했다. 서울 종로에 있는 회사에 다니는 박진원(41) 씨는 먼지가 심한 날은 점심시간이 되더라도 바깥에 나가지 않는다. 대신 구내식당을 이용하거나 배달음식을 시켜 먹는다. 박씨는 "밖에 나가면 밥 먹으랴 차 마시랴 왔다 갔다 하느라 밥보다 먼지를 더 먹는 것 같다"며 "가만히 움직이지 않는 게 상책"이라고 강조했다. 이달 들어 미세먼지가 자주 기승을 부리면서 생활 모습까지 바뀌고 있다. 헬스장에는 사람이 몰리고 배달음식 전문점은 반짝 특수를 누리지만 길거리에서 상점을 운영하는 사람들은 울상을 짓고 있다. 남대문시장 입구의 한 대형 약국에 들어서니 출입문 바로 앞 마스크 판매대의 가장 윗자리는 황사마스크가 차지하고 있었다. 약사는 "하루 평균 황사마스크 네댓 개가 팔리는데 어제 50개 이상이 나갔다"며 "찾는 사람들이 많아 잘 보이는 데 비치했다"고 설명했다.

반면 미세먼지가 심할 때마다 유동인구가 확 줄면서 길거리 상점들은 울상을 짓고 있다. 서울 은평구에서 과일가게를 운영하는 허 모 씨는 "하루 매출이 40만 원 정도인데 어제(5일)는 먼지 때문에 15만 원어치밖에 못 팔았다"며 "과일을 가게 안에 들여놓거나 밖에 두더라도 비닐로 덮어야 하기 때문에 전시 효과가 떨어져 매출이 많이 줄었다"고 하소연했다.

미세먼지로 인해 우리나라 모습이 어떻게 변할까 상상해본다. 치매 환자의 숫자가 급격히 증가해 사회 문제가 된다. 유아 사망률이 높아지고 기형아가 많이 태어난다. 암환자가 급증하고 호흡기 질환으로 사망하는 숫자가 급격히 늘어난다. 지금은 없어진 진폐증 환자가 늘어난다. 심혈관계 질환자의 숫자가 증가한다. 자동차는 2부제로 바뀐다. 미세먼지를 배출하는 공장은 폐쇄된다. 방독면 산업이 대박이 난다. 건강과 병원 사업이 가장 뜨는 사업이 된다. 산소호흡기가 일상의 필수품으로 바뀐다. 상상일 뿐이지만 가능성이 전혀 없는 것은 아니다.

미래는 준비하는 자에게만 밝은 모습으로 다가온다. 한 가지 정부에 제안한다. 정부는 미래에 어떤 모습으로 우리에게 환경재앙이 다가올 것인가를 그려야 한다. 먼 나라인 미국이 중국의 오염물질을 줄이는 협력을 시작하겠다고 했다. 중국의 오염물질 영향을 직접적으로 받는 곳은 미국이 아니라 우리다. 정부는 중국 오염물질을 줄이기 위한 구체적인 협력을 시작해야만 한다. 그리고 우리나라 미세먼지를 줄이는 정책도 하루 빨리 시작해야 한다. 에어포칼립스의 비극을 당하지 않으려면 말이다.

06

날씨에 대한 공포와 불안 심리를 이용한 날씨불안 마케팅

'불안 마케팅' 혹은 '공포 마케팅'이라는 말이 있다. 미래에 생길지도 모르는 불안에 대비해서 미리 준비하라는 마케팅이다. 최근 폭염, 미세먼지, 태풍이 자주 발생하면서 날씨에 대한 공포와 불안 심리가 커지고 있다. 이를 이용한 마케팅이 날씨불안 마케팅이라고 할 수 있지 않을까?

따스한 봄이 오면 사람들은 황사라는 불청객을 만나게 된다. 대부분의 사람들은 황사가 오지 않기를 바란다. 실제로 황사가 오긴 오지만 건강에 영향을 주는 특보급의 황사는 잘 발생하지 않는다. 그러나 황사 관련 업체는 '올해 황사 강하게 발생' 운운하면서 불안 마케팅을 시작한다. 본격적인 황사 마케팅에 나서는 것이다.

2011년에는 삼성전자가 이색적인 황사 마케팅을 벌였다. '스마트예약 대축제'란 이름의 마케팅이었다. 3월 말까지 '스마트 에어컨'을 구매한 고객에게 다양한 이벤트를 제공한다는 것이었다. 스마트 황사 이벤트 참여는 물론 스마트에어컨의 이전 설치비를 무료로 지원한다. 구입 고객을 대상으로 사은품으로 명품 압력밥솥과 크리스털 잔을 제공하고, 12개월 무이자 서비스를 제공한다. 여기에 삼성전자는 기상청(서울 관측소 기준)이 발표하는 4~5월 황사특보[75] 발령 일수에 따라 보상을 해주겠다고 했다. 특보발령이 10일 초과 시 10만 원, 14일 초과 시 추가로 30만 원을 보상한다는 것이었다. 구매 고객에게 최대 40만 원까지 되돌려준다고 했다. 사실 날씨를 아는 사람은 돈을 돌려준다는 삼성전자의 마케팅에는 꼼수가 있다는 것을 안다. 우리나라의 경우 봄철에 황사특보가 발령되는 날은 평균 1~2일 정도밖에 안 된다. 그런데 10일 초과 시 돈을 준다는 것은 안 줄 확률이 높다는 의미가 아닐까? 2011년에 황사 마케팅이 있었던 것은 필자의 예측도 한몫했던 것으로 알고 있다. 필자는 2011년 황사가 많이 발생하고 황사특보(주의보, 경보)가 발령되는 날을 8일로 예측했었다. 당시 많은 기상관계자들로부터 황당하다는 반응을 들었다. 연 평균 1~2일 황사특보가 발령되는데 8일은 말도 안 된다는 것이었다. 그러나 당시 필자는 중국의 황사 발원지역의 발생 조건이 매우 좋다는 것에 주목했다. 물론 황사가 많이 발생해도 우리나라로 날라오지 않으면 영향은 없다. 그러나 당시 기압계의 흐름이 남북류가 많이 형성되는 패턴이었다. 필자는 북서풍이 많이 불 것으로 예측했다. 그렇다면 북쪽 기압골이 지나가면서 후면에 고기압이 강화되어 북서풍이 자주 불면 황사의 영향은 많아질 터였다. 필자의 황사 예측을 모 일간지가 대대적으로 실었다. 기업들이 국민들의 불안감을 이용한 날씨(황사) 마케팅을 펼쳤고, 결과는 대박이었다. 후일담이다. 당시 모 대학 교수가 필자에게 어떻게 8일이나 황사특보가 발령될 수 있겠냐면서 항의한 적이 있다. 예측 근거를 설명해주어도 이해를 못했다. 그런데 다음해 그 교수가 2012년에는 황사특보가 발령될 날이 10일 정도 된다고 예측했다. 재미있게도 필자는 2012년에는 우리나라에 특보급 이상의 황사 가능성이 없다고 발표했다. 2012년과 2013년 두 해 동

---

75 황사특보 기준은 다음과 같다. 황사주의보: 1시간 평균농도 400마이크로그램/세제곱미터 이상 2시간 이상 지속 예상될 때. 황사경보: 1시간 평균농도 800마이크로그램/세제곱미터 이상 2시간 이상 지속 예상될 때.

안 우리나라에 황사특보가 발표되지 않았다. 필자의 예측대로 강한 황사가 영향을 주지 않은 것이다.

2011년 당시 부산 지역 롯데백화점에서는 황사 마케팅을 채택해 특수를 누렸다. 파코라반 유아매장에서는 황사, 미세먼지 및 차가운 외부 공기로부터 유아를 보호해주는 '시력 보호용 유모차 커버'를 판매했다. 자외선 차단은 물론 3면이 '대형 시력 보호창'으로 돼 있었다. 게다가 미세먼지와 황사의 유해물질을 걸러주는 '방수·방풍직물'으로 만들어졌고, 유아의 편안한 수면을 위한 '대형 수면 차광막'이 설치돼 있었다. 아이들을 걱정하는 불안 마케팅의 성공적인 사례로 결과는 대박이었다. 여기에다가 롯데백화점 부산본점 6층 가전매장에서는 외국의 세계적인 공기청정기를 특별 판매했다. 벤타(독일), 디펜서(스위스), 블루에어(스웨덴), 샤프(일본) 등의 제품은 없어서 못 팔 정도였다고 한다. 선글라스 매장에서는 황사 먼지로부터 눈을 보호할 수 있는 샤넬, 펜디, 코치, 캘빈클라인 등 유명 브랜드의 선글라스 상품을 다양하게 선보였다. 인기 코너였던 것은 물론이다. 황사로부터 목과 두피를 보호해주는 실크 소재의 스카프(9~19만 원대)와 면 소재의 모자(9~15만 원대)도 인기몰이를 했다고 한다.

제약회사도 황사 특수 누린다

보령제약은 황사에 노출됐을 때 발생하는 질환에 대비한 의약품 마케팅을 했다. 코의 건강과 비염 예방 및 치료를 위한 비강세정 제품 선점에 나선 것이다. 이들은 3월 중순부터 포스터나 팸플릿 등을 통해 황사 발생 시 대처방법 및 행동요령, 황사 대비 효과적인 의약품 등의 내용을 먼저 홍보했다. 이러한 노력으로 '피지오머'라는 제품은 전체 비강세척제 시장 1위 상품으로 떠올랐다.

이제 황사와 미세먼지는 봄철의 화두가 되었다. 특히 2013년 겨울부터 우리나라에 지속적으로 영향을 주는 미세먼지의 경우 사람들에게 엄청난 불안감을 조성하고 있다. 그러다 보니 불안 마케팅은 더 많아지고 있다. 2014년 3월 31일 YTN 뉴스에 나온 내용이 좋은 예다.

따뜻한 봄 날씨가 찾아왔지만 좀처럼 가시지 않는 미세먼지 때문에 상쾌한 공기를 마시기는 쉽지 않습니다. 특히 올해에는 '슈퍼 황사'가 올 수도 있다는 전망도 나오면서 미세먼지에 대한 우려가 커지고 있는데요. 가전업계에서는 앞다퉈 미세먼지 제거 기능을 장착한 제품들을 출시하며 소비자 공략에 나서고 있습니다. (…) LG전자가 대대적인 출시 행사를 통해 선보인 신제품 에어컨입니다. 공기청정 기능을 대폭 강화해 극히 작은 초미세먼지까지 제거할 수 있다는 게 특징입니다. 먼지는 크기가 0.02마이크로미터까지 제거할 수 있고, 스모그 원인 물질까지 함께 제거할 수 있다고 합니다. 삼성전자도 초미세먼지 제거 기능이 강화된 신제품 에어컨을 출시한 데 이어, 아예 미세먼지 관련 가전 5종을 한데 모아 통합 마케팅에 나섰습니다. 봄을 맞은 가전업계의 가장 큰 이슈는 역시 미세먼지입니다. 이미 지난해부터 중국발 초미세먼지의 영향으로 공기청정 제품들의 매출이 폭발적으로 늘고 있기 때문입니다. 대형 가전 매장의 공기청정기 매출만 보더라도 한 해 사이 무려 650~1000%나 급증했고, 지난해 11월부터는 매달 평균 80%씩 신장세를 보이고 있습니다. 이러다 보니 이제는 에어컨과 청소기, 에어워셔까지 웬만한 가전 제품은 아예 미세먼지 제거 기능이 없는 게 없을 정도입니다. 올해 황사는 계절을 가리지 않고 찾아와 1년 내내 기승을 부릴 것으로 예상되는 가운데 가전업계에서는 이미 치열한 미세먼지 제거 전쟁이 시작됐습니다.

2011년은 황사 마케팅이 처음 시도된 해였다. 그런데 정작 불안 마케팅의 대표는 방사능이었다. 2011년 3월 일본 후쿠시마 원전 사고[76] 이후 '방사능'에 대한 불안 심리를 마케팅에 이용한 것이다. 효과가 검증된 적이 없는 제품들이 인터넷에 대거 등장했다. 방사능 제거 청정기, 마스크,

방사능복 등이었다.

"공기정화식물로 방사능 방지하세요."

꽃배달 전문업체들은 황사능(황사+방사능)에 대처하는 식물이라며 관엽식물들을 대대적으로 홍보하기도 했다.

방사능 때문에 우리나라 생선 시장이 위축되는 영향을 받기도 했다. 그런데 방사능 공포로 미역, 다시마, 소금 등이 때아닌 특수를 맞았다. 이마트의 경우 2011년 4월 전국 135개 매장의 미역, 다시마 판매량이 같은 기간 대비 무려 111%, 94% 각각 늘어났다고 한다. 그리고 기타 대형 마트별로 미역, 다시마 판매량이 90~100%가량 증가했다고 한다. 롯데, 신세계, 현대 등 백화점에서도 소금을 방사성 물질에 오염되기 전에 구입하겠다는 주부들이 몰려들면서 판매가 이상적으로 늘었다고 한다. 일본산 식품 코너에 있는 간장, 된장 등의 제품들은 오래 보관할 수 있다는 이유로 품절 사태를 기록했다. 가끔 매출을 올리기 위해 위험의 정도를 의도적으로 과장하지는 않나 하는 걱정이 들기도 한다. 당시 국내 모 제약업체에서 요오드 함유 음료를 홍보하면서 방사능에 좋다는 과장 광고를 펼쳤다가 식약청이 제동에 나선 경우도 있었다.

일본 대지진과 쓰나미, 그리고 원자력 발전소 폭발을 이용해 자사의 선전 마케팅을 하려다가 욕먹은 기업도 있다. 마이크로소프트는 빙Bing 검색엔진의 트위터 계정을 통해 일본 지진 피해자들을 돕겠다며 "이 메시지를 리트윗할 때마다 한 번에 1달러씩 기부 액수를 늘릴 것", "최대 10만 달러(약 1억 1,200만 원)를 기부하겠다"고 했다. 네티즌들은 "MS가 일본의 지진 대참사를 자사 홍보 기회로 삼고 있다"고 지적하며 "세계 최대 기업이 고작 10만 달러 기부로 생색내려 한다"고 비난하기 시작했다. 결국 MS는 시행 당일 7시간 만에 '일본 돕기 캠페인'을 전격 철회하고 사과했다. 남의 불행

---

76 2011년 3월 11일 일본 동북부 지방을 관통한 대규모 지진과 쓰나미로 인해 발생한 후쿠시마 현(福島縣)에 위치해 있던 원자력발전소의 방사능 누출 사고.

을 이용한 마케팅이 기업 이미지에 얼마나 나쁜가를 잘 보여준 예였다.

그런데 황사나 미세먼지 등은 중국의 영향을 크게 받는다. 이것은 우리나라가 편서풍[77] 지역에 있다 보니 그런 것이다. 중국은 우리나라 서쪽에 위치해 있다. 그래서 중국의 오염물질은 그대로 우리나라로 다 날라온다. 속수무책이고 개선할 방법이 거의 없다는 것이 속이 상할 정도다. 그런데 황사나 미세먼지보다 더 위협적인 것이 있다. 방사능이다. 방사능의 무서움을 잘 보여준 사례가 있다. 일명 '쿠바 미사일 위기Cuban missile crisis'다. 1962년 10월 22일부터 11월 2일까지 11일간 소련의 핵탄두 미사일을 쿠바에 배치하려는 시도를 둘러싸고 미국과 소련이 대치하면서 핵전쟁 발발 직전까지 갔던 국제적 위기를 말한다. 위기가 고조되면서 소련의 서기장이었던 흐루시초프Nikita Khrushchyov는 서유럽에 대한 핵공격을 검토했다고 한다. 그런데 과학자들이 반대하고 나섰다. 과학자들은 만약 소련이 선제 핵공격을 하면 전술적인 승리는 얻을 수 있으나, 대대적인 미국의 보복 공격과 함께 날씨 조건 때문에 소련이 결정적인 타격을 입을 것이라고 주장했다. 소련의 선제 핵공격을 받은 서유럽도 초토화될 것이다. 그러나 핵무기에서 나온 방사능은 하루 만에 소련의 모스크바나 키예프까지 날라와 상상할 수 없는 피해를 줄 것이다. 이 사실을 보고받은 흐루시초프는 서유럽에 대한 핵공격을 포기했다고 한다. 유럽이나 소련이 편서풍 지역에 위치했기 때문에 발생한 에피소드다. 만일 편서풍이 불지 않았더라면 냉전이 열전으로 변했을지도 모르는 일이다. 선제 핵공격의 가능성을 막은 것은 편서풍이었던 것이다.

방사능의 위력은 우리가 상상하는 것보다 엄청나다. 1986년 4월 26일에 구소련 체르노빌에 있는 원자력 발전소가 폭발했다. 1995년 유엔보고

---

77 남북 양반구에 존재하는 것으로, 서에서 동으로 부는 띠 모양의 바람이다. 남북의 기온경도가 커지면서 온도풍의 관계에 의해 상층으로 갈수록 풍속이 증가하여 권계면 근처에서 강한 제트류가 발생한다. 저기압, 고기압, 전선 등이 상층의 편서풍에 의해 이동하므로, 일기예보 분석에 중요하다.

서에 따르면, 이 사고 피폭자는 약 80만 명으로 추정된다. 오염 지역은 총 16만 제곱킬로미터에 이르렀고, 사망자는 수만 명에 달했다. 러시아와 우크라이나에 약 40만 명의 난민이 발생했다. 900만 명 이상이 직간접적으로 피해를 당한 것으로 집계되었다. 특히 벨라루스의 경우 전 국토의 3분의 1이 오염되었다. 당시 구소련에서는 사태 수습에만 국가 예산의 20%를 쏟아부었다. 이 원자력 발전소 폭발 사고로 피해를 입은 주토미르 주에서는 머리가 2개 달린 염소나, 다리가 8개인 망아지 등 이상 가축 보고가 2년 만에 2,000여 건이나 되었다. 신생아의 기형아 발생률은 사고 전에 비해 2.5배나 늘어났다. 폭발한 지 30여 년이 지났지만, 피해는 아직도 계속 진행 중이다.

그런데 우리가 관심을 가져야 할 부분이 있다. 바로 원자력 발전소다. 2011년 일본 후쿠시마 원자력 발전소가 폭발했다. 우리나라 사람들이 방사능 신드롬에 빠졌다. 우리나라는 편서풍 지역이다. 그러기에 동쪽 방사능의 영향은 거의 없다. 그런데도 공포에 빠져버린 것이다. 정작 문제는 우리나라 서쪽에 있는 중국의 원자력 발전소가 폭발할 경우다. 이 경우는 정말 우리나라에 치명타가 된다. 원자력 발전소 폭발에 따라 누출된 방사능은 하루 이내에 우리나라에 도달해 엄청난 피해를 줄 수 있기 때문이다. 중국은 현재 운전 중인 13기 외에 건설 중인 27기에다가 추가 건설을 검토 중인 188기까지 총 228기의 원자력 발전소를 보유할 계획이다. 만일 중국의 원자력 발전소가 지진이나 다른 원인으로 폭발한다면 우리나라는 치명적이다. 다롄大連, 옌타이煙臺, 칭다오青島 인근 지역 원자력 발전소 방사능은 초속 10미터의 편서풍이 불면 하루 만에 한반도에 도달한다. 그런데 국제사회에서 중국 원자력 발전소는 안전성에 문제가 있다고 낙인 찍혀 있다. 2세대 원자로 및 운영 경험이 미숙하다는 것이다. 우리나라 원자력 발전소에서조차 불량부품을 사용하여 정지가 자주 발생한다. 그런데 중국의 수준은 더 심각하기에 언제든지 사고가 발생할 가능성이 있다는 것이다. 여기에 중국의 폐쇄성은 더 큰 문제다. 원자력 발전소가 폭발하더라도 이 사실을 숨기게 되면 우리나라는 전혀 대비하지 못하고 피해를 입게 된다. 이런 일이 일어나지 않으면 정말 좋겠지만, 중국 원자력 발전소 폭발 가능성을 완전히 배제할 수는 없다. 정부는 최악의 사태를 예견하여 미리 대책을 세워놓아야 하지 않을까? 국민의 건강과 생명에 치명적인 영향을 줄 수 있는 사안이기 때문이다. 아울러 기업에서도 국민들에게 실질적인 도움이 되는 방사능 방호옷이나 마스크, 의류, 청정기 등의 개발에 나서야 하지 않을까. 이는 또 다른 유망 비즈니스로 떠오를 것이라는 게 필자의 생각이다.

"해저 1만 미터 '챌린저 딥Challenger Deep'엔 억만장자를 부르는 뭔가가 있다!"

영화 〈아바타〉로 유명한 제임스 캐머런James Cameron 감독의 유인 잠수정이 최고 깊이의 잠수 신기록을 세웠다. '딥시 챌린저Deepsea Challenger'라는 잠수정이 2011년 파푸아뉴기니에서 유인 잠수정으로서는 최고기록인 수심 8,200미터 잠수에 성공한 것이다. 수면에서 잠수를 시작하면 총구에서 발사된 총알처럼 회전하며 심해로 내려간다. 캐머런 감독이 '수직 어뢰'라는 별명을 붙일 정도다. 1인승인 잠수정 내부의 탑승 공간은 폭 1.09미터, 높이 1.89미터에 불과하다. 캐머런 감독이 직접 타고 마리아나 해구Mariana Trench를 촬영할 계획인 것으로 알려졌다. 마리아나 해구는 평균 수심이 7,000~8,000미터로 지구에서 가장 깊은 해역이다. 심해탐사 영화 〈어비스ABYSS〉 제작 등 해저 세계에 깊은 관심을 기울여온 캐머런 감독이다. 아바타 속편의 무대인 '판도라 행성'의 바다 모습으로 마리아나 해구 영상을 이용하겠다는 것이다. 캐머런 감독의 영화는 지구의 기후변화와 환경파괴가 그 배경이 되고 있다.

●●● 버진그룹의 리처드 브랜슨 회장은 "심해 탐험은 인류를 위한 최후의 거대한 도전"이라고 선언했다. 구글의 에릭 슈미트 회장은 자신의 이름을 내건 '슈미트 해양연구소'와 '슈미트 연구선 재단'을 창립해 잠수정 개발에 자금을 대고 있다. 이들이 심해 바다에 관심을 가지는 이유는 이제 기후변화로 인류의 미래는 바다에 있다고 믿기 때문이다.

캐머런 감독만이 바다에 관심 있는 것은 아니다. 세계의 억만장자들이 심해와 우주로 눈을 돌리고 있다. 리처드 브랜슨Richard Branson 버진그룹 회장, 에릭 슈미트Eric Schmidt 구글 회장 등 거물급 부자들이 최근 지구에서 가장 깊은 해저지대인 서부 태평양의 '챌린저 딥Challenger Deep'(해저 1만 911미터)을 비롯한 심해 탐험에 열을 올리고 있다. 브랜슨 회장은 유선형에 날개까지 있어 비행기를 연상시키는 5.48미터 길이의 1인 잠수정을 제작했다. 약 180억 원을 투입해 잠수정을 만든 그는 바다에 직접 들어가겠다고 한다. 그는 "심해 탐험은 인류를 위한 최후의 거대한 도전"이라고 선언했다. 구글의 슈미트 회장은 자신의 이름을 내건 '슈미트 해양연구소'와 '슈미트 연구선재단'을 창립해 잠수정 개발에 자금을 대고 있다. 이들이 심해 바다에 관심을 가지는 이유는 이제 기후변화로 인류의 미래는 바다에 있다고 믿기 때문이다. 우주여행도 억만장자의 차지다. 브랜슨 회장은 상업용 우주여행 프로젝트 '버진 갤럭틱Virgin Galactic'으로 세계 최초 민간 우주비행을 준비 중이다. 2시간 반짜리 우주여행의 가격은 약 2억 2,600만 원이지만 이미 400명가량이 예약을 했다.

미래의 기후변화에 대응할 방법을 찾는 과학자들은 사람들이 접촉하기 힘든 깊은 바다, 사막, 우주공간과 같은 극한환경에 대한 기술이 필요하다고 말한다. 그중 바다는 가장 좋은 대안이다. 아직 바닷속의 숱한 자원을 사용할 수 있는 기술이 부족할 뿐이다. 그러기에 재벌이나 대기업, 국가가 서둘러 극한환경 기술을 개발하고 있는 것이다. 미래 기후변화에 선제적으로 대응하기 위해서다.

극한환경 기술이 갑자기 나타난 것은 아니다. 최초의 우주비행사인 유리 가가린Yurii Gagarin, 바닷속 11킬로미터 깊이의 마리아나 해구에 들어갔다 온 자크 피카르Jacques Piccard, 북극해 항로를 개척한 오토 슈미트Otto Schmidt 등은 모두 인공위성, 심해 잠수정, 쇄빙선 같은 장비에 힘입어 모험에 성공할 수 있었다.

바다는 인류가 기후변화로 인해 줄어드는 각종 자원과 식량, 의약품, 에너지원을 보유하고 있다. 최근 중국과 일본의 센카쿠 열도 분쟁에서 중국이 희토류rare earth resources[78]를 자원무기화했다. 일본이 소극적으로 대처하게 만든 무기가 희토류다. 희토류가 주목받는 이유는 녹색성장에 반드시 필요한 금속이기 때문이다. 풍력이나 조력 등 친환경 발전 방법은 단번에 큰 에너지를 얻기 어렵다. 따라서 이러한 발전 방법을 상용화하려면 고효율 발전기 개발이 필수적이며, 이에 빠져서는 안 되는 부품이 바로 강력한 자석이다. 이러한 자석은 희토류 없이는 제작이 불가능하다. 이뿐 아니라 태양전지, 기억소자, 하이브리드 자동차, 전투기 등 첨단기술 제품에는 반드시라고 해도 좋을 정도로 희토류가 널리 이용된다.

우리나라로서도 희토류 수급 문제는 큰일이다. 희토류 공급원을 다양화할 필요가 있다. 그 방법 중 하나가 해저에서 확보하는 것이다. 해저 자

---

78 란탄(lanthanum), 세륨(cerium), 디스프로슘(dysprosium) 등의 원소를 일컫는 말. 희토류는 화학적으로 안정되면서도 열을 잘 전달하는 성질이 있어 삼파장 전구, LCD 연마광택제, 가전제품 모터자석, 광학렌즈, 전기차 배터리 합금 등의 제품을 생산할 때 쓰인다.

원 중 가장 먼저 연구가 시작된 망간단괴는 지금까지 주로 니켈, 코발트, 망간 등을 얻을 목적으로 연구했다. 그러나 최근 희토류의 중요성이 부각되면서 망간단괴에 함유된 희토류에 대한 관심이 높아지고 있다. 망간단괴에 함유된 희토류는 경제성은 충분할 것으로 추정된다. 우리나라가 개발권을 확보하고 있는 북동태평양 공해에서 망간단괴를 채광하기 시작하면 연간 300만 톤 정도의 망간단괴를 얻을 수 있다. 약 2,000톤의 산화희토류를 50년 이상 공급할 수 있다고 한다. 이런 것을 채광하기 위해서는 심해 잠수정인 해저 로봇과 같은 극한환경 기술이 절대적이다. 우리나라 한국해양연구원의 채광 로봇이 성공적으로 해저 자원을 채굴했다. 2009년 6월 30일, 경북 울진군 후포항 앞바다에서 해저 100미터의 인조 망간단괴를 성공적으로 캐낸 것이다.

세계 각국은 자원의 보고인 바다의 중요성을 깨닫고 심해 탐사에 열을 올리고 있다. 심해 잠수정의 기원은 벨기에 브뤼셀 대학교 물리학과 교수였던 오귀스트 피카르Auguste Piccard 박사다. 그는 미지의 세계였던 성층권에 도전하고 싶어 기구를 제작했다. 밀폐된 공간이 달린 기구 'FNRS 1'호를 개발해 2만 3,000미터 상공까지 올라갈 수 있었다. 피카르 교수는 하늘을 정복하자 이번엔 바다로 눈을 돌렸다. 기구를 만들던 기술을 응용해 바닷속 탐사에 나선 것이다. 그가 만든 FNRS 2호기는 잠수함이었다. FNRS 시리즈의 잠수함은 1953년에는 2,100미터, 그 다음해에는 4,050미터를 내려갔다. FNRS 시리즈의 잠수함에 붙인 별명이 심해 잠수함의 대명사처럼 불리는 '바티스카프bathyscaph'다. 바티스카프의 다음 모델인 '트리에스테'는 1953년 4,049미터까지 잠수하는 데 성공했다. 1957년 미국 해군 연구소는 피카르 교수로부터 트리에스테 호를 사들였고, 이것을 개조해 트리에스테 2호기를 만들었다. 미 해군은 1960년 세계 최초로 바닷속 1만 916미터 깊이까지 들어가는 데 성공했다. 이 기록은 지금까지도 깨지지 않은 채 남아 있다.

심해 잠수정의 개발은 국가의 종합기술 역량을 알 수 있는 척도로 여겨진다. 선진국을 중심으로 개발되어온 심해 잠수정이 최근 중국까지 끌어들였다. 세계 최초로 수심 7,000미터까지 탐사할 수 있는 유인 심해 잠수정 개발에 성공한 것이다. 자위^{賈宇} 중국 국가해양국 해양발전전략연구소 연구원은 "이 잠수정을 이용하면 세계 해저의 99.8%를 탐사"할 수 있으며, 이로 인해 "심해 연구의 범위가 크게 확대될 것"이라고 자랑한다. 세계의 유인 심해 잠수정은 총 5대다. 미국, 일본, 프랑스가 각각 1대씩, 러시아가 2대를 보유하고 있다. 이들 국가의 잠수정은 해저 6,500미터까지 내려갈 수 있다.

일반 잠수함의 잠항 깊이는 150미터 이하, 최첨단 핵잠수함도 500~700 미터가 한계다. 그러니 6,500미터 이하의 심해에 들어간다는 것은 엄청난 기술력이 아니면 안 된다. 일본은 현존하는 최고 성능의 심해 잠수함을 가지고 있다. 1989년에 건조된 신카이 6500은 해저 6,492미터까지 내려갔다. 현재까지 약 1,000회 잠수 실적을 갖고 있다. 두 번째가 1987년에 만든 러시아의 심해 잠수함 '미르' 호다. 해저 6,000미터까지 잠수할 수 있으며 활동시간이 긴 것이 큰 장점이다. 프랑스도 심해 탐사에 열심인데, 심해 잠수함 노틸은 해저 6,000미터에서도 활동할 수 있다. 해저 생태계와 심해 광물 조사에 탁월한 성능을 보였다. 우리나라는 어떨까? 우리나라도 6,000미터 해저를 탐사할 능력은 있다. 2006년 완성한 과학 실험용 무인 잠수정(소형 잠수함)인 '해미래' 덕분이다. 우리나라가 광구권을 갖고 있는 태평양 해역은 수심 5,000미터가 넘어 고성능 잠수정을 개발한 것이다. 하지만 유인 심해 잠수함을 개발하는 것은 무인 잠수정과는 별개의 문제다. 국내에서도 필요하다면 심해 잠수함을 개발할 기술력은 확보하고 있다고 판단하고 있다.

극한환경 기술인 심해 잠수정에 이은 기술이 특수 로봇이다. 일본은 후쿠시마 원전 복구 현장에 특수 로봇을 투입했다. 방사능으로 사람이 접근하기 힘든 극한 상황의 작업에서 인간을 대신해 로봇을 활용한 것이다. 미국 아이로봇^{iRobot} 사는 전쟁터에서 폭발물 탐지 등의 목적으로 개발한 팩

봇^{PackBots} 4대를 원전 사고 현장에 급파했다. 현재 이 로봇들은 원전 내부 깊숙이 들어가 상황을 모니터링하고 물건을 나르는 등의 작업을 수행하고 있다. 2010년 이와 비슷한 일으로 영국의 에너지 기업 BP^{British Petroleum}의 석유시추선 폭발로 멕시코 만에 대량의 기름이 유출되었다. 원자력 잠수함도 접근하기 어려운 해저 1,500미터의 심해 시추공에서 막대한 원유가 흘러나오기 시작했다. BP 사는 결국 무인 잠수정 및 심해 로봇 등을 이용해 콘크리트와 철근으로 만든 차단 돔을 시추공 위에 씌웠다. 감압 유정을 추가로 옆에 뚫고 나서야 원유 유출을 차단할 수 있었다. 이 두 사건에서 보듯 사람이 접근하기 어려운 환경에서 특수 로봇, 심해 무인 잠수정과 같은 첨단 기술은 절대적이다. 인간 활동이 불가능한 환경 속에서 사고 등을 해결할 수 있는 기술이다. 이런 기술을 '극한환경 기술^{Extreme Environment Technology}'이라고 부른다.

잠수 로봇은 1970년대부터 개발되기 시작했다. 잠수 로봇을 ROV^{Remotely Operated underwater Vehicle}라고 부른다. 이는 '원격조종 이동장치'의 약자다. 현재 전 세계적으로 해양연구에 사용되는 ROV는 약 30대이며, 그중 12대만이 수심 4,000미터 이상 잠수할 수 있다. 프랑스, 영국, 노르웨이, 포르투갈, 러시아, 일본, 한국, 캐나다, 호주, 미국, 독일은 수심 6,000미터 이상 잠수할 수 있는 ROV를 확보하고 있다. 우리나라도 당당히 이름을 올렸다. 세계에서 가장 앞선 잠수 로봇은 미국의 우즈홀^{Woodshole} 해양학연구소가 가지고 있다. 하이브리드 ROV '네레우스'가 바로 그것이다. '네레우스'는 원격조종뿐 아니라 케이블 없이 잠수할 수 있는 최첨단 ROV다. 물론 일본의 가이코가 네레우스보다 더 깊이 잠수한 적이 있다. 그러나 '가이코'는 케이블이 끊겨 해저의 암흑 속으로 사라지고 말았다. 기후변화시대에 가장 많은 사람들의 관심이 쏠리는 곳이 바로 바다다. 특히 심해의 자원은 무궁무진하다. 우리나라가 미래 기후변화에 대응할 기술이 필요한 분야가 해저 잠수정과 잠수 로봇이라고 하면 지나칠까?

극한환경 기술은 극지 개발에도 유용하게 사용된다. 극지 개발을 위해서는 연구소 시설과 함께 다양한 정보를 수집할 수 있는 쇄빙선icebreaker이 필요하다. 유빙이 떠다니는 북극이나 남극 주변을 탐사하기 위해서는 선박이 얼음을 깰 수 있어야 하기 때문이다. 최근 쇄빙선이 얼음 해역을 뚫고 새로운 항로를 개척하는 데 사용되고 있다. 유럽과 아시아 항로를 단축시킬 수 있는 북극 항로[79]를 여는 첨병 역할을 하고 있는 것이다. 부산항에서 네덜란드의 로테르담 항까지 갈 경우 수에즈 운하를 이용하면 22.6일이 걸린다. 북극 항로를 이용하면 14.3일 소요된다. 물류 혁명이 일어날 수 있다는 것이다.

러시아, 캐나다, 핀란드 등 겨울에 항구가 결빙되는 국가들은 일찍부터 쇄빙선을 개발해왔다. 최초의 근대식 쇄빙선은 19세기 러시아에서 개발한 파일럿Pilot이다. 이후 소련에서 원자력 쇄빙선 레닌Lenin 호를 개발했다. 우리나라도 2009년 쇄빙선 '아라온' 호를 진수해 이름을 올렸다. 지금은 파산한 STX해운이 심혈을 기울인 사업이 쇄빙선이었다. 아쉽다는 생각이 든다. 그러나 세계 최고의 조선능력을 갖고 있는 우리나라로서는 미래 기후변화에 수익성이 높을 것으로 예상되는 쇄빙선 비즈니스에 나서보는 것도 좋지 않을까?

'우주 공장Space Plant' 역시 주목받고 있는 극한환경 기술이다. 영화 〈그래비티Gravity〉 덕분에 사람들이 우주 환경에 관심이 높아지고 있다. 우주정거장에서는 지구 기상 및 태양 천체 관측, 무중력 환경에서의 인체 연구 등 우주 환경을 이용한 다양한 실험을 한다. 선진국들은 우주 기지를 '우주 공장'으로서 활용하려는 연구를 진행한다. 불순물이 없고 무중력 상태인 우주에서는 지상에서와 전혀 다른 실험 결과가 나오기 때문이다. 신소

---

79 지구온난화로 인해 빙하가 녹으면서 생긴 북극의 뱃길. 기후변화로 인해 북극 바다의 얼음이 녹아 대형 선박이 지날 수 있을 정도가 되어 북극 항로의 이용이 활발해지고 있다. 수에즈 운하나 파나마 운하를 경유하는 것보다 거리가 짧아 항해일수를 크게 단축할 수 있는 이점이 있다. 그러나 북극해를 항행하려면 여름에도 선박에 쇄빙(碎氷) 장치를 설치해야 하고, 쇄빙선을 뒤따르는 선박도 여느 선체로서는 무리다. 또한 항로, 기상 등에 관해서도 아직 알려지지 않았다.

●●● 최근 쇄빙선이 얼음 해역을 뚫고 새로운 항로를 개척하는 데 사용되고 있다. 쇄빙선이 유럽과 아시아 항로를 단축시킬 수 있는 북극 항로를 여는 첨병 역할을 하고 있는 것이다. 부산항에서 네덜란드의 로테르담 항까지 갈 경우 수에즈 운하를 이용하면 22.6일이 걸린다. 북극 항로를 이용하면 14.3일 소요된다. 물류 혁명이 일어날 수 있다는 것이다.

재나 신약 등의 개발도 가능하다. 일본 최초의 우주인인 모리 마모루毛利衛 박사는 실리콘이 아닌 다른 원소로 우주에서 고품질의 반도체를 만드는 데 성공했다. 우주 공장의 가능성을 입증한 것이다. 아직 우리나라 기술력으로는 힘든 분야지만, 관심을 가져야만 하는 분야이기도 하다.

사막화가 갈수록 심각해지고 있다. 사막화를 막기 위한 기술 중에 '해수 온실Seawater Greenhouse'을 이용하는 방안이 있다. 해수 온실에서는 우선 펌프로 해수를 끌어올려 습한 공기를 만든다. 습한 공기는 열을 흡수하면서 온실 내 온도와 습도를 작물이 자라기 적당한 환경으로 만든다. 최후에는 응결시켜 민물로 바꾼다. 이것은 담수화 시설이 필요 없이 농작물과 물을 동시에 얻을 수 있는 방법이다. 2008년 찰리 파튼Charlie Paton을 포함한 3명의 엔지니어는 물을 제공하는 해수 온실과 전기를 생산할 수 있는 태양열 발전소를 결합했다. 그리고 사하라 사막을 녹지화하는 SFPSahara Forest Project 아이디어를 제안한 적이 있다. 2011년 노르웨이와 요르단 정부가 이들의 제안을 받아들였다. 현재 20헥타르 넓이의 실증 단지를 만들고 있다. 이 기술은 유럽 및 중동 전력 수요의 15%를 사막의 태양에너지로 대체하려는 '데저테크DESERTEC 프로젝트'와 함께 불모의 땅 사막을 녹지로 탈바꿈하기 위한 시발점으로 볼 수 있다. 당장 접근하기는 어려운 부분도 있지만, 극한환경 기술 개발이 지구를 기후변화로부터 지켜주는 유망한 비즈니스가 될 것이라고 확신한다.

수, 금, 지, 화, 케, 목, 토, 천, 해, 명, 카, 제. 태양계 행성 이름의 앞 글자들
이다. 예전보다 3개가 늘었다. 새롭게 행성으로 승격한 천체 중 화성과 목
성 사이에 있는 것이 '케레스Ceres', 명왕성 다음이 '카론Charon'과 '제나Xena'
다. 케레스는 로마 신화에 나오는 풍작의 여신으로 그리스에서는 데메테
르Demeter라고 부른다. 케레스는 곡물의 이삭을 관冠으로 쓰고, 손에는 보리
이삭을 들고 있다. 그리스인들이 인류에게 가장 큰 은혜를 주는 신이라고
하여 진심으로 공경했던 신이기도 하다. 국제천문연맹IAU이 곡물신인 케
레스를 지구 가까운 행성의 이름으로 정한 것도 식량이 그만큼 중요하기
때문이 아닐까? 그런데 요즘 케레스 여신이 뿔이 난 모양이다. 전 세계적
으로 식량 생산이 급격히 줄어들고 있기 때문이다.

　2010년은 기상이변으로 식량 생산이 급격히 감소한 해다. 폭염으로 인
해 러시아에 대형 산불과 함께 화재가 빈발하면서 밀의 생산량이 급감했
다. 미국을 덮친 가뭄, 인도차이나 국가들과 호주, 중국의 대홍수 등 식량
수출 국가에 기상재해가 빈발했다. 식량 가격이 폭등했다. 블룸버그 통신
은 2011년 재스민 혁명이 일어난 것이 2010년의 기후변화 때문이라고

주장한다. 전 세계적인 이상기후로 식량 생산이 줄어들면서 발생한 식량 가격 폭등이 원인이 되었다는 것이다. 폭동이 일어난 튀니지, 알제리, 이집트, 리비아, 예멘 등 중동과 아프리카 국가들의 공통점은 국민 다수가 하루에 1~3달러로 생활하는 극빈층들이다. 밀 가격이 폭등하면서 빵 가격이 상승하자, 생존의 위협을 느낀 국민들이 들고 일어날 수밖에 없었다는 것이다. 지구온난화로 인한 기후변화는 식량의 감산을 가져온다. 빈번히 발생하는 폭우와 슈퍼 태풍, 사막화와 가뭄 지역의 확대, 해충 증가, 기온 상승 등은 생각보다 심각하다. 세계식량기구는 지구 평균기온이 2도 상승할 경우 14%의 식량 감산을 예상하고 있다. 한국농촌경제연구원에서는 기온이 1도 오르면 쌀 27만 4,880톤이 사라진다고 주장한다. 쌀 27만 톤은 국민 전체의 한 달 소비량과 맞먹는 엄청난 양이다. 인구는 기하급수적으로 증가하는데, 식량은 오히려 감소하고 있는 것이다. 지구촌의 가장 큰 문제가 바로 식량 문제다. 식량 문제를 해결하기 위한 여러 방법들이 모색되고 있다. 바다를 메워 간척지를 만든다거나, 시베리아나 남미의 우림지역을 개발하거나, 아파트형 식량공장을 만들거나, 수확량이 대폭 늘어난 종자 개량을 이룬다거나 하는 방법이다. 그러나 이런 방법에는 한계가 있다고 전문가들은 말한다. 좋은 방법이 없을까? 바다가 있다. 바다를 개발하고 이용하는 것이다. 이것이야말로 인류가 식량 문제로부터 자유로워질 수 있는 가장 좋은 방법이다.

"바다 중심으로 패러다임을 바꾸어야 한다"

박맹언 부경대학교 총장의 말이다. 그는 인류의 삶을 위해 그동안 육지에서 얻었던 것을 이제는 바다에서 얻어야 한다고 말한다. 바다를 효율적으로 이용하는 국가가 헤게모니를 쥐는 '신新 해양시대'가 도래했다는 것이다. 그가 말하는 바다 중심의 패러다임은 인류가 살아가는 데 필요한 식량을 바다에서 얻어야 한다는 것이다. 이것은 육상의 자원에 더하여 해양 생물 자원을 추가로 확보하는 것이 아니라 식량 자원을 육지에서 얻는 것은 줄이되 바다에서 찾아야 한다는 것이다.

지구 총면적의 71%가 바다다. 지구의 바닷물 총량은 약 14억 세제곱킬로미터이며 평균 3.5%의 용존 자원을 함유하고 있다. 어마어마한 용존 자원을 어떻게 개발하고 활용하느냐에 미래 인류의 희망이 걸려 있다. 여기에 덧붙여 바다의 식량 자원 기지화가 이루어지면 그야말로 인류에게는 대박이다. 지구가 만들어지고 바다가 생긴 이래 인류에게 바닷속 생물은 귀중한 식량 자원이었다. 어류, 연체동물류, 갑각류, 고래류, 해조류 등은 모든 사람들에게 필요한 고급 단백질을 제공해왔다. 그래서 바다의 생산성을 내다본 미래학자들은 바다를 "인류가 대대손손 식량을 얻어낼 수 있는 푸른 목장"이라고 주장한 것이다.

문제는 식량 수산 자원의 생산량이 답보 상태를 보인다는 것이다. 세계식량농업기구FAO의 통계에 의하면, 세계 수산물 총생산량은 1989년에 사상 처음으로 1억 톤을 초과한 후 거의 증가하지 않고 있다. 어족 수산 자원이 어구의 획기적 발달과 어획 총량이 늘어나면서 세계적으로 고갈되는 현상을 나타내고 있다는 것이다. FAO는 2030년경에 지구촌의 인구를 90억 명으로 예측할 때, 세계적인 식량 생산이 75% 이상 증가해야 한다고 주장한다. 특히 고급 단백질의 공급원이 되는 수산물의 확보는 필수적이라는 것이다. 해양 식량 자원이 필수적인 것은 육상에서 얻을 수 있는 고급 단백질 자원이 엄청난 공해를 발생시키기 때문이다. 가축을 사육하는 과정에서 발생하는 탄소가 전체 온실가스의 약 15%로 엄청나다. 또한 세계 식량의 70% 이상을 축산을 위해 소비하고 있다. 지구를 구하기 위해, 지구환경보호를 위해 육지보다 바다로 눈을 돌려야 하며 어류, 패류 등 해양 동물로 육상의 단백질 자원을 대체해야 하는 것이다.

바다 식량을 개발하여 꾸준히 육상 식량을 대체해나가며 삶의 질을 높이기 위한 방법에는 무엇이 있을까? 첫째, 현재의 생물 종을 보존하면서 수산물 생산을 꾸준히 지속·유지해야 한다. 해양목장화의 수산 자원 생

●●● 지구가 만들어지고 바다가 생긴 이래 인류에게 바닷속 생물은 귀중한 식량 자원이었다. 그래서 바다의 생산성을 내다본 미래학자들은 바다를 "인류가 대대손손 식량을 얻어낼 수 있는 푸른 목장"이라고 주장한 것이다. 지금 세계 각국은 치열한 '해양 전쟁'을 벌이고 있다. 해양식량 산업은 지구 환경을 보호하기 위한 저탄소 녹색성장의 가장 중요한 핵심이기도 하다.

산, 즉 기르는 어업의 기술과 발전은 중요한 미래 해양산업을 위해 지원해야 한다. 어족 자원의 인공 종묘 생산과 성장 기술의 개발에 기초한 재배형 수산업을 육성한다. 유전공학 기술을 활용하여 빨리 성장하며 몸집이 크고 내병성이 강한 신품종 어류와 패류, 조류의 개발이 시급하다. 해양산업의 기술 개발을 활용한 심해 해양목장 시스템도 개발 과제다. 둘째, 벼와 채소 같은 육상 식물도 바닷물로 키우는 시대로 만들어야 한다. 신품종 개발에 대한 지원과 함께 해수 담수화를 비롯해, 해양 바이오 등 새로운 해양 식량 기술을 접목해야 한다. 바다의 육상 식물 식량 기지화가 시급한 것이다.

지금 세계 각국은 치열한 '해양 전쟁'을 벌이고 있다. 바다 영토를 선점하기 위한 전쟁으로 총칼만 들지 않았을 뿐이지 국가 장기 생존의 사활을 걸고 있다. 이것은 해양이 지니는 생물과 무생물 자원의 가치 때문이다. 우주와 마찬가지로 바다의 자원을 선점하기 위해서 해양과학기술에 투자를 늘려나가고 있는 것이다. 해양식량산업은 지구 환경을 보호하기 위한 저탄소 녹색성장의 가장 중요한 핵심이기도 하다. 국가에서 더욱 많은 관심과 투자가 이루어졌으면 한다.

해양식량산업 중 가장 큰 관심을 받고 있는 것이 바로 해수농업이다. 지구 전체 표면의 70% 이상을 차지하는 해수를 이용하여 농사를 짓는 방법이다. 바닷물에서도 잘 자라는 식물에 대한 연구가 이루어지는 중이다. 만약 그 식물을 사람이 먹을 수 있다면 인류는 엄청난 식량 혁명을 맞게 될 것이다. 사람은 먹지 못하더라도 동물의 사료로만 사용할 수 있어도 대단하다. 이미 미국, 멕시코, 아랍의 몇몇 나라에서는 그러한 식물을 시험 삼아 재배하고 있다. 이 실험이 성공하여 실용화된다면 내륙의 사막처럼 현재 버려져 있는 바닷가의 15% 정도를 경작지로 바꿀 수 있다. 중요한 것은 염분을 제거한 해수가 아닌, 있는 그대로의 해수를 활용하여 작물을 재배한다는 점이다. 만약 바닷물로 농사를 짓는 날이 온다면 식량 문제는 미래의 가장 큰 비즈니스가 될 것이다. 해수농업으로 만든 쌀의 맛은 어떨까? 먹어본 사람의 말에 의하면 안남미[80] 같다고 한다. 실험실에서 만든 쌀이긴 하지만 많은 미국인이 골드러시 때처럼 해수농업에 투자하고 있다. 바닷물은 절대로 고갈되지 않는 무한한 자원이기 때문이다.

"해수농업은 급격히 부상하는 미래의 산업이다"

유엔미래포럼의 제롬 글렌Jerome Glenn 회장의 말이다. 해수농업 연구전문기관인 시워터 재단The Seawater Foundation의 창립자 칼 호지스Carl Hodges는 "해수농업이야말로 지구촌 인구가 살 길"이라고 주장한다. 해수농업을 연구하기 위한 연구기관이 엄청나게 생기고 있다. 시워터 재단, 국제농업연구자문단, 해수농업국제센터, 미 농무부 염분연구소, 아프리카벼연구센터, 스탠포드 대학 솔라센터 등이다. 해수에서 자랄 수 있는 쌀, 보리, 토마토 등 200여 종이 시제품으로 생산되고 있다. 해수농업은 물이 부족한 지구촌의 녹색성장의 기본이라 할 수 있다. 지구 전체 표면의 70% 이상을 차지하는 해수를 농업에 활용할 수 있는 기술은 시장성이 있는 것이다.

해수농업의 장점은 무엇일까? 신선한 물을 구할 수 없는 세계의 불모지에 농업 생산의 기회를 증가시킨다. 다량의 이산화탄소를 흡수하여 지구온난화를 감소시킨다. 바이오연료로 사용 가능한 작물을 재배하여 화석연료에 대한 의존도를 줄일 수 있다. 일자리 창출이 가능하다. 부영양화된 오수를 흡수하여 수질 악화를 막아준다.

최근에 해수농업의 가능성을 가장 높여준 것이 미세조류다. 미세조류는 바이오연료의 3세대로 각광받는 바다 생물이다. 미국 루이지애나 주는 바다의 미세조류로 바이오연료를 만들기 위해 12억 6,000만 달러(약 1조

---

80 안남미는 베트남 등 동남아시아에서 주식으로 먹는 쌀인데 한국 쌀에 비해 찰기가 없기 때문에 불면 날아갈 정도다. 하지만 밥맛은 좋다. 특히 베트남 최대 곡창지인 메콩강 델타 지역에서는 이 안남미를 대량 수확하고 있다.

4,000억 원)나 되는 연방 예산을 확보했다. 미 국무부와 에너지부, 해군은 바이오연료에 대한 공동투자계획을 발표했다. 미국 정부는 3년 내에 바이오연료 생산에 5억 1,000만 달러를 투자할 방침이다. 2010년부터 미세조류 등 바이오연료 기술이 파일럿 프로젝트에서 대량생산으로 옮겨가고 있다.

영국 정부도 새로운 대안을 내놓았다. 거대한 비행기 모양의 '합성 나무'인 미세조류 나무가 빌딩의 벽에 튜브 모양으로 올라간다. 지붕 위에도 담쟁이처럼 올라가서 지구온난화 기후변화의 주범인 이산화탄소를 제거한다는 것이다. 이 인공나무의 잎은 공기 중의 이산화탄소를 나무보다 수천 배나 더 많이 제거할 수 있다고 한다. 미국 기계공학연구소의 폭스 박사는 10만 그루의 인공나무를 1,500에이커(약 600헥타르)에 심으면 영국의 모든 이산화탄소를 제거할 수 있다고 말한다. 그는 500만 에이커의 땅에 인공나무를 심어 미세조류를 키우면 전 세계 이산화탄소를 없앨 수 있다고 한다. 동시에 바이오연료나 미래의 단백질원으로 주목되는 스피룰리나Spirulina[81]를 생산할 수 있다고 한다. 이산화탄소를 방출하는 곳과 가까운 거리에 미세조류 인공나무 숲을 만들어 공기 중의 이산화탄소를 미세조류가 먹도록 하면 효과가 있다. 영국에서는 발전소의 이산화탄소 배출량을 줄이기 위해 의무적으로 이 미세조류를 생산하게 할 예정이라고 한다.

우리나라에도 미세조류농장을 경영하는 곳이 있다. 농업회사법인 미세조류농장(주)이다. 미세조류 재배 원천기술을 확보한 이 회사는 국가전략

---

81 지구에서 가장 오래된 조류(藻類, algae)로서 세포벽이 얇은 다세포 생물이다. 단백질이 많기로 유명한 클로렐라(50%)보다도 더 많은 단백질(69.5%)을 함유하고 있는 고단백 식품이며, 필수아미노산이 모두 균형 있게 함유되어 있다. 스피룰리나에 함유되어 있는 단백질은 면역력 증강 효과가 있다. 우리 몸 면역계의 항체, 림프구는 단백질로 구성되어 있다. 스피룰리나에 대한 동물실험과 임상실험 결과 콜레스테롤 저하, 면역 증진, 항산화 기능, 체중 감소 등이 보고되었다. 스피룰리나는 영양소가 풍부하고 소화흡수율이 높아 영양 불량 개선에 효과가 있다. 또한 당뇨병, 빈혈, 췌장염, 간 질환, 위염, 위궤양, 백내장, 탈모증, 스트레스 등에 유효하다. 스피룰리나는 암 예방에도 도움이 된다.

산업에 기여하고 있다. 미세조류는 이미 고대부터 식량, 연료, 사료 등에 인류가 활용해왔으며, 풍부한 오일을 가지고 있다. 미세조류 바이오연료가 개발되면 대두, 유채 등의 작물에 비해 10배 이상의 오일 생산이 가능하다. 그 밖에 부산물로 화장품, 건강식품, 의약품, 사료 등의 산업화도 가능하다. 이 회사는 2012년 2월 세계 최초로 미세조류 지질 함유량 61.1 ±5.6%, 지질 생산성 183.33±16.67ppm/일을 동시에 만족하는 KIST 시험성적서를 획득한 TAC^Trans Algae Corporation와 합법적으로 전 세계 독점계약을 체결했다. 이 회사의 사장은 "아직 프랑스를 제외하고는 미세조류에 대한 세계적인 선도국가가 없다"며 "미세조류 기술을 우리나라 국가 전략 산업으로 육성하고 에너지 자원 문제 해결과 무궁무진한 미래 시장을 선점하는 국가 시책이 시급하다"고 말했다.

미세조류는 에너지 위기와 기후변화 대응에 필요한 대안이다. 오바마 대통령이 미세조류로부터 바이오 디젤을 수출해 미국 수입 오일의 17%를 대체하겠다고 주장하는 이유는 이 때문이다. 지구촌에서 이산화탄소를 많이 배출하는 여덟 번째 국가인 우리나라도 미세조류의 연구와 개발이 필요하다.

09
기후난민
비즈니스

"이제는 더 이상 버틸 수 없을 만큼 나는 지쳤다. 죽음은 두렵지 않다. 그러나 원통하다. 바다, 하늘뿐! 나는 누구에게 이 혈서를 띄울 것인가?"

1978년 무인도에서 발견된 베트남 보트피플^{Boat People}의 유서 내용이다. 보트피플은 무엇인가? 사전에서는 "선박을 이용하여 해로^{海路}로 탈출하는 난민"이라고 정의한다. 1974년 베트남이 패망하면서 베트남인들이 보트로 탈출하다가 바다 한가운데서 많이 죽었다. 보트피플의 비극이 세계적인 이슈가 되었다. 공식적으로 보트피플 용어가 사용된 것은 이때부터다.

그러나 보트피플의 역사는 그보다 앞서 있다. 1960년대 쿠바가 공산화되자 수많은 쿠바인들이 보트를 타고 미국 남부 해안으로 몰려들었다. 최근에는 아프가니스탄을 탈출하는 난민들이 보트피플로 떠오르고 있다. 얼마 전 배가 침몰하는 바람에 아프간 보트피플 300여 명이 죽는 참사가 발생했다. 터키와 이라크에 사는 쿠르드족도 탄압을 피해 보트를 타고 프랑스 해안으로 밀려들고 있다. 이들의 공통점은 군사·정치적인 이유, 즉 전쟁이나 학대로부터 피하기 위한 몸부림이다.

이들과 다른 보트피플이 있다. 기후난민들이다. 기후변화로 인해 더 이상 고국에서 살기 어려워 보트를 타고 유럽으로 미국으로 몰려들고 있다.

"기후변화가 빈곤국 난민 사태 불러"

한 일간지 기사 제목이다. 이탈리아 남부 람페두사 섬 해역에서 2013년 10월 3일 난민선이 침몰해 아프리카 난민 400여 명이 죽거나 실종됐다. 이들은 가뭄과 사막화에 따른 전형적인 기후난민이었다. 열흘도 되지 않아 10월 12일 또다시 이탈리아 해역에서 아프리카인들이 탄 난민선이 침몰했다. 이번에도 최소 27명 이상의 보트피플이 사망했다고 한다. 아프리카뿐 아니라 아시아 지역에서도 기후난민이 급증하고 있다. 인도와 방글라데시에서는 홍수와 열대성 폭풍 등으로 매년 수십만 명의 기후난민이 고향을 떠나고 있다. 유엔은 2050년까지 전 세계적으로 기후난민이 2억 5,000만 명에 달할 것으로 추산한다.

유엔 기후변화대책위원회 우스만 자뤼 의장은 "기후변화를 막지 못하면 선진국으로 밀려드는 난민은 계속 늘어날 것이다. 기후변화로 삶의 터전에서 쫓겨난 사람들을 국제사회는 도와야 한다"고 말한다. 그러나 유럽이나 호주나 미국은 냉담하다. 도대체 비극은 언제까지 이어질 것인가? 필자가 《스포츠 서울》에 기고한 칼럼의 내용이다.

> "지구온난화에 따른 농작물 생산 감소로 2050년에는 세계인구 다섯 명 가운데 한 명은 굶주림에 시달릴 것이다."

영국 일간지 《인디펜던트》의 2013년 9월 23일 기사 제목이다. 국제구호단체 옥스팜이 공개한 「식량 안보 보고서」에 따르면 지구온난화로 이 기간 농작물 생산성이 10~20% 감소해 향후 20년간 주요 농작물 가격이 2배 이상 치솟는다는 것이다. 이에 따라 기아 상태의 빈곤층이 전체 인구의 20%까지 늘어날 수 있으며, 특히 어린이의 영양결핍 문제가 심각해져 미래 세대의 식량난 위협이 고조될 것이라고 밝히고 있다. 보고서는 기후변화에 따른 연간 강우량 감소로 아프리카와 동남아시아 등 아열대 지역에 있는 저소득 국가들이 심각한 식량부족 사태에 직면할 것이라고 경고했다.

세계에서 기후변화로 가장 심각한 타격을 받는 나라가 방글라데시다. 인구밀도가 높기로 악명 높은 방글라데시의 수도 다카Dhaka는 하루 2,000명꼴로 인구가 늘어난다. 현재 다카의 인구는 1,400만 명. 수십 년 안에 4,000만 명까지 늘어날 것이라고 전망될 정도다. 기후변화로 살아갈 수 없는 사람들이 무작정 다카로 올라오는 것이다. 방글라데시의 볼라 섬이나 쿠툽디아 섬 등 많은 섬들이 해수면 상승으로 물에 잠겼다. 쿠툽디아 섬의 경우 250제곱킬로미터이던 섬의 면적은 37제곱킬로미터로 줄어들었다. 10만 명이었던 인구는 절반으로 줄었다. 기후변화로 수천만 명이 사는 남부의 바리살, 사트키라, 쿨나 지역은 해수면 상승으로 짠물이 육지에 스며들며 사람이 살 수 없는 땅이 되어가고 있다. '뜨거운 뱅골 만' 때문에 방글라데시를 덮치는 사이클론의 횟수가 잦아지고 강도도 세졌다. 몬순(계절풍)의 방향이 바뀌면서 방글라데시 동북부는 대가뭄이 강타했다. 기후변화로 사회 갈등도 심각하다. 방글라데시가 '가난하지만 행복지수는 가장 높은 국가'라는 말은 옛말이다. 기후난민이 크게 늘어나면서 원주민과 난민 사이의 다툼이 급증하고 있기 때문이다.

기후난민은 후진국에만 한정된 문제일까? 그렇지 않다. 아직은 후진국이 더 심각한 것은 사실이다. 그러나 조만간 전 세계의 공통적인 사항이 될 것이다. 2005년 허리케인 카트리나가 미국의 뉴올리언스를 강타했다. 당시 이 도시를 떠난 기후난민은 200만 명으로 추산된다. 그런데 9년이 지난 지금, 이중 100만 명은 뉴올리언스로 되돌아오지 않고 있다. 기후난민이 된 것이다. 일본의 2011년 3월 대지진으로 기후난민이 된 일본인이 2년이 지난 후까지 31만 명이나 된다고 한다. 미 국방성의 미래 예측에 따르면 지구온난화로 인한 기후변화는 미래에 엄청난 기후난민을 만들 것이라고 한다. 특히 미국 국경으로 몰려올 것으로 보이는 중

남미 난민 사태는 국가안보에 커다란 위협이 될 것이라고 전망한다. 유럽도 마찬가지다. 아프리카 기후난민들은 무조건 보트를 타고 유럽으로 대거 밀려들고 있다. 정치·경제적으로 어려움에 빠질 것이라는 전망이다. 유엔은 2050년까지 전 세계적으로 기후변화 난민이 2억 5,000만 명에 달할 것으로 추산하고 있다.

기온 상승, 해수면 상승, 전염병 창궐, 물 부족, 슈퍼 태풍의 내습 등 기후변화는 심각하게 우리에게 다가오고 있다. 어떻게 해서 이런 어려움을 극복할 것인가? 결국 모든 나라는 한 국가의 문제가 아님을 인식하게 될 것이다. 공동으로 대처하는 방법 외에는 해결책이 없다. 그러나 미국이나 유럽도 기후변화로 인해 엄청난 피해가 예상된다. 따라서 각국이 기금을 출연하여 기후난민을 돕는 방법을 모색하지 않을까 하는 것이 필자의 생각이다.

이런 상황에서 기후난민 문제를 해결하기 위한 비즈니스는 어떤 것이 유망할까? 최근에 나오는 '릴리패드Lily pad'라는 개념은 어떨까? 릴리패드는 바다 위를 떠다니는 유럽연합EU의 난민구조물이다. 두바이 등이 섬을 만들고 그 위에 떠다니는 도시 릴리패드를 만들겠다는 아이디어다. 한 구조물, 즉 거대한 부상 도시floating city에 기후난민 5만 명을 한꺼번에 수용하겠다고 하는 것도 좋은 예다. 한국의 장치산업과 토목건축 기술은 세계적이다. 기후난민을 수용하는 시설로 눈을 돌려보는 것은 어떨까? 어차피 비용은 전 세계적인 부담으로 지어질 것이기에 손해 볼 것은 없다. 기후변화로 인한 미래의 유망한 비즈니스 모델이 되지 않을까?

참고문헌

강신장, 『오리진이 되라』, 쌤 앤 파커스, 2010.

강운산, 『건설분야 온실가스 저감을 위한 정책 방향』, 건설교통부 용역보고서, 2005.

고충곤, 『고 박사의 창조경제 이야기』, 휴먼앤북스, 2014.

국립기상연구소, 『(기후변화 이해하기 2) 한반도의 기후변화: 현재와 미래』, 2009.

_____, 『신생활산업기상기술 개발에 대한 기획 연구』, 2007.

_____, 『한반도 기후 100년 변화와 미래. 2013.

국립산림과학원, 『기후변화협약 협상동향 및 산림부문대응방향』, 학술심포지움 자료집, 2007.

국민일보, 『기후변화 조용한 재앙: 화석연료 제로 마을 베드제드 가보니』, 2008.

권원태, "기후변화 현황, 전망 및 대책", 기상산업 발전을 위한 심포지엄 발표자료, 2008.

기상청, 『기상장비 기술동향집』, 2010.

김동석 외, 『히트상품은 어떻게 만들어지는가』, 엔자임, 2014.

김동식 외, 『날씨 경영』, 매일경제신문사, 2006.

김동식, 『날씨 읽어주는 CEO』, 프리스마, 2013.

김명섭, 『대서양 문명사』, 한길사, 2001.

김소구,『지진과 재해』, 기전연구사, 1996.

김연옥,『기후학 개론』, 정익사, 1987.

_____,『한국의 기후와 문화』, 이화여자대학교 출판부, 1985.

김왕기,『목요일의 목어: 마케팅 비밀 에세이』, 안그라픽스, 2007.

김재영,『마케팅전략 72계』, 한스미디어, 2014.

김정배 외,『기후변화 25인의 전문가가 답하다』, 계명대학교 출판부, 2012.

김종하,『헬스케어 마케팅』, 커뮤니케이션북스, 2014.

김현준,『워렌 버핏처럼 사업보고서 읽는 법』, 부크온, 2014.

_____,『지식재산을 경영하라』, 부크온, 2014.

노랄드 피어슨 외,『기후와 진화』, 민음사, 1987.

농촌진흥청,『기후변화와 대응: 농업환경 영향평가 및 적응대책』, 2007.

니시우치 히로무, 신현호 옮김,『라이프스타일을 팔다: 다이칸야마 프로젝트』, 비전코리아, 2013.

동경증권거래소 그룹,『배출권거래에 있어 거래소의 역할』, 2008.

램, 김종규 옮김,『기후와 역사』, 한울, 2004.

러셀 E. 홀콤, 정지현 옮김,『부자로 가는 경제학』, 북스토리, 2014.

류근옥,『부자들의 생각법: 모르면 당하는 그들만의 경제학』, 교보문고, 2013.

마스다 무네아키, 백인수 옮김,『컨트라리언 전략: 거꾸로 생각하면 사업이 보인다』, 베가북스, 2014.

마이크 데이비스,『엘니뇨와 제국주의로 본 빈곤의 역사』, 이후, 2008.

민경덕 외,『대기과학개론』, 시그마프레스, 1999.

박병률·유윤정,『살아있는 경제이야기』, 프리이코노믹북스, 2014.

_____,『돈이 되는 빅데이터: 아는 만큼 번다』, 프리이코노믹북스, 2014.

박수인 외,『생동하는 지구』, 시그마프레스, 2000.

반기성,『날씨 토픽』, 명진출판, 2000.

브라이언 페이건,『기후 문명의 지도를 바꾸다』, 예지, 2007.

_____,『기후는 역사를 어떻게 만들었는가』, 중심, 2002.

산업은행경제연구소,『기업의 지속가능경영을 위한 금융의 역할』, 2007.

_____,『친환경 그린 IT의 현황 및 시사점(IT 서비스업을 중심으로)』, 2008.

삼성경제연구소,『녹색성장시대의 도래』, 2008.

삼성지구환경연구소,『기후변화가 비즈니스를 바꾼다』, 2010.

_____,『녹색경영이 만들어가는 저탄소사회』, 2010.

_____,『지구온난화가 열어가는 시장: 카본마켓』, 2007.

소방방재청 중앙재난안전대책본부,『재해연보 2008』, 소방방재청, 2009.

손욱,『십이지경영학』, 페이퍼로드, 2010.

손재학 외,『기후변화 이야기』, 국립수산과학원, 2013.

실베스트르 위에, 이창희 옮김,『기후의 반란』, 궁리, 2002.

얀 클라게, 이상기 옮김,『날씨가 역사를 바꾼다』, 황소자리, 2004.

어니스트 지브로스키 Jr., 이전희 옮김,『기후변화와 수량 수급 현황: 수산물을 중심으로』, 들녘, 2013.

월드워치 연구소 편저, 오수길 외 옮김,『기후변화의 이해: 정책과 경제 그리고 과학의 관점에서』, 도요새, 2013.

윤오섭 외,『지속가능성의 도전』, 동화기술, 2014.

윤일희,『스토리 기상학』, 경북대학교 출판부, 2006.

_____,『현대기후학』, 시그마프레스, 2004.

이덕환,『사이언스 토크』, 웅진싱크빅, 2010.

이우진,『일기도와 날씨 해석』, 광교이택스, 2006.

_____,『정보화 사회의 기상서비스』, 문예당, 1999.

_____,『컴퓨터와 날씨예측』, 광교이텍스, 2006.

이유진,『기후변화 이야기』, 살림출판사, 2010.

_____,『에너지와 기후변화』, 살림출판사, 2012.

이재학,『바다, 지구온난화를 말하다』, 해양과 문화재단. 2008.

이정학,『기후변화와 녹색환경』, 백산출판사, 2014.

이지효,『콘텐츠산업의 비즈니스 모델과 전략: 게임, 음악, 드라마를 중심으로』, 처음북스, 2014.

장정충·요홍매,『경영지략』, 비즈 북, 2006.

정철화,『돈 되는 마케팅: 분야별 마켓 전문가 11인의 놀라운 마케팅 비결』, 무한, 2014.

정회성·정회석,『요동치는 지구, 잠 못 드는 인간: 참혹한 자연재해, 치열한 과학의 도전』, 환경과문명, 2013.

제임스 가와트니 외, 우진하 옮김,『빅데이터를 지배하는 통계의 힘: 통계학이 최강의 학문이다』, 한국경제신문사, 2013.

조광우,『해수면 상승에 따른 취약성 분석 및 효과적 대응 정책 수립』, 한국환경정책·평가 연구원, 2009.

조석준,『기상경제 기온 1도의 변화를 읽는다』, 서운관, 1998.

_____,『재미있는 날씨 이야기』, 해냄, 1992.

존 그리빈·멜 그리빈, 김웅서 옮김,『빙하기』, 사이언스북스, 2006.

존 린치, 김맹기·이강웅 옮김,『길들여지지 않는 날씨』, 한승, 2004.

지구과학 연구회 편,『지구 환경의 이해』, 지구문화사, 1988.

최윤식,『창조력 마켓: 한계와 벽이 없는 개인과 기업의 놀라운 이야기』, 김영사, 2014.

코지마 아키히로, 김혜숙 옮김,『돈버는 힌트 이 책에서 훔쳐라』, 부거진, 2007.

트레디 E. 벨, 손영운 옮김,『사이언스 101 기상학』, 이치사이언스, 2010.

티챠나 알리쉬, 우호순 옮김,『자연재해』, 혜원출판사, 2009.

팀 플래너리 저, 이한중 옮김,『기후창조자』, 황금나침반, 2006.

팀 하포드, 김명철 옮김,『경제학콘서트』, 웅진지식하우스, 2006.

하노 벡, 배명자 옮김,『똑똑한 경제학: 상식 밖의 경제를 보는 눈』, 갤리온, 2013.

하랄트 벨처, 윤종석 옮김,『기후전쟁』, 영림카디널, 2010.

한국해양연구원,『기후변화에 따른 동해 해수순환과 중장기 변동 반응 및 예측 연구』, 2009.

허형도,『보험의 탄생부터 금융시장을 이끄는 보험의 비밀까지』, 탑북스, 2013.

환경부,『기후변화에 의한 물순환의 예측 및 영향 평가』, 2007.

황문진 외,『콘텐츠 마케팅 (커뮤니케이션 이해 총서)』, 타래, 2014.

Burrough, CroWder, Robertson, Vallier-Talbot, Whitaker, *Weather*, Time Life Books, 1997.

C. Donald Ahrens, *Essentials of Meteorology*, Wadsworth, 1998.

Felix Gad Sulman, *Health, Weather and Climate*, S. Karger, 1976.

IPCC, *Climate and Water*, Cambridge University Press, 2008.

IPCC, *Climate Change 2007: Impacts, Adaptation and Vulnerability*, Contribution of Working Group II to the Fourth Assessment Report of the Intergovernmental Panel on Climate Change, Cambridge University Press, 2007.

IPCC, *Climate Change 2007: The Physical Science Basis*, Contribution of Working Group II to the Fourth Assessment Report of the Intergovernmental Panel on Climate Change, Cambridge University Press, 2007.

Jeff Renner, *Mountain Weather*, The Mountaineers Books, 2003.

Joe R. Eagleman, *Meteorology*, D. Van Nostrand Company, 1980.

John E. Oliver, *The Encyclopedia of Climatology*, Van Nostrand Reinhold Company, 1987.

Lee Bennett Hopkins and Melanie Hall, *Weather*, HarperTrophy, 1994.

Mary Miller and Tom Murphree, *Watching Weather*, Owl Books, 1997.

Michael Oard, *The Weather Book*, Master Books, 1998.

OECD Environmental Outlook to 2030, OECD, 2008.

Restless Earth Nature's Awesome Powers, National Geographic Society, 1997.

W. J. Maunder, *The Value of the Weather*, Methuen Co. Ltd, 1970.

William P. Crawford, *Mariner's Weather*, Norton Nautical Books, 2003.

William R. Cotton and Roger A. Pielke, *Human Impacts on Weather and Climate*, Cambridge University Press, 1994.

"Estimates of the Damage Costs of Climate Change, Part II: Dynamic Estimates", Environmental and Resources Economics, 2002.

"Global Warming Initiatives by the Information Services Industry", Takao SHINO, NRI Papers No. 128, Nomura Research Institute, 2008.

"The Blue Planet", Brian J. Skinner, Stephen C. Porter, Daniel B. Botkin, Willy, 1998.

"The National Geographic Society", Abrams. National Geographic Society, 1996.

"Topics Geo: Natural catastrophes 2008", Munich Re, 2009.

"Wind", Tol, R. S. J. (2002). Jan Deblieu, Houghton Mifflin, 1998.

날씨로
돈 버는 남자

'기상예보의 전설' 반기성의 날씨경영 대박 비법

초판 1쇄 인쇄 2014년 8월 26일
초판 1쇄 발행 2014년 9월 2일

지은이 반기성
펴낸이 김세영

책임편집 이보라
편집 김예진
디자인 송지애
관리 배은경

펴낸곳 도서출판 프리스마
주소 121-894 서울시 마포구 월드컵로 8길 40-9 3층
전화 02-3143-3366
팩스 02-3143-3360
블로그 http://blog.naver.com/planetmedia7
이메일 webmaster@planetmedia.co.kr
출판등록 2005년 10월 4일 제313-2005-00209호

ISBN 978-89-966482-9-1 03320